集人文社科之思　**刊**专业学术之声

集 刊 名：中国社会心理学评论
主　　编：杨宜音
副 主 编：王俊秀　刘　力
主办单位：中国社会科学院社会学研究所

(Vol.21) Chinese Social Psychological Review

编辑部

联系电话：86-10-85195562
电子邮箱：ChineseSPR@126.com
通信地址：北京市东城区建国门内大街 5 号中国社会科学院社会学研究所

第21辑

集刊序列号：PIJ-2005-005
中国集刊网：www.jikan.com.cn
集刊投约稿平台：www.iedol.cn

中国
社会心理学
评论

第21辑

Chinese Social Psychological Review

(Vol.21)

○ 杨宜音/主 编
  吴胜涛/本辑特约主编

社会科学文献出版社 SOCIAL SCIENCES ACADEMIC PRESS (CHINA)

主编简介

杨宜音 博士，中国社会科学院社会学研究所社会心理学研究中心研究员、博士生导师，中国社会心理学会会长（2010~2014年）。从2016年起任哈尔滨工程大学人文社会科学学院教授、博士生导师，中国传媒大学传播心理研究所教授、博士生导师。主要研究领域为社会心理学，包括人际关系、群己关系与群际关系、社会心态、价值观及其变迁等。在学术期刊发表论文130余篇。代表作有：《自己人：一项有关中国人关系分类的个案研究》［（台北）《本土心理学研究》2001年总第13期］、《个人与宏观社会的心理联系：社会心态概念的界定》（《社会学研究》2006年第4期）、《关系化还是类别化：中国人"我们"概念形成的社会心理机制探讨》（《中国社会科学》2008年第4期）。主编 *Social Mentality in Contemporary China*（Singapore：Springer Singapore，2019）。

电子信箱：cassyiyinyang@126.com。

本辑特约主编简介

吴胜涛 博士，厦门大学社会与人类学院副教授、博士生导师；研究方向为社会文化变迁与心理适应、正义与社会规范、大数据分析等；国际跨文化心理学会会员、国际正义研究学会会员、亚洲社会心理学会会员，中国心理学会心理学与社会治理专业委员会、文化心理学专业委员会理事，中国社会学会社会心理学专业委员会（筹）理事，中国社会心理学会网络与大数据专业委员会理事；在 European Journal of Personality、Journal of Cross-Cultural Psychology、Social Justice Research、《科学通报》、《中国科学院院刊》等期刊上发表学术论文 40 余篇，《心理学学科发展报告》（2016 ~ 2017）"道德心理学"部分执笔人。

邮箱：michaelstwu@ xmu. edu. cn 或 wust2011@ 163. com

中国社会心理学评论　第 21 辑

道德心理学

2021 年 12 月出版

生态环境

《中国社会心理学评论》 第 21 辑
第 1~20 页
© SSAP，2021

何以为德？道德教育的心理基础与道德学习的路径探讨

（代卷首语）*

吴胜涛　杨韶刚　袁　杰　胡晓晴**

摘　要：道德是个体社会性发展的核心，尤其在社会大变革的时代，道德教育不仅涉及个体的健康发展，而且涉及一个社会如何"立德树人"的教育理念和价值取向问题。近百年来，西方道德心理学研究存在理性主义偏差，相对忽略了道德情绪情感、道德人格、道德意志、道德直觉等非理性因素。近期的文献回顾显示，国内外学者从人性基础、人格美德、文化教养、问题矫正等方面探讨了道德教育的心理学基础，取得了一些值得关注的研究进展；同时，一些学者从基于生态环境的社会学习、基于无意识的个体学习视角，探讨了道德学习的两种新路径，并总结和展望了道德心理学发展的新趋势。

关键词：道德心理学　理性主义　道德教育　道德学习

道德是个体社会性发展的核心，尤其在社会经历重大变革的时代，道德教育不仅涉及个体的健康发展，而且涉及一个社会如何"立德树人"的教育理念和价值取向问题。本书首先对道德心理学的理性主义偏差做了简要的梳理，进而从人性基础、人格美德、文化教养、问题矫正等方面回顾

＊　本研究得到中央高校基本业务经费的资助（项目编号：20720181086）。
＊＊　吴胜涛，厦门大学社会与人类学院副教授、博士生导师，通讯作者，E-mail：michaelstwu
　　@ xmu. edu. cn；杨韶刚，广州华立学院教育学院心理学教授、博士生导师；袁杰，华南师范大学心理学院副教授、硕士生导师；胡晓晴，香港大学心理学系助理教授、博士生导师。

了道德心理学的最新研究进展，最后从基于生态环境的社会学习、基于无意识范式的个体学习等层面，对道德心理学发展的新趋势进行总结与展望。

一　道德心理学的理性主义偏差

20 世纪中叶以降，西方主流道德心理学理论将个体道德判断视为个体道德理性思考和发展的核心认知过程。例如，皮亚杰（Piaget，1932）的经典理论认为，随着儿童认知能力的发展，他们能对道德问题进行越来越深入的理性思考，并从道德他律向道德自律阶段发展。科尔伯格（Kohlberg，1969）更是把道德判断能力的发展划分为"三水平、六阶段"，将道德理性的发展视为个体道德发展的核心。我国学者对道德心理（在道德教育心理学领域又被称为品德心理）的研究同样受理性主义的影响，自 20 世纪 80 年代以来，在学生的道德认知、道德情感、道德意志、道德行为及其发展研究上取得了一系列成果（林崇德，2014；章志光，1993）。

首先，学生的道德认知主要是指他们对是非、善恶行为准则及其执行意义的认识。多项研究一致发现，儿童与青少年的道德认知水平随着年龄的增长而逐步提高。例如，儿童大致在 6～7 岁开始从客观性道德判断向主观性道德判断发展，8～9 岁开始根据行为本身的好坏做出分析性道德判断，高中生阶段已基本达到成熟水平。此外，研究发现虽然大多数国家高等院校不像中小学那样重视品德教育，但接受过高等教育的人，其道德判断能力会有不同程度的提高，这表明短期教育、训练就可以提高个体的道德认知水平，而且家庭、同伴和媒介对道德认知水平的发展具有重要影响；当然，大学生道德认知也存在知行不一的现象，但造成这种现象的根本原因在于，个体把道德知识（knowledge）等同于道德认知（cognition），并未从本质上提升个体的道德判断能力。只有经过个体深思熟虑的道德判断后，个体做出的行为才能真正反映其道德认知水平。

其次，道德情感主要是指个体采用道德原则感知各种现实时所体验到的情感。已有研究发现，与道德认知水平随年龄增长而发展类似，中小学生道德情感水平也随着年龄的增长而逐步提高。而且，随着年龄的增长，道德情感也趋于复杂化。这种复杂化在大学生群体中体现得尤为明显。研究发现，大学生较多地将责任感视为自己最重要的道德情感，但在具体行为实施过程中，对社会尽责却让位于自我价值的实现。

最后，道德意志通常被认为是实施道德行为的关键，因此许多研究者将两者视为一个整体。道德意志指个体自觉克服内外阻碍去完成预定的道德行为，实现一定道德动机的心理品质。道德行为是人在一定道德认知的指引下，在一定道德情感的激励下，做出的对他人或社会所履行的、具有道德评价意义的一系列具体行为。研究发现，个体所处的情境会对道德行为产生很大影响：在力所能及的情况下，儿童有着较强的助人倾向；在紧急情况下，儿童的助人行为明显减少。大学生群体中则存在道德认知与道德行为不一致的现象，这与我们的教育缺乏意志训练，而在社会生活中功利主义、享乐主义盛行有关。

总之，理性主义主导下的道德心理学多侧重道德认知的研究，我国学者关于品德心理的研究也是道德认知研究较多，而道德情感研究相对较少。然而，随着道德心理学研究的发展，新的理论和证据开始质疑道德的理性主义。例如，行为经济学研究挑战了理性人假设，神经生理学研究则发现可以通过人们的神经活动在人们意识到自己的决策之前就预测他们的道德决策，而文化心理研究则发现在西方人公平、关爱标准之外还存在多元的道德法则。

二　道德教育的心理基础

（一）道德的人性基础

首先，道德是关于人的问题，而人性总是伴随理性与非理性、自利与利他的争论，并且所有人的行为都有其生理或生物演化基础。一方面，越来越多的研究证实，人是理性与非理性共存的社会性动物；另一方面，人天生具有自利、自保的动机，且常常以正义之名来表达，该过程已深深嵌入我们的神经生理结构。在本书中，王从余等（2021）通过道德与经济价值判断的研究再次证明经济行为会受到直觉道德基础的显著影响，发现关怀/伤害、圣洁/堕落、公正/欺骗等与经济较远的道德基础会产生更大的道德资本转化效应，即自主、圣洁者的东西更值钱。吴胜涛等（2021）探讨了个体基于受害者视角的不公反应和人际宽恕动机，发现受害者正义感显著反向预测人际冒犯情境下的善意倾向，但正向预测疏远、报复倾向；当被试在决策中表现出亲社会取向后，受害者正义感的效应更大，表现出道德许可效应。进而，王晓明等（2021）采用静息态功能连接的分析方法，探索双侧背侧脑岛静息态功能连接和受害者正义感的关系，结果发现疼痛信息整合功能相关的脑岛和疼痛知觉功能相关的感觉皮层（如右侧中央前回、中央后回）在受害者正义感的神经基础中起重要作用。

类似地，很多发展、进化及神经心理学家认为，道德是儿童乃至灵长类动物的天性，而非理性发展的结果。例如，Hamlin 和 Bloom（2010）向婴儿呈现一系列包含"好人""坏人"的动画片，研究发现 3 个月大的婴儿就表现出对"好人"的注视偏好，而 6 个月大的婴儿则更喜欢接触"好人"。但值得注意的是，在具体的道德行为层面（如帮助他人），婴儿的道德有亲疏之别，在 4 岁以前很少对陌生的成年人表现出友善（Bloom，2013）。Brosnan 和 de Waal（2014）的研究发现，合作、利他不仅来自亲属之间的基因共存需要，即便在非亲属的黑猩猩之间合作行为也非常普遍，通过求助、示好、公平分配来组建同盟，从而形成超越个体的群体竞争力；当然，大猩猩对无关同类的福祉也会表现出漠不关心（Silk et al.，2005）。近年来，神经科学家也探讨了道德行为的脑机制和基因 - 文化协同进化机制，暗示着道德认知、情感在一定程度上也是生理、生化反应（Churchland，2011；Hu & Jiang，2014）。例如，道德直觉更多地与杏仁核、腹内侧前额叶有关（VMPFC），而道德认知更多地激活前背侧扣带皮层（dACC）、背外侧前额叶（DLPFC）；集体合作行为与五羟色胺转运基因、环境压力有关，也会受到多巴胺和催产素的影响。Young 等（2010）主张，心理理论的脑区——颞顶联合区（TPJ）在道德判断中非常关键，后续的研究也证明了这一点。

Haidt（2001）提出的社会直觉模型认为，人们的道德判断来自快速的、情绪化的直觉反应，而理性思考则更多的是事后的合理化过程。例如，人们对乱伦会有一种难以名状的恶心感，之后则会用各种方法寻找理由来解释和辩护自己的直觉反应；当通过催眠使人无意识地产生恶心感时，被试会对不道德行为做出更严厉的判断（Wheatley & Haidt，2005）。另一些学者则对道德直觉理论提出了质疑，并且提出了道德判断与决策的双过程模型，认为道德判断和决策同时涉及快速、直觉、情绪驱动的"系统一"加工以及缓慢、受控、理性驱动的"系统二"加工（Paxton，Ungar，& Greene，2012）。Haidt（2013）在后来的著作中也修改了他的早期理论，并提出在道德判断中直觉加工与受控加工之间的关系如同"大象与骑手"，即大多数时候道德判断都是快速、直觉的，但有意识的、理性的思维过程仍然会起到规范、引导作用。进而，Greene 等（2009）提出了道德判断的双加工模型：情绪与认知同时起作用，共同决定我们的道德判断。

虽然目前关于情绪与道德的关系是一般的，而且是特异的，对道德的直觉加工与受控加工之间的关系仍然存在很多争论，但情绪在道德判断与决策中起关键作用已成为学界的共识（Cameron，Lindquist，& Gray，2015）。此外，一些特定的积极情绪还被证明与道德过程有着密切的联系。例如，旨在提升同理心的心理训练能提升积极情绪和助人行为（Weng et al.，2013）；刘冠民（2017）通过认知神经科学方法区分了感恩与快乐这两种积极情绪，并发现心理理论和意图推断及相关脑区对于前者至关重要。

（二）人格美德

道德不仅是一种社会规范，也是个体人格的美德修养与教育发展的核心素养，甚至在一些特殊职业群体身上体现为一种关系社会稳定、国家存亡的心理品质。在本书中，张春妹等（2021）通过对 1020 名小学生进行调查，检验了宽容作为积极道德品质对于小学生外化问题行为这一消极道德行为的抑制作用，研究发现，女生、高年级的小学生有显著的宽容品质；同时，宽容既可以直接影响外化问题行为，也可以通过友谊质量的中介作用、敌意归因的中介作用以及友谊质量与敌意归因的链式中介作用三条路径间接影响外化问题行为。赵欢欢等（2021）通过问卷调查和启动实验探索了敬畏特质对腐败的影响，发现敬畏特质与腐败行为意向显著负相关；相对于控制组，敬畏启动组的腐败行为意向显著较低。

许燕等（2014）基于词汇学假设，结合形容词、名词和动词，编制出包含 85 个词的善良人格词表，进而，通过因素分析，揭示善良人格具有二阶四因子结构，包含四个维度：诚信友善、利他奉献、宽容和善、重情重义。关于善良者的心理特征研究发现，善良者具有直觉加工的特点，对模糊帮助情境的识别更敏感，善行决策更快，在善行过程中的自我控制资源耗损更低（张和云、赵欢欢、许燕，2016）。王云强、郭本禹（2011）发现，大学生的道德人格主要包括与人为善、刚正无私、诚实简朴及不道德性四个维度；燕国材、刘同辉（2005）认为，儒家五常"仁、义、礼、智、信"仍然是当今社会道德人格教育的主要标准。冯正直等（2011）基于我国军人心理素质的评价体系，发现忠诚（如爱国、奉献、责任）、勇敢（如果断、坚定、顽强）是其价值动力与核心；甚至一些不符合平等、关爱道德的训练（如服从、耐挫），也是培养军人的健全人格、增强部队战斗力的重要途径（冯正直、汪凤，2010）。即便在美国这种所谓"自由、平等"的国家，义务也是军人的底线伦理，而超越法定义务之上的抱负，如荣誉、牺牲，才是军人的品格与美德（Jennings & Hannah，2011）。值得注意的是，一般意义上的学历教育或认知训练未必能带来道德水平的提升。例如，出国学习经历不仅能提高学生的认知灵活性，也促进了道德相对主义，以至于更可能表现出撒谎、欺骗行为（Lu et al.，2017）。

值得关注的是，中国是以伦理道德而非宗教信仰为本的文化，这就使道德教育或"德育"在中国社会具有极其重要的理论和实践意义。李伯黍和周冠生（1964）、章志光（1979）、张吉连（1984）等较早从心理学角度研究青少年品德形成特点以及道德教育的规律，并探讨了道德榜样的作用及有效途径。早期研究主要遵循科尔伯格的道德发展阶段理论，围绕康德的道德理性及相关道德认知、道德判断范式展开。近期关于道德榜样的研究发现，道德榜样与对照组在一般的人格特质（如外向性、宜人性）上并没有显著差异，但是他们在能动性（agency）和交往性（communion）两个行为动机上均高于对照组，并且人生的关键转折中有更多成长和救赎，也更加乐观；在早期经历中更多地帮助他人、有更多的贵人相助，也报告了更多安全型依恋（Walker & Frimer，2007）；同时，道德榜样将个人努力（能动性）作为帮助他人（交往性）的手段，而非目的（Frimer et al.，2012）。吴胜涛等（2019）分析了对国民性格有重大影响的武侠小说，发现那些"侠之大者、为国为民"的社会精英（如郭靖、乔峰）在宜人性上显著高于草根百姓。

（三）文化教养

尽管道德具有一定的人性与人格基础，但是又具有道德水平的不确定性。因此，有观点认为，具有自私基因或本性的人不太可能自发产生道德这样美好的品质，道德只可能来自家庭和社会教化，并存在社会文化差异。在本书中，杨曦（2021）研究了在中国文化中扮演重要道德教化角色的孝道及其在个体化与新家庭主义共同影响之下的观念变化，发现青年人的孝道认同程度仍然很高，但不再是首要道德规范，限制个人自由的、权威性趋向的孝道观念逐渐式微，"亲权子责"变为亲子间权利与义务的对等；传统社会应有成分较多、真有成分较少的"职孝"，逐渐向现代社会中应有成分较少、真有成分较多的"情孝"转变。张彦彦等（2021）探讨了父母控制对高中生亲社会行为的双重效应以及个体的情绪调节策略在上述关系中的中介作用，结果发现父母控制在预测子女亲社会行为时存在双重效应，即心理控制会抑制子女亲社会行为，行为控制会增加子女的亲社会行为，且认知重评在行为控制与亲社会行为之间起部分中介作用。在保护动物与环境意识日渐增强的背景下，刘潇肖等（2021）采用扎根理论的研究路径考察了个体成为素食者的动机、内在与外在反馈及应对策略，发现我国素食者的动机不仅包括健康、保护动物与环境等常见的自利、利他型动机，还包括生命成长、报恩等具有文化特异性的生命观与因果观；素食者面临的内在反馈体现为积极和消极的身心变化，外在反馈包括积极（如自控力强）和消极的刻板印象（如营养不均衡），以及社会压力（如亲友劝阻），素食者采取掩饰素食偏好、影响他人、寻求内群体社会支持等行为应对策略。

Shweder 等（1997）通过文化人类学研究，发现道德可以被划分为三大领域的规范：社群法则（community code）、自治法则（autonomy code）和神圣法则（divinity code）。其中，社群法则涉及人们在特定社区和群体中的职责、社会阶级地位和人与人之间的相互依赖关系，以及成为某个社会群体一员的责任和义务。自治法则则把人看成独立自主的能动个体，主要涉及人们的个体权利和社会上的公平正义。神圣法则涉及来自宗教和传统的神圣秩序与规范，还与保持身体和灵魂的纯洁有关。传统的西方道德心理学研究涉及的多是自治道德的范畴，该模型极大地扩展了道德心理学的研究范围，并使它具有了跨文化意义。Haidt 等人之后把 Shweder 等（1997）提出的三大道德领域进一步细分为五大道德基础：关爱/伤害（care/harm）、公平/欺骗（fairness/cheating）、忠诚/背叛（loyalty/betrayal；又称内群体，ingroup）、权威/叛逆（authority/subversion）和圣洁/堕落（sanctity/degradation；又称纯洁，purity）。其中，关爱与公平对应 Shweder 模型中的自治，内群体和权威对应社群，而纯洁则对应神圣；进而，涉及个体自由和权利的关爱和公平道德基础又合称为个体化道德基础，而把内群体、权威和纯洁道德基础合称为团结道德基础（Graham et al.，2011）。

研究还发现，中国人在一些经典的道德认知上与西方人很不同。相对于西方人更多地将杀人、歧视、撒谎等伤害性（harmful）行为归为不道德，中国人更多地将不尊敬父母、背后说人坏话、大声喧哗、乱搞男女关系等不文明（uncivilized）行为归为不道德（Buchtel et al.，2015）。吴胜涛等（2011）关于世道正义观的研究也发现，普通中国人并不认为中国的社会不公是一个问题，相反，他们虽认为自己遭遇不公，但仍然相信世界总体是稳定有序的。这些独特发现有助于解释中国为何在西方社会主导的社会秩序中面临伦理困境。儒家文化对不文明行为的道德泛化，甚至压倒了对公平、仁爱的道德强调，使中国文化容易陷入人情、面子的困境，而相对忽视了对人性、法治的尊重。例如，许燕等关于腐败的研究发现，行贿者会利用官员的人情压力，通过"心理绑架"逼迫他们一步步走上违法乱纪的道路（徐瑞婕等，2015；许燕等，2014）。此外，Liu 等（2015）发现，当公司决定是否聘用一个中等能力的员工时，中国人并不像美国人那样认为利用私人关系或搭便车是不公平的。

对于上述文化与道德行为，很多学者从集体主义文化注重社会和谐与人际关系而非个人权利与自由平等的角度来解释。香港中文大学的 Chiu（2016）尝试给出新的理论解释，他认为，在中国文化背景下，个体更多持有描述型的道德学说，而在西方文化背景下，个体更多持有规范性道德学说。前者将道德定义为社会多数成员认可的行为准则，强调自我、社会及文化传统的统一和社会情境性；而后者将道德定义为一个理性的、适用于所有人的行为准则，强调道德的自律性和普遍性（Gert & Gert，2016）。研究确实发现，中国人对公平、仁爱等道德规范的情绪反应取决于社会情境，如相对于传统社会、非工作场所，现代社会、工作场所中的道德违反会更大地诱发愤怒情绪；同时，中国被试对道德违反的情绪反应也会受到多数人意见的影响，当被试意见与多数人意见不一致时，其情绪反应较弱（Li，Gao，& Chen，2016；Chen，Li，& Gao，2016；Gao，Chen，& Li，2016）。此外，Cai 等（2011）的研究还发现，尽管中国人在内隐和神经层面跟西方人一样表现出自尊和自我增强的动机，但在外显层面却不会像西方人那样表现出明显的自我积极性，这可能反映了中国人的谦虚美德和人际策略（Cai et al. ，2016；Shi et al. ，2015）。类似地，Wu 等（2014）发现，中国人的正义感注重个人利益的自我反思，当处于积极有利的位置时，中国大学生比德国、俄罗斯的大学生更可能表现出对他人不幸的关切，这与儒家"君子喻于义、小人喻于利"的传统教化一致。

儒家文化强调"亲亲为大"，因此，家庭是中国传统伦理纲常的基础，也是中国人自我的重要组成部分。蔡华俭等发现，家庭我（family self，对自我和家庭共享的某种价值观的肯定）能帮助中国人保护个体自我，降低死亡威胁、刻板印象的影响、负性反馈等多种威胁带来的焦虑等负面效应，并使他们有更多的注意力和控制力资源，勇于拒绝不公分配，而这一结果并未在西方被试身上发现（Cai，Sedikides，& Jiang，2013；Gu et al. ，2016）；此外，家庭关系、亲子沟通、父母关注、父母控制等家庭功能的良好实现，有利于增强青少年的责任心，并减少他们的道德推脱行为（赵欢欢等，2016）。

（四）问题矫正

违规行为的矫正是道德心理学的重要命题，在教育、司法实践中也具有重要现实意义。在本书中，王博、毕重增（2021）探讨了第三方惩罚在道德违规判断中的作用，以及惩罚者道德声誉的作用，结果发现旁观者认为第三方惩罚执行者比不作为者具有更高的道德水平，第三方的道德声誉会改变旁观者对其惩罚行为道德的推断。徐华女、洪慧芳（2021）通过权威决策假设情境实验任务，探讨程序公平性和结果有利性对小学高年级儿童程序正义判断的影响，研究发现，程序公平性对结果满意度和权威接纳意愿的主效应均显著，程序正义判断在程序公平性与结果满意度之间、程序公平性与权威接纳意愿之间均起中介作用。

　　早在 1969 年，科尔伯格就发现，虽然个体道德发展遵循一种由低阶段向高阶段发展的顺序模式，但高等教育却可能导致"道德倒退"（moral regression）。德国学者 Lind（1979）发现，道德发展包括道德态度的转变和道德判断能力的提高两个部分，而高校的教育既没有改变被试学生的道德理念（可能还变得更糟），也没有提高他们原本就比较高的道德判断能力。Lind（1979）认为，角色承担和相应的反馈支持是影响大学生道德发展的主要因素：若要将道德判断力转化为相应的行为，不仅需要在环境中营造道德氛围，引发道德动机情感，更需要环境给人提供角色承担的机会和相应的反馈支持。康蕾和张静是我国大陆仅有的两位获得 KMDD 培训师资格证书的学者。Kang（2014）将 Lind 的"道德能力测验"（MCT）和"康斯坦茨道德两难讨论法"（KMDD）运用于企业员工，探讨了提升员工道德水平的有效途径。研究发现，干预组的道德判断能力 C 分数从前测的 13.5 分提升到后测的 22 分——净增值达到 8.5 分，即绝对效应量（aES[①]）属于明显有效的分值。KMDD 和 KMDD + 的方法都可以有效地提高成年人的道德判断能力，而 KMDD + 的方法对参与者的影响更加显著。

　　张静（2018）针对广州、武汉和南京的大学生分别进行了多个实验研究，结果发现，MCT 前后测的 C 分数有 9 分以内的不同程度的提高。但研究也发现，KMDD 对培训师的要求较高，需要经过严格训练，在开展 KMDD 讨论时才能有效地提高被试的 C 分数。另外，大学生本身在接触媒体的类型和频度上存在差异，在家庭教育、学校教育中的受管控取向和水平上也存在差异，从而对 KMDD 的实施也会产生一定影响。因而她针对中国学生的受教育水平和年龄差异等提出了一些 KMDD 中国化实践的建议，非常具有启发性。

---

① 　Lin（2002）为排除方差影响而设计的效应量参考值，aES > 5 即为显著，aES > 10 即为非常显著。

德国学者汉默林（Hemmerlin，2014）采用 Lind 的道德能力理论与实验研究方法探讨监狱环境下因犯的道德提升问题，研究发现，监禁环境会进一步降低人的道德判断与话语能力，而这种能力的退行现象与监狱中道德发展的某些重要条件缺失有关，如学习承担责任和进行反思的机会（Lind，2002；Schillinger，2006）。进而，研究者希望能通过此实验结果来解答研究的核心问题，即因犯的道德判断能力是否可以通过有效的方法来培养。为了对监禁效果进行全面细致的分析，Hemmerlin 选择了四所不同类型的监狱（包括羁押中心、劳教监狱、劳动技能培训拘禁所和学习教育拘禁所），并对因犯校正项目进行横向比较。结果显示：在监禁期间，如果没有适当的教育项目（针对羁押中心和劳教监狱），因犯的道德判断与话语能力呈现递减的态势，其退行程度达到 6.5 个 C 分数；在监禁期间接受职业培训和学习教育，可以帮助因犯保持现有的道德判断力水平，却不能提升他们现阶段的能力水平；经过长期干预实验，采用康斯坦茨道德两难讨论法（KMDD）可以有效提升因犯的道德判断与话语能力，其 KMDD 的绝对效应量（absolute effect size，aES）高达 10 个 C 分数。此外，有机会参加 KMDD 讨论的因犯也更积极地参与各种为达到社会康复目的而进行的合作性工作，且伴随着 KMDD 实验项目在各个监狱的展开，监狱里暴力冲突数量会明显减少。

受汉默林研究的启发，我国学者艾映彤（2017）运用 MCT 对某戒毒所的 229 名吸毒女性进行了道德能力测试。结果发现，实验组吸毒女性的道德能力 C 分数显著低于控制组不吸毒女性，且复吸女性群体的 C 分数高于初吸女性群体的 C 分数。这也从一个侧面说明，道德判断能力和社会犯罪问题有密切关联。因此，加强特殊群体的道德判断能力教育，有助于罪犯改造并减少社会犯罪。此外，王东（2016）运用 MCT 对 84 位强迫症患者和 87 位对照组的正常被试进行了比较，结果发现，患者组的道德判断能力 C 分数显著低于对照组。

此外，张倩和杨韶刚（2017）还运用确定问题测验（DIT）对大学生的道德判断能力进行研究。DIT 包括个人利益图式、维持规范图式、后习俗图式、道德判断能力总分四个指标，结果表明当代大学生在个人利益图式和后习俗图式上的得分都远高于在维持规范图式上的得分，即当代大学生的道德判断能力呈现功利性与超越性并存、个体性与社会性相结合的特征，既注重个人利益、崇尚个人自由，又超越世俗、走向崇高。刘建金和杨韶刚（2017）还运用道德认知领域理论，对留守儿童和非留守儿童进行了访谈研究。道德领域包含四类规则：关于生理伤害的、关于心理伤害的、关于习俗领域推理的、关于个人事件推理的。结果表明，留守儿童和非留守儿童对各个领域的道德判断及判断理由均不存在显著差异。因此，教育者不应因媒体关于少数留守儿童的报道而将他们看成异类或问题儿童。这种先入为主的偏见会影响教育者对儿童行为判断的客观性和准确性，也会直接影响道德教育的效果。

三　道德学习的新路径

随着全球化的深入和多元文化的兴起，基于理性主义的道德心理学受到越来越多的挑战，道德学习不再局限于个体道德修养及学校、家庭、政府道德教育的传统路径，并逐渐走向生态化、媒体化，非理性因素，甚至无意识因素开始发挥越来越重要的作用。进而，我们系统梳理了近年来道德学习的心理学研究进展，结果发现，基于生态环境的社会学习和基于无意识的个体学习这两种心理路径是道德心理学发展的新趋势。接下来，我们逐一进行阐述。

（一）基于生态环境的社会学习

根据生态系统理论，人类行为是个体受微观（microsystem）、中观（mesosystem）、外观（exosystem）、宏观（macrosystem）等多重生态环境影响的结果，包括个体直接接触的父母、老师、同学、同事等微观人际环境，扩展的家庭、学校、社团、社区等中观群体环境，再到媒体、政府、产业、服务机构等外观社会环境，以及经济、法律、价值、意识形态等宏观文化环境（Bronfenbrenner，1977）。近年来，生态视角在道德心理学研究中受到越来越多的关注。林崇德（2014）将个体品德动力系统看作大的社会生活及动力系统的组成部分，认为品德是宏观社会的规范要求通过群体关系、群体内人际关系以及处于一定角色地位的个体相互作用，并在后者身上形成的道德需要 - 动机和特定行为方式的统一体。在本书中，陈浩等（2021）基于 2005 年和 2017 年国家水平数据，探讨了社会生态因素对宜人性与身心健康关系的调节效应，发现作为友善、合作、他人取向的人格特征，高宜人性在高收入不平等的社会生态环境中会产生健康代价，即显著负向预测阶梯幸福指数、盖洛普目标幸福感、社会幸福感、经济幸福感、社区幸福感、躯体幸福感、预期寿命等多项国民身心健康指标。此外，刘传军、廖江群（2021）通过启动不同效价的运气感，探讨了运气这一非结构化的环境因素对功利主义道德判断的影响，结果发现坏运组的结果敏感性要显著高于控制组和好运组，但在规范敏感性和总体接受倾向上无显著组间差异。陈满琪、陈睿（2021）基于社会认同理论，分析了自我类别化与民众社会参与的关系，发现自我类别化为不同类型的群体显著影响民众社会参与程度，即自我分类为富人（vs 穷人）、高学历（vs 低学历）、外地人（vs 本地人）的，其总体社会参与、参与公共事务和遵守社会规范水平均相对较高。

具体到生态系统的宏观层面，一项全球研究表明，文化价值观及文化经验都能够影响违规行为的普遍性，从而影响人们是否会在行为实验中表现出诚实行为。研究发现，在那些政治欺诈和腐败盛行的社会中，学生被试更容易撒谎，以获得更多报酬（Gächter & Schulz，2016）。此外，多元文化经验对偏见有改变作用，例如，在被试思考多元文化的好处后会减少内隐种族偏见，而且个体此前的多元文化体验也有助于降低群际偏见（Berger et al.，2013）；但是闯入性文化混搭（intrusive cultural mixing）却会导致对外来文化的抵制（Shi et al.，2016）。进而，社会文化变迁也会深刻影响民众的道德心理。例如，谷歌图书美国数据库中道德相关名词（如品质、良心、正派、尊严、公正、正义、正直）的词频在 1900 年至 2000 年呈下降态势，美德词汇（如诚实、同情）的词频在 1900 年到 2000 年之间也有所下降，这暗示美国在 20 世纪出现了道德滑坡（Kesebir & Kesebir，2012）。

在外观层面，研究发现媒体、产业机构对道德学习的影响不容忽视。Paluck 等（2017）发现，一个旨在消除盲从、促进独立思考的广播节目可以有效地促进意见的表达和争议的解决。此外，跨文化的音乐训练也能够削弱种族偏见。Neto 等（2016）对葡萄牙里斯本地区两所公立学校的 229 名六年级小学生进行为期半年的音乐训练（包括非洲佛得角歌曲与葡萄牙歌曲），结果显示，相比常规训练，跨文化音乐训练不仅削弱了葡萄牙小学生对非洲深肤色人群的内隐偏见，也削弱了对异族群体的外显偏见。令人印象深刻的是，音乐训练对内隐偏见的干预效果不仅在训练后的即时测试中存在，而且在 3 个月后与 2 年后的再测中都依然存在。类似地，像市场这样的环境也能发挥促进道德学习的作用，例如，一项在埃塞俄比亚进行的自然实验发现，越是靠近市场的群体越是能够在公共财产游戏中维持群体内的合作关系（Rustagi，Engel，& Kosfeld，2010）。

除了上述宏观、外观系统，影响道德的中观、微观系统也不容忽视。个体间的道德学习有两种优势策略，一是模仿大多数人的行为，二是追求名声或声望，后者常常与特定的技能对应。这样一来，人们也就逐渐形成了由拥有相似表现型个体组成的社会群体。在这些由大量相似的陌生人组成的社会群体中，人们为了识别合作者又会发展出社会规范，如维持合作的声望或对不合作者进行有代价的惩罚，因为那些愿意付出一定代价来惩罚不合作者的人自身很可能是更愿意合作的（Henrich，2015；Chudek & Henrich，2011）。在学校德育的语境下，随着个体主义和消费主义在全世界范围内的蔓延，学生的同伴关系、师生关系、亲子关系正越来越成为个体与社会发展的挑战，这需要道德心理学给出新的理论解释和解决方案。尽管个体价值不断凸显，但中国学生核心素养研究团队发现，人际交往与合作能力仍然被视为首要的评价标准，这与国际上普遍把价值观作为"21世纪核心素养"的标准是一致的（黄四林等，2016）；且良好的人际关系可以有效地预测大学生的共情倾向，进而提升其社会责任感（黄四林、韩明跃、张梅，2016）。

（二）基于无意识的个体学习

以往的很多研究结果已作为真理性的结论和价值观得到学界主流的广泛认可，例如，很多学者普遍将西方的自由、民主、平等作为人类道德的普世法则，进而对强调其他领域道德（如纪律、协商、权威）的非白人群体带有偏见，甚至进行妖魔化宣传。近期的研究考察了这些偏差和偏见是如何在内隐的甚至无意识的认知系统中产生的，并探讨了改变这些偏见的可能性。例如，Yuan 等（2017）采用持续闪现抑制（continuous flash sup-pression，CFS）这一无意识加工的研究范式，发现相比无意识呈现的本族面孔，无意识呈现的异族面孔会促进后续呈现的消极词汇的加工，这表明对异族群体的偏见在无意识水平之下依然存在。首先，内隐与无意识偏见普遍存在，并涵盖年龄、性别、性取向、种族、民族、宗教、国家、外表等各个方面；其次，内隐与无意识偏见可以看作人类思维的副产品，表现为对内群体的偏好和对社会优势群体的偏好，有其形成、发展和表现的认知神经基础，并且我们可以对这些认知、神经过程进行改变和干预，等等。

Hu 等（2015）从心理认知干预的角度出发，对减少内隐偏见进行了尝试。他们以性别、种族偏见为例，对被试在清醒状态下进行反刻板印象训练，并建立特定频率声音刺激与反刻板印象作答之间的联系，然后当被试进入深度睡眠时，通过播放相应的声音对其进行刺激以加强训练。结果显示，反刻板印象训练可以有效地减弱性别、种族内隐偏见，且睡眠中的训练可以加强偏见减弱的效果及其持续时间。基于最近一项关于睡眠中记忆重激活巩固学习的研究分析，胡晓晴等研究者认为，大脑在深度睡眠时依然可以根据外部线索对记忆进行选择性加工（Hu et al.，2020），这为如何在无意识状态中操作道德学习提供了新的可能和途径。

　　总之，本文通过回顾近年来的道德心理学文献，反思过去研究中的理性主义偏差，发现道德有其复杂多元的人性、人格基础，也是多主体参与的社会教化、矫正过程，进而基于生态环境视角和无意识视角阐述了道德学习的两种新路径。尤其在社会变革与"立德树人"的语境下，我们不仅要重视道德认知、道德判断等理性因素，还要重视道德情感、道德人格、道德意志、道德直觉等非理性因素；同时，要从微观到宏观系统考虑道德学习的生态环境，尝试使用新的心理和生理技术推动学校德育和公民道德建设。

　　致谢：感谢杨宜音研究员、林崇德教授对本文的修改提出宝贵意见，以及张力同学对本文早期的材料整理提供协助。

参考文献

艾映彤，2017，《打开潘多拉的盒子——心理分析视角下女性吸毒成因及康复研究》，澳门城市大学博士毕业论文。

陈浩、洪斌、赖凯声，2021，《宜人性之殇：收入不平等对国家宜人性人格与国民健康指标间关系的系列负性调节效应》，《中国社会心理学评论》第21辑，第187~216页。

范莉，2008，《我国学生品德心理发展研究概述》，《当代教育论坛（宏观教育研究）》第2期。

冯正直、宋新涛、王智、余红艳，2011，《我国军人心理素质研究进展与展望》，《心理科学》第5期。

冯正直、汪凤，2010，《中国军人心理素质量表构念效度的验证性因素分析》，《中华行为医学与脑科学杂志》第7期。

黄四林、韩明跃、张梅，2016，《人际关系对社会责任感的影响》，《心理学报》第5期。

黄四林、左璜、莫雷、刘霞、辛涛、林崇德，2016，《学生发展核心素养研究的国际分析》，《中国教育学刊》第6期。

李伯黍、周冠生，1964，《少年儿童道德行为动机特征的心理分析》，《心理学报》第1期。

林崇德，2014，《品德发展心理学》，陕西师范大学出版社。

刘传军、廖江群，2021，《不幸的道德：运气越差越功利主义》，《中国社会心理学评论》第21辑，第217~240页。

刘冠民，2017，《感恩的神经生物基础》，博士学位论文，清华大学。

刘建金、杨韶刚，2017，《留守儿童的道德判断及其对道德教育的启示——基于社会认知领域理论的视角》，《开放时代》第3期，第148~162页。

刘潇肖、蔡崧吟、宋璐阳、曾雅丽，2021，《素食动机、行为反馈与应对策略初探：一项质性研究》，《中国社会心理学评论》第 21 辑，第 127 ~ 147 页。

倪伟，2001，《我国品德心理研究 20 年的回顾与反思》，《心理学动态》第 1 期。

王博、毕重增，2021，《道德声誉在第三方惩罚违规者行为认知中的作用》，《中国社会心理学评论》第 21 辑，第 148 ~ 160 页。

王丛余、喻丰、柏阳、彭凯平，2021，《道德资本的价值转化效应》，《中国社会心理学评论》第 21 辑，第 18 ~ 31 页。

王东，2016，《强迫症患者母亲意象特点与心理治疗中的转化》，澳门城市大学博士毕业论文。

王晓明、何毓文、金悦宁、高连禄、刘钰婧、周媛，2021，《受害者正义感与背侧脑岛静息功能连结的关联研究》，《中国社会心理学评论》第 21 辑，第 46 ~ 59 页。

王云强、郭本禹，2011，《大学生道德人格特点的初步研究》，《心理科学》第 6 期。

吴胜涛、张燕、于洪泽、樊俊伶、李馨婷，2021，《受害者正义感与人际宽恕：社会价值取向的作用》，《中国社会心理学评论》第 21 期，第 32 ~ 45 页。

吴胜涛、朱廷劭、戴雨欣、汪小芹，2019，《达则兼济天下：基于文学智能分析的精英人物心理研究》，《心理技术与应用》第 10 期，第 590 ~ 596 页。

徐华女、洪慧芳，2021，《程序公平性和结果有利性对儿童程序正义判断、结果满意度与权威接纳意愿的影响》，《中国社会心理学评论》第 21 辑，第 161 ~ 186 页。

徐瑞婕、许燕、冯秋迪、杨浩铿，2015，《对腐败的"心理绑架"效应的验证性内容分析》，《心理学探新》第 1 期。

许燕、冯秋迪、杨浩铿、徐瑞婕、程琪、馨蕊、冯阳，2014，《腐败心理研究的理论与研究范式》，《社会心理研究》第 3 期。

燕国材、刘同辉，2005，《中国古代传统的五因素人格理论》，《心理科学》第 4 期。

杨曦，2021，《个体化与新家庭主义视角下的孝道观念演变》，《中国社会心理学评论》第 21 辑，第 95 ~ 109 页。

张春妹、张安琪、朱小玲、杜丽虹，2021，《宽容对小学生外化问题行为的影响：友谊质量、敌意归因的中介作用》，《中国社会心理学评论》第 21 辑，第 60 ~ 78 页。

张和云、赵欢欢、许燕，2016，《青少年善良人性感知、影响因素及后效作用》，《青年研究》第 2 期。

张吉连，1984，《榜样教育有效途径的比较研究》，《心理学报》第 1 期。

张静，2018，《道德教育"困境讨论"模式在"思想道德修养与法律基础"课教学中的作用》，《思想研究》第 1 期，第 88 ~ 92 页。

张倩、杨韶刚，2017，《从 DIT 到 ICM：道德判断测验的变迁》，《教育学报》第 4 期，第 98 ~ 104 页。

张彦彦、董晓杰、王虹予，2021，《父母控制对高中生亲社会行为的影响：情绪调节策略的中介作用》，《中国社会心理学评论》第 21 辑，第 95 ~ 109 页。

章志光，1979，《学生品德教育中的心理学问题》，《四川教育》第 5 期。

赵欢欢、克燕南、张和云、许燕、程琪，2016，《家庭功能对青少年道德推脱的影响：责任心与道德认同的作用》，《心理科学》第 4 期。

赵欢欢、张和云、许燕，2021，《人心秩序：敬畏特质及其对腐败行为意向的抑制效应》，《中国社会心理学评论》第 21 辑，第 79 ~ 94 页。

郑昊敏、温忠麟、吴艳，2011，《心理学常用效应量的选用与分析》，《心理科学进展》第 12 期。

Bai, Y., Maruskin, L. A., Chen, S., Gordon, A. M., Stellar, J. E., Mcneil, G. D., Peng, K., & Keltner, D. (2017). Awe, the diminished self, and collective engagement: Universals and cultural variations in the small self. *Journal of Personality and Social Psychology*, 113 (2), 185 – 209.

Baltes, P. B., & Staudinger, U. M. (2000). Wisdom. A metaheuristic (pragmatic) to orchestrate mind and virtue toward excellenc. *American Psychologist*, 55 (1), 122 – 136.

Berger, R., Benatov, J., Abu-Raiya, H., & Tadmor, C. T. (2016). Reducing prejudice and promoting positive intergroup attitudes among elementary-school children in the context of the Israeli-Palestinian conflict. *Journal of school psychology*, 57, 53 – 72.

Bloom, P. (2013). Just Babies: The Origins of Good and Evil. CrownPublishers.

Brosnan, S. F., & de Waal, F. B. (2014). Evolution of responses to (un) fairness. *Science*, 346 (6207), 314.

Buchtel, E. E., Guan, Y., Pen, Q., Su, Y., Sang, B., Chen, S. X., & Bond, M. H. (2015). Immorality East and West: Are Immoral Behaviors Especially Harmful, or Especially Uncivilized. *Personality and Social Psychology Bulletin*, 41 (10), 1382 – 1394.

Cai, H., Sedikides, C., Gaertner, L., Wang, C., Carvallo, M., Xu, Y., ···, & Jackson, L. E. (2011). Tactical self-enhancement in China: Is modesty at the service of self-enhancement in East Asian culture? *Social Psychological and Personality Science*, 2 (1), 59 – 64.

Cai, H., Sedikides, C., & Jiang, L. (2013). Familial self as a potent source of affirmation evidence from china. *Social Psychological and Personality Science*, 4 (5), 529 – 537.

Cai, H., Wu, L., Shi, Y., Gu, R., & Sedikides, C. (2016). Self-enhancement among Westerners and Easterners: A cultural neuroscience approach. *Social Cognitive and Affective Neuroscience*, 11 (10), 1569 – 1578.

Cameron, C. D., Lindquist, K. A., & Gray, K. (2015). A Constructionist Review of Morality and Emotions: No Evidence for Specific Links between Moral Content and Discrete Emotions. *Personality and Social Psychology Review*, 19 (4), 371 – 394.

Chen, M., Li, Y., & Gao, W. (2016). Priming modernity and work experiences strengthens the association between fairness/harm concerns and anger in China. *Asian Journal of Social Psychology*, 19 (1), 40 – 48.

Chiu, C. Y. (2016). Lay descriptive and normative theories of morality: Understanding moral emotions in contemporary asia. *Asian Journal of Social Psychology*, 19 (1), 1 – 4.

Chiu, C. Y. (2016). Lay descriptive and normative theories of morality: Understanding moral emotions in contemporary Asia. *Asian Journal of Social Psychology*, 19 (1), 2 – 5.

Chudek, M., & Henrich, H. (2011). Culture-gene coevolution, norm-psychology and the emergence of human prosociality. *Trends in Cognitive Sciences*, 15 (2), 218 – 226.

Churchland, P. S. (2011). Braintrust: What neuroscience tells us about morality. Princeton: Princeton University Press.

de Waal, F. B. , & Suchak, M. (2010). Prosocial primates: selfish and unselfish motiva-tions. *Philosophical Transactions Biological Sciences*, 365 (1553), 2711 - 2722.

Frimer, J. A. , Walker, L. J. , Riches, A. , Lee, B. H. , & Dunlop, W. L. (2012). Hierarchical integration of agency and communion: A study of influential moral figures. *Journal of Personality*, 80 (4), 1117 - 1145.

Gao, W. , Chen, M. , & Li, Y. (2016). Descriptive norms influence reactions to anger-related moral events. *Asian Journal of Social Psychology*, 19 (1), 31 - 39.

Gächter, S. , & Schulz, J. F. (2016). Intrinsic honesty and the prevalence of rule violations across societies. *Nature*, 531 (7595), 496 - 498.

Gert, B. , & Gert, J. (2016). The Definition of Morality. In Zalta EN (ed.) TheStan-ford Encyclopedia of Philosophy (Spring 2016 Edition), URL: https://plato. stanford. edu/archives/spr2016/entries/morality-definition/.

Graham, J. , Nosek, B. A. , Haidt, J. , Koleva, S. , & Ditto, P. H. (2011). Mapping the Moral Domain. *Journal of Personality and Social Psychology*, 101 (2), 366 - 385.

Greene, J. D. , Cushman, F. A. , Stewart, L. E. , Lowenberg, K. , Nystrom, L. E. , & Cohen, J. D. (2009). Pushing moral buttons: The interaction between personal force and intention in moral judgment. *Cognition*, 111 (3), 364 - 371.

Gu, R. , Jing, Y. , Shi, Y. , Luo, Y. , Luo, Y. L. , & Cai, H. (2016). Be strong enough to say no: self-affirmation increases rejection to unfair offers. *Frontiers in Psychology*, 7 (304), 1 - 9.

Haidt, J. (2001). The emotional dog and its rational tail: A social intuitionist approach to moral judgment. *Psychological Review*, 108 (4), 814 - 834.

Haidt, J. (2013). The Righteous Mind: Why Good People Are Divided by Politics and Religion. *Forum*, 50 (1), 86 - 88.

Hamlin, J. K. , Wynn, K. , Bloom, P. , & Mahajan, N. (2011). How infants and tod-dlers reach to antisocial others. *Proceedings of the National Academy of Sciences of the United States of America*, 108 (50), 19931 - 19936.

Hamlin, J. K. , Wynn, K. , & Bloom, P (2008). Social evaluation by preverbal infants. *Nature*, 450 (7169), 557 - 559.

Hamlin, J. K. , Wynn, K. , & Bloom, P. (2010). Three-month-olds show a negativity bias in their social evaluations. *Developmental science*, 13 (6), 923 - 929.

Hemmerlingm, K. (2014). *Morality behind bars-An intervention study on fostering moral compe-tence of prisoners as a new approach to social rehabilitation*. Frankfurt: Peter Lang.

Henrich, J. (2015). Culture and Social Behavior. *Current Opinion in Behavioral Sciences*, 3, 84 - 89.

Henrich, J. , Heine, S. J. , & Norenzayan, A. (2010). Most people are not WEIRD. *Nature*, 466 (7302), 29.

Hu, C. , & Jiang, X. (2014). An emotion regulation role of ventromedial prefrontal cor-tex in moral judgment. *Frontiers in Human Neuroscience*, 8 (10), 873.

Hu, X. , Antony, J. W. , Creery, J. D. , Vargas, I. M. , Bodenhausen, G. V. , & Paller, K. A. (2015). Unlearning implicit social biases during sleep. *Science*, 348 (6238), 1013 – 1015.

Hu, X. , Antony, J. W. , Creery, J. D. , Vargas, I. M. , Bodenhausen, G. V. , & Paller, K. A. (2015). Unlearning implicit social biases during sleep. *Science*, 348 (6238), 1013 – 1015.

Jennings, P. L. , & Hannah, S. T. (2011). The Moralities of Obligation and Aspiration: Towards a Concept of Exemplary Military Ethics and Leadership. *Military Psychology*, 23 (5), 550 – 571.

Kang, L. , Rubienska, A. , Yang, S. , Zheng, T. , Qiu, Y. (2014). Learning global citizenship skills in a democratic setting: An analysis of the efficacy of a moral development method applied in China. *Public Philosophy and Democratic Education*, 3 (2), 36 – 56.

Kohlberg, L. (1969). Stage and Sequence: The Cognitive-Developmental Approach to Socialization. In Goslin DA (ed.), Handbook of Socialization Theory and Research, pp. 347 – 480. Chicago: Rand McNally.

Lind, G. (2002). Can Morality Be Taught? Research Findings from Modern Moral Psychology [M]. Berlin: Logos-Verlag.

Lind, G. (2002). *Can morality be taught? Research findings from modern Moral Psychology* (2nd ed.). Berlin: Logos-Verlag.

Lind, G. (1979, January 2 – 6). *Toward an Evaluation of the Impact of University on Students' Moral Development*. Paper presented at the 3rd International Congress of the European Association of Research into Higher Education (EARDHE). Klagenfurt, Austria.

Liu, X. X. , Keller, J. , & Hong, Y. Y. (2015). Hiring of personal ties: A cultural consensus analysis of China and the United States. *Management and Organization Review*, 11 (1), 145 – 169.

Liu, X. X. , Keller, J. , & Hong, Y. Y. (2015). Hiring of personal ties: A cultural consensus analysis of China and the United States. *Management and Organization Review*, 11 (1), 145 – 169.

Li, Y. , Gao, W. , & Chen, M. (2016). Do Chinese distinguish between ethics of community, autonomy and divinity? *Asian Journal of Social Psychology*, 19 (1), 26 – 30.

Lu, J. G. , Quoidbach, J. , Gino, F. , Chakroff, A. , Maddux, W. W. , & Galinsky, A. D. (2017). The dark side of going abroad: How broad foreign experiences increase immoral behavior. *Journal of Personality and Social Psychology*, 112 (1), 1 – 16.

Luo, Y. Y. , Liu, Y. , Cai, H. , Wildschut, T. , & Sedikides, C. (2016). Nostalgia and Self-Enhancement: Phenotypic and Genetic Approaches. *Social Psychological and Personality Science*, 7 (8), 857 – 866.

Neto, F. , da Conceiçao Pinto, M. , & Mullet, E. (2016). Can music reduce anti-dark-skin prejudice? A test of a cross-cultural musical education programme. *Psychology of Music*, 44 (3), 388 – 398.

Neto, F. , da, Conceiçao, Pinto, M. , & Mullet, E. (2012). Can music reduce anti-dark-skin prejudice? A test of a cross-cultural musical education programme. *Psychology of*

Music, 44, 388 – 398.

Paluck, E. L., Shafir, E., & Wu, S. J. (2017). Ignoring alarming news brings indifference: Learning about the world and the self. *Cognition*, 167 (3), 160 – 171.

Paxton, J. M., Ungar, L., & Greene, J. D. (2012). Reflection and Reasoning in Moral Judgment. *Cognitive Science*, 36 (1), 163 – 177.

Piaget, J. The Moral Judgment of the Child. The Free Press, New York.

Rustagi, D., Engel, S., & Kosfeld, M. (2010). Conditional cooperation and costly monitoring explain success in forest commons management. *Science*, 330 (6006), 961 – 965.

Schillinger, M. (2006). Learning Environments and Moral Development: How University Education Fosters Moral Judgment Competence in Brazil and Two German-Speaking Countries [M]. Aachen: Shaker-Verlag.

Shi, Y., Sedikides, C., Cai, H., Liu, Y., & Yang, Z. (2015). Disowning the Self: The cultural value of modesty can attenuate self-positivity. *Quarterly Journal of Experimental Psychology*, 70 (6), 1.

Shi, Y., Shi, J., Luo, L. L., & Cai, H. (2016). Understanding exclusionary reactions toward a foreign culture: The influence of intrusive cultural mixing on implicit intergroup bias. *Journal of Cross-Cultural Psychology*, 47 (10), 1335 – 1344.

Shweder, R. A., Much, N. C., Mahapatra, M., & Park, L. (1997). The "Big Three" of Morality (Autonomy, Community, Divinity) and the "Big Three" Explanations of Suffering, 119 – 169.

Silk, J. B., Brosnan, S. F., Von, J., Henrich, J., Povinelli, D. J., Richardson, A. S., Lambeth, S. P., Mascaro, J., & Schapiro, S. J. (2005). Chimpanzees are indifferent to the welfare of unrelated group members. *Nature*, 27 (7063), 1357 – 1359.

Tadmor, C. T., Hong, Y., Chao, M. M., Wiruchnipawan, F., & Wang, W. (2012). Multicultural Experiences Reduce Intergroup Bias through Epistemic Unfreezing. *Journal of Personality Andsocial Psychology*, 103 (5), 750 – 772.

Walker, L. J., & Frimer, J. A. (2007). Moral personality of brave and caring exemplars. *Journal of Personality and Social Psychology*, 93 (5), 845 – 860.

Weng, H., Fox, A. S., Shackman, A. J., Stodola, D. E., Caldwell, J. Z., Olson, M. C., Rogers, G. M., & Davidson, R. J. (2013). Compassion training alters altruism and neural responses to suffering. *Psychological Science*, 24 (7), 1171 – 1180.

Wheatley, T., & Haidt, J. (2005). Hypnotic Disgust Makes Moral Judgments More Severe. *Psychological Science*, 16 (10), 780 – 784.

Wu, M. S., Schmitt, M., Zhou, C., Nartova-Bochaver, S., Astanina, N., Khachatryan, N., & Han, B. (2014). Examining self-advantage in the suffering of others: Cross-cultural differences in beneficiary and observer justice sensitivity among Chinese, Germans, and Russians. *Social Justice Research*, 27 (2), 231 – 242.

Wu, M. S., Yan, X., Zhou, C., Chen, Y., Li, J., Zhu, Z., & Han, B. (2011). General belief in a just world and resilience: Evidence from a collectivistic culture. *European Journal of Personality*, 25 (6), 431 – 442.

Young, L. , Camprodon, J. A. , Hauser, M. , Pascualleone, A. , & Saxe, R. （2010）. Disruption of the right temporoparietal junction with transcranial magnetic stimulation reduces the role of beliefs in moral judgments. *Proceedings of the National Academy of Sciences*, 107 （15）, 6753 – 6758.

Yuan, J. , Hu, X. , Lu, Y. , Bodenhausen, G. V. , & Fu, S. （2017）. Invisible own- and other-race faces presented under continuous flash suppression produce affective response biases. *Consciousness and cognition*, 48, 273 – 282.

Yuan, J. , Hu, X. , Lu, Y. , Bodenhausen, G. V. , & Fu, S. （2017）. Invisible own- and other-race faces presented under continuous flash suppression produce affective response biases. *Consciousness and Cognition*, 48, 273 – 282.

《中国社会心理学评论》 第 21 辑
第 21～36 页
© SSAP，2021

道德资本的价值转化效应

王从余　喻　丰　柏　阳　彭凯平*

摘　要： 前人研究证实人们对物品的价值判断受物品所有者的法律属性、文化身份、权力地位的影响。本研究通过 2 个实验，验证物品所有者的道德属性对物品价值判断的影响。实验 1 爬取互联网媒体大数据探索海特的五个道德基础与经济问题的接近程度。结果发现五个道德基础可分为两大类：在经济问题上处于中心位置的关怀/伤害、公正/欺骗和圣洁/堕落；在经济问题上处于远端的忠诚/背叛和权威/颠覆。实验 2 以得失情境（损失 vs 获得）和道德属性（有道德组 vs 无道德组 vs 对照组）为自变量，以物品估价为因变量，采用情境实验分别验证主人公在五个道德基础上的道德属性对其所有物经济价值判断的影响。结果发现，关怀/伤害、圣洁/堕落、公正/欺骗对经济价值判断具有正向影响，证实这三个与经济较远的道德基础能够产生道德资本的价值转化效应。

关键词： 道德资本　经济价值判断　道德基础理论

一　引言

行为经济学颠覆了"理性人"假设，发现人们做出经济判断不仅依据物体本身的经济价值，还包含许多社会文化因素（Thaler，2016）。当判断

---

* 王从余，中国人民公安大学讲师，清华大学社会科学学院博士；喻丰，武汉大学哲学学院教授，博士生导师；柏阳，北京大学光华管理学院助理教授，博士生导师；通讯作者：彭凯平，清华大学社会科学学院教授，博士生导师，E-mails：pengkp@mail.tsing-hua.edu.cn。

物品的经济价值时，人们倾向于依据物品所有者的法律属性、文化身份和权力地位做出判断（Levinson & Peng，2007；Yang，Peng，Zhou，Zheng，& Peng，2013；Yu & Peng，2016）。例如，Yang 等（2013）发现，同样的物品被领导捡到比被下属捡到会让人觉得更值钱，又如 Levinson 和 Peng（2007）发现，物品所有者的群体身份和法律属性对物品估价存在交互作用，内群体的违法者捡到的东西，在人们眼里最值钱。然而，道德属性的价值转化效应很少受到研究者关注，例如，好人的东西是否会让人觉得更值钱？尚待实证研究验证。

道德作为一种进化的心理机制（Haidt，2007），不仅具有备受先哲推崇的伦理作用，其影响也渗透到人类社会各个领域（彭凯平、喻丰、柏阳，2011）。在《道德资本的政治学》中，Kane（2001）系统论述了人们对政治人物和政治机构的道德判断对其政治生涯产生的影响，并将该效应定义为道德资本。本研究所探究的道德资本，与 Kane（2001）定义的道德资本具有共通之处：聚焦于主体道德属性的价值判断与转化。道德资本转化为经济价值具有现实基础，亚当·斯密早在《道德情操论》中就提出市场需要道德调节以保证良性运转（Haeffele & Storr，2019）。德国经济伦理学的代表人物科斯洛夫斯基说，"自利是经济发展的最大动力，道德则是经济发展的最好动力"，他认为经济主体遵循道德不仅是出于其对长远利益的考虑，更重要的是实现交易各方的共赢（Koslowski，2016）。此外，主体的道德属性影响其所有物的经济价值判断也具有心理学实证基础。大量研究表明背景信息在人们判断目标信息时存在启动效应，即知觉判断的同化（assimilation）与对比（contrast）。这两种不同的加工方向主要取决于背景信息与目标信息之间的关系（Schwarz & Bless，1992a，1992b；Schwarz，Strack，& Mai，1991）。当人们对物品价值进行判断时，主体的道德属性可能作为一种背景信息，对物品价值的目标信息产生知觉启动效应。

在本研究中，道德资本的操作性定义是个体的道德属性以资本的形式转化为其所有物的经济价值。为了验证道德资本，我们运用情境实验，检验个体的道德属性是否对其所有物的经济价值产生正向效应。在已有研究中，Levinson 和 Peng（2007）通过对比妓女与农村女教师、毒贩与公司职员等意外获得或者失去某一物品时，人们对该物品的价值判断，发现法律资本可转化为经济资本。该范式也很好地验证了权力资本（Yang et al.，2013）、文化资本（Yu & Peng，2016）分别与经济资本之间的转化。本研究借鉴上述研究的实验范式，检验道德资本的价值转化效应。与前人范式的区别在于，法律资本、权力资本和文化资本均指向单一维度的个体属性（如高权力 vs 低权力），而承载道德资本的道德价值体系则建立在多元维度基础之上。

在早期的道德研究中，以 Kohlberg（1969）道德即公正和 Gilligan（1977）道德即关怀为代表的两种观点，将道德划分为两个维度。随着道德跨文化研究开展以及道德概念的拓宽，更多的研究者提出了多元道德维度（Graham，Haidt，& Nosek，2009；Shweder，Mahapatra，& Miller，1990）。其中，Haidt（2012）提出的道德基础理论（moral foundation theory）受到广泛关注。该理论认为道德具有五个基础：关怀/伤害、公正/欺骗、忠诚/背叛、权威/颠覆、圣洁/堕落。这五个道德基础具有不同的心理基础和实用功能。因此，在研究道德资本的价值转化效应之前，我们需要具体探讨不同道德基础与经济问题的距离。

其中，关怀/伤害与公正/欺骗具有自治性（autonomy），强调个体身份和人道诉求。前者对应的美德是关爱和善良，典型的道德行为有同情受害者、照顾弱者等；后者起源于平等地分享劳动成果，对应的美德是公平、正义、信任等。圣洁/堕落具有神性（divinity），起源于预防传染性疾病，旨在防止灵魂和精神的堕落，对应的美德是节制、贞洁、虔诚、清洁等。权威/颠覆、忠诚/背叛具有社会性（community），强调人基于社会角色和群体身份所要履行的道义责任。前者关注阶层内有益的关系，如遵守规则、尊重领导、尊敬专家、遵循男女社会角色等道德行为。后者强调对内群体的忠诚，对应的美德有忠诚、爱国、自我牺牲（Graham，Nosek，& Haidt，2012；Graham et al.，2013；Mooijman et al.，2018；Shweder et al.，1997）。而经济人不是孤立的，经济活动是一种群体性行为（Henderson et al.，2018），可能更多地涉及属于社会伦理的权威/颠覆和忠诚/背叛。基于以上讨论，本研究认为五个道德基础与经济问题距离不同。相比前三个道德基础，社会性的权威/颠覆、忠诚/背叛与经济问题距离更近，假设如下。

H1a：关怀/伤害、公正/欺骗、圣洁/堕落的道德属性在经济问题上处于远端。

H1b：权威/颠覆、忠诚/背叛的道德属性在经济问题上处于中心位置。

本文将在研究1中，分析互联网中文媒体大数据以验证假设。

道德属性与经济问题的距离，可能影响道德资本的价值转化过程。在经济情境下，人们必然要在道德与经济之间做出排他性价值排序（冯川，2006）。越是接近经济问题，进入价值排序情境的频率就越高，与经济价值具有较高差异性。例如道德基础理论的忠诚/背叛强调道德对为内群体而自我牺牲的鼓励；然而在经济系统中，保证经济效益的一个最大前提就是追求个人利益最大化（Ulrich，2000）。根据知觉判断理论，背景效应分为正向的同化效应（assimilation）与负向的对比效应（contrast）两种加工方向，这取决于背景信息与目标信息之间的关系。研究发现，当背景信息与目标信息的差异较大时，无法产生正向的同化效应（Herr，Sherman，& Fazio，1983；Mussweiler，2003；Snyder et al.，2019；Vogel et al.，2019）。因此，当权威/颠覆或忠诚/背叛的道德属性作为背景信息时，它们与目标信息的差异较大，可能无法对物品经济价值产生认知启动效应。

为了在认知启动效应的基础上，进一步验证道德属性与经济价值的转化关系，本研究加入得失情境的变量。如果个体道德属性仅仅是作为一种背景信息，对物品经济价值的目标信息产生启动效应，那么在主人公获得物品或失去物品这两种情况下，道德属性的启动效应不会呈现差异。但是，如果得失情境显著调节了这个效应，那么，当个体得到物品时，他的道德属性对物品经济价值产生同化效应；当他失去这件物品时，他的道德属性无法影响人们对物品的经济价值判断。也就是说，个体过去曾拥有的物品就无法被他的道德属性所影响。这意味着道德属性对经济价值的同化效应，对所有权的时效性是有要求的。由于时间概念与空间关系存在关联性（Weger & Pratt，2008），且时间与空间的信息加工都由负责空间注意力和感觉运动转换的皮质回路执行（Bonato，Zorzi，& Umiltà，2012），同化效应在时间维度上的流失，也可以被看作空间关系上的迁移，即个体道德属性转化为物品经济价值。基于此，本研究认为得失情境与道德属性的交互作用，可验证道德属性对物品价值的影响是一种价值转化效应，而非单纯的认知启动效应，假设如下。

H2a：对于在经济问题上处于远端的关怀/伤害、公正/欺骗、圣洁/堕落，在得到物品时，道德属性对物品经济价值存在正向效应。

H2b：对于在经济问题上处于远端的关怀/伤害、公正/欺骗、圣洁/堕落，在失去物品时，道德属性对物品经济价值没有显著影响。

H2c：对于在经济问题上处于中心位置的权威/颠覆、忠诚/背叛，道德属性对物品经济价值没有显著影响。

H2d：对于在经济问题上处于中心位置的权威/颠覆、忠诚/背叛，道德属性与得失情境的交互作用对物品经济价值没有显著影响。

本文将在研究2中，采用情境实验验证上述研究假设。

需要指出的是，本研究加入的得失情境，与前景理论的框架效应不同。框架效应是指人们对收益倾向于风险厌恶，对损失却倾向于风险偏好。该效应发生在风险决策和不确定性选择的过程中（Steiger & Kühberger，2018）。在本研究中，人们对他人物品的价值判断过程并不具有风险和不确定性，该过程不适用于前景理论。因此，本研究的得失情境不对框架效应做出讨论。

道德资本研究首次将道德基础纳入经济语境考量，其理论贡献不仅在于通过探讨道德资本与经济资本之间的价值转化效应，而且用实证方法厘定经济活动中的道德规范。Haidt（2012）的五个道德基础是广义的道德直觉，当它们进入经济领域后，还是被人们认可的道德规范吗？本研究的因变量——物品经济价值——将直观反映人们对不同道德属性的价值判断。如果一个道德基础被证实可以增加经济价值，说明它在市场道德体系中占有一席之地（万俊人，2000）。这是道德资本研究对经济学和伦理学的实证贡献。不仅如此，本研究揭示道德资本与经济资本转化关系还具有现实的激励作用。在市场经济竞争越发激烈、人权因生活水平提高得到更多关注、网络增强舆情监督的效力的时代背景下，兼顾经济价值和道德价值已成为经济活动的要求之一（龚天平，2011；闵凯，2014）。

二　研究 1：道德基础在经济问题上的位置

为了考察哪些道德基础在经济问题上处于中心位置，哪些处于远端，研究 1 爬取了一个月内中文媒体线上数据，统计关怀/伤害、公正/欺骗、圣洁/堕落、权威/颠覆、忠诚/背叛的关键词与经济关键词共同出现的新闻报道分别是多少。

（一）研究方法

研究 1 采用五个道德基础的关键词与经济关键词在全网媒体报道中的共现概率，来量化位置关系。首先，网络生态数据不同于传统心理学研究方法所收集的数据，它不是专门为特定的研究框架量身定制的，所以很难与研究假设完美契合（郝龙、李凤翔，2017）。只能在浩瀚的网络生态数据中，挖掘出能够直接或间接地证实研究假设的数据。例如，前人用微博词汇的广度和密度来测量用户的创造力（Yu et al.，2016）。另外，媒体的新闻报道与大众主观认知中的社会现实是紧密相关的。大量研究证据表明，新闻报道对公众认知具有深远的影响力（Kiousis, Popescu, & Mitrook，2007），媒体具有在公众心中建构社会现实的能力（Vu et al.，2019）。媒体选择哪些新闻进行报道，影响着公众对周围世界"大事"及其重要性的判断，这就是新闻传播学中常提到的议程设置功能（agenda setting）（McCombs & Shaw，1972）。基于上述两个原因，全网媒体新闻报道数量被用于衡量在大众主观认知中各个道德基础与经济问题的距离。

（二）数据分析

为了统计广义的经济问题和经济活动，经与国家信息中心大数据发展部两位研究员讨论，选取了较为宽泛的经济关键词。取并集，只要新闻中至少具备其中一个关键词，就被统计为经济新闻。再将采集到的新闻，随机抽取100篇进行回溯验证，剔除易产生噪音的词语（如"元""价值"），最后保留四个关键词"经济、资本、金钱、人民币"。附录A展示了道德基础关键词。首先由2名社会心理学博士生根据道德基础理论对五个道德基础的阐释（Graham et al.，2009；Graham et al.，2012；Haslam et al.，2012），将道德基础词典（Moral Foundation Dictionary；Graham et al.，2009）翻译成中文（关怀/伤害47词、圣洁/堕落88词、公正/欺骗34词、权威/从属71词、忠诚/背叛52词），再由另外2名博士生进行比较和修改，直到达成共识。然后请5位道德心理学研究者就重要性排序。为对五个维度作横向比较，需要控制5个词表的词数相同，因此根据排序结果选出五组排名前十的词，建立道德基础关键词表。之后，利用国家信息中心大数据分析平台抓取全网媒体数据（包括新闻、论坛、博客、微博、微信公众号）进行处理和分析，获取2017年11月15日至12月15日带有道德关键词和经济关键词的新闻报道，其共同出现的频率从高到低依次为忠诚/背叛2004672条、权威/从属1651827条、公正/欺骗769805条、关怀/伤害501126条、圣洁/堕落197805条。根据图1，经济位于雷达图的原点，五个道德基础位于五边形的五个顶点，坐标轴是道德关键词与经济关键词在新闻报道中共同出现的频率。

（三）讨论

结果显示，具有自治性的关怀/伤害、公正/欺骗和具有神性的圣洁/堕落与经济问题的距离较远；具有社会性的忠诚/背叛和权威/颠覆与经济问题的距离较近。该结论既符合假设，也符合直觉与经验。在忠诚/背叛维度上，人们通常出于经济利益而选择背叛；而忠诚行为包括个体为内群体做出自我牺牲，有时是经济利益上的自我牺牲。此外，权威/颠覆在经

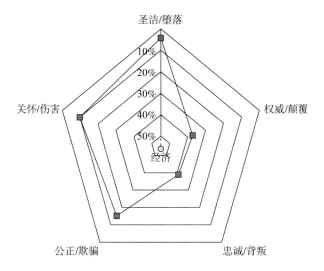

图1　五个道德基础关键词与经济关键词在新闻报道中的共现频率

济问题中也存在一些两难情境。例如，创新创业、挖掘商机往往意味着挑战权威或现有秩序。

三　研究2：道德资本的价值效应

（一）工具

在研究2中，每位被试要阅读7个故事，故事中有对主人公意外获得（或意外失去）的物品的描述。例如，第一个故事。

> 陈林沿着江滩回家时碰巧在沙子里捡到了一枚金戒指。陈林并不知道，这枚戒指购于1988年。据国际珠宝鉴定刊物《世界珠宝商》所刊载，这枚戒指在当时市价为1000元人民币。

上面这个例子是第一个故事的"得到"版本，每个故事都有一个"失去"版本。同时，每个故事中还有对主人公的道德属性的描述：在得到（或失去）物品的描述前用这一句话勾勒出这个主人公在特定维度上的道德属性（见表1）。需要指出的是，道德资本的含义不是道德行为所带来的直接或间接的经济后果。道德资本关注道德主体，而非道德行为本身。所以，故事中的道德行为仅仅是为了描述主人公的道德属性。物品的得失都是意外的，与这些行为没有关系。同时，在描述中也不提及道德行为带来的后果，以避免与实际收益情况的混淆。

表 1   道德属性的描述 （以故事一为例）

	关怀/伤害	圣洁/堕落	公正/欺骗	忠诚/背叛	权威/颠覆
有道德	陈林的妻子意外受伤，在家卧床休养，他每日悉心陪伴照顾	陈林非常喜爱美食，但是他生活自律，对于饮食很有节制	陈林在考试中从不作弊，他认真遵守考场纪律	陈林是足球运动员，他下赛季转会，但仍然为现在的球队拼尽全力	毕业后，陈林每年都回母校，看望当年用心栽培自己的导师
无道德	陈林经常因为家庭琐事与妻子争吵，有时他还会控制不住脾气动手打人	陈林有暴饮暴食的倾向，他总是无法控制自己对于食物的欲望	陈林经常在考试中作弊，他无视考场纪律，偷看手机，与同学对答案	陈林是足球运动员，他下赛季转会，便在赛前向别人透露本队战术	毕业后，陈林再也没回过母校，也从不看望当年用心栽培自己的导师

（二）预实验

预实验的目的是评估实验材料中对道德属性的描述是否准确、有效地反映该道德基础上的道德属性。邀请 15 位心理学研究生，在阅读得到版本的故事后，对"主人公有多道德""这个故事在多大程度上反映了关怀/伤害（或其他 4 个）维度"两个问题进行 7 点量表评分。

由于方差齐性检验显著，采用 Kruskal-Wallis H 检验，在道德属性和道德基础两个问题上，有道德、无道德和中性组的评分差异显著。评分结果如表 2 所示，说明实验材料对五个道德基础上三种道德属性的描述是准确、有效的。

表 2   实验材料评分的均值和标准差

道德基础	df	χ^2	故事描述的评分 （$M \pm SD$）		
			有道德组	中性组	不道德组
道德属性 （主人公有多道德）					
关怀/伤害	2	239.20 ***	6.16 ± 0.70	4.00 ± 0.00	1.94 ± 1.52
圣洁/堕落	2	251.31 ***	5.84 ± 1.08	3.96 ± 0.19	3.50 ± 3.94
公正/欺骗	2	293.38 ***	6.24 ± 0.71	4.00 ± 0.00	1.70 ± 0.71
忠诚/背叛	2	278.33 ***	5.96 ± 0.76	3.99 ± 0.10	1.82 ± 0.88
权威/颠覆	2	277.69 ***	5.98 ± 0.91	3.99 ± 0.10	1.96 ± 1.01

续表

道德基础	df	χ^2	故事描述的评分（$M \pm SD$）		
			有道德组	中性组	不道德组
道德基础（多大程度上反映该维度）					
关怀/伤害	2	240.45***	6.43 ± 0.90	1.00 ± 0.00	6.52 ± 0.75
圣洁/堕落	2	243.95***	6.49 ± 0.79	1.00 ± 0.00	6.67 ± 0.62
公正/欺骗	2	235.18***	6.54 ± 0.56	1.02 ± 0.14	6.55 ± 0.54
忠诚/背叛	2	234.66***	6.37 ± 0.81	1.00 ± 0.00	6.52 ± 0.71
权威/颠覆	2	241.78***	6.28 ± 1.22	1.00 ± 0.00	6.46 ± 1.03

注：*** $p < 0.001$。

（三）研究设计

以得失情境（损失 vs 获得）和道德属性（有道德组 vs 无道德组 vs 对照组）为自变量，以物品估价为因变量的被试间设计。采用情境实验范式（Levinson & Peng，2006；Yang et al.，2013；Yu & Peng，2016），共有五个子实验，分别探索关怀/伤害、公正/欺骗、圣洁/堕落、权威/颠覆、忠诚/背叛五个道德基础。每位被试阅读的实验材料共有 7 个故事，在阅读完每个故事后，要求被试回答（以上述故事为例）：你觉得这枚戒指现在（2018年）值多少钱？在填写问题后，收集被试的年龄、性别等人口统计学数据。

（四）研究对象

实验共招募三所大学的 683 名本科生与研究生参与，其中男生 354 人，女生 329 人，平均年龄 20.83 ± 1.87 岁。五个道德基础分别由五个子实验构成，每个子实验都是被试间进行。对照组数据在实验 1a 中收取。

（五）统计方法

采用 SPSS 22 对数据进行多元方差分析。在进行统计分析之前，采用以下公式（Yang et al.，2013）对原始的经济价值判断的金额进行处理：

$$S = p \times (1 + i)^n$$

在上面的公式中，S 代表被试在 2018 年 4 月对物品的估计价值，p 代表物品在故事中的 1988 年时的价值，n 是年代差（在本研究中 $n = 2018 - 1988 = 30$），i 代表着增长率。目标是将价值粗分转化为增长率。但是，这样转化并未考虑到实际物价的增长。为了将物价实际增长值考虑进来，本

研究加入 *CPI*（*CPI* 1988 = 118.80，*CPI* 2018 年 3 月 = 641.96，以 *CPI* 1978 = 100 作为基准，*CPI* 数据来源：中国国家统计局），产生一个调整后的 *r* 值代替 *i* 作为增长率的指标。即：

$$r = \left(\frac{s/CPI_{2018}}{p/CPI_{1988}} \right)^{\frac{1}{2018 - 1988}} - 1$$

　　剔除不认真作答（答题时间少于 3 分钟、大于 30 分钟）的 51 名被试的数据。去掉填写"不知道"等无效内容的 19 个数据、填写 10 以下数字的 28 个数据与 31 个异常值，对缺失值进行平均值插补。7 个故事的 *r* 值在关怀/伤害、公正/欺骗、圣洁/堕落、权威/从属、忠诚/背叛和对照组的内部一致性系数分别为 0.83、0.85、0.87、0.89、0.88 和 0.84。计算每位被试在 7 个故事上 *r* 值的均值，得到最终的经济价值判断 *r* 值并将其作为因变量。

四　研究结果

　　以得失情境（损失 vs 获得）和道德属性（有道德组 vs 无道德组 vs 对照组）作为自变量，以经济价值判断 *r* 值作为因变量进行方差分析，对道德属性进行多重比较（Bonferroni test，α = 0.05），结果如图 2、图 3 所示。

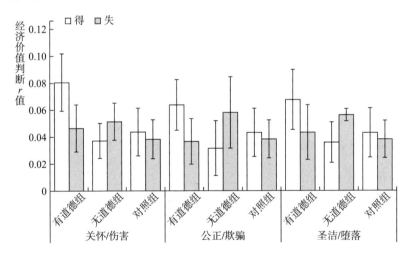

图 2　基于关怀/伤害、公正/欺骗、圣洁/堕落的经济价值判断

注：误差线表示 95% 置信区间。

　　结果表明，道德属性与得失情境的交互作用在关怀/伤害、公正/欺骗、圣洁/堕落中显著 [关怀/伤害：$F(2, 231) = 4.690$，$p = 0.010$，$\eta^2 = 0.039$；公正/欺骗：$F(2, 134) = 3.35$，$p = 0.04$，$\eta^2 = 0.05$；圣洁/

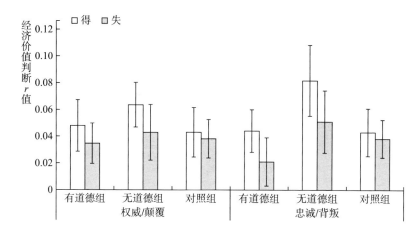

图3　权威/颠覆、忠诚/背叛的经济价值判断

注：误差线表示95%置信区间。

堕落：$F(2, 167) = 3.19$，$p = 0.04$，$\eta^2 = 0.04$]，且简单效应分析结果发现，仅在获得物品时，有道德组的经济价值判断显著高于不道德组，在失去物品时差异不显著。

权威/颠覆道德属性的主效应显著 [$F(2, 169) = 4.51$，$p = 0.01$，$\eta^2 = 0.04$]，经多重比较发现，有道德组的经济价值判断显著高于不道德组以及控制组。忠诚/背叛道德属性的主效应也显著 [$F(2, 168) = 6.34$，$p = 0.002$，$\eta^2 = 0.07$]，经多重比较发现，不道德组得到的经济价值判断显著高于有道德组以及对照组。

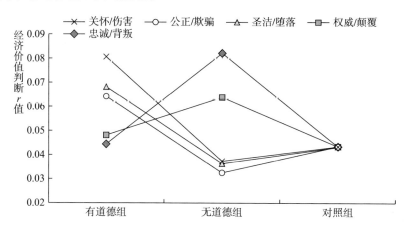

图4　不同道德属性的人获得物品时的经济价值判断

总体来说，实验发现物品所有者的道德属性可影响他人对其所有物的估值，但五个道德维度的价值效应并不一致。其中，在与经济较远的关怀/伤害、公正/欺骗、圣洁/堕落的道德基础上，人们对有道德组获得的物品给出更高的经济价值判断；但当他失去物品时，他的道德属性无法再产生价值效应。道德属性与得失情境的交互作用说明个体道德属性与物品价值之间发生了价值迁移，验证了关怀/伤害、公正/欺骗、圣洁/堕落的道德资本存在价值转化效应。

五　结论与结果

本研究主要有以下结论。

第一，自治性的关怀/伤害和公正/欺骗、神性的圣洁/堕落在经济问题上处于远端；社会性的忠诚/背叛和权威/颠覆在经济问题上处于中心位置。

第二，在关怀/伤害、公正/欺骗、圣洁/堕落这三个道德基础上，人们对有道德者获得的物品的经济价值判断更高；但当失去物品时，道德属性没有显著提升人们对物品价值的判断。验证了基于关怀/伤害、公正/欺骗、圣洁/堕落的道德资本与所有物经济价值之间的价值转化效应。

第三，在忠诚/背叛、权威/颠覆这两个道德基础上，没有证据证明个体的道德属性对其所有物的价值产生影响。

（一）研究意义

本研究所验证的道德资本的经济价值转化效应，也许只是大范围的社会资本的一种体现。社会资本理论认为人们从社会结构中获得资源并转化为经济价值，并以资本的概念来衡量政治、经济、文化、社会各方面价值及转化关系（Adler & Kwon，2002）。在权力资本、文化资本与经济资本之间的转化关系已得到验证的情况下，本研究以实证证据为这个理论蓝图补上一块重要拼图。

在研究范式上，首先，本研究创新性地用经济的工具理解多元道德体系。正如 Koslowski（2000）指出，经济学是文化或社会子系统最易计算的领域，也是社会科学中最易计算和最明确的部分。本研究是将经济的工具运用于道德心理学和实验伦理学研究的一次重要探索。其次，本研究首次以实证方法验证人们对市场道德的构念分类。五个道德基础最初是由海特等人在多元社会文化背景下观察到的、基于第三方视角的规范性判断（曹洪军，2015）。现在，本研究证实关怀/伤害、公正/欺骗、圣洁/堕落可以转化为经济价值，说明这三个道德基础是人们在经济语境下所认可的道德规范，为市场道德体系的具体内容提供了实证依据。最后，本研究将大数据技术运用于道德研究，对研究自身而言，网络生态数据提升数据的数量和质量，并在外部生态性、人为操纵性、取样代表性、结果可重复性等方面相较于传统的心理学实验方法具有一定的优势（薛婷、陈浩、赖凯声、董颖红、乐国安，2015）。另外，用全网媒体报道中的共现概率来量化位置关系的研究范式，可用于其他社会科学概念，对大数据行为科学研究也具有借鉴意义。

（二）研究局限与展望

本研究还存在一些不足之处，后续研究应从以下三个方面进一步完善与发展。一是研究1运用网络生态数据时，在关键词设置上缺乏文献依据，这也是处于探索阶段的大数据行为科学研究面临的现实困境之一（陈浩、乐国安、李萌、董颖红，2013；郝龙、李凤翔，2017）。二是研究2招募校园被试参与正式实验，并编写针对大学生群体的实验材料。道德资本的价值转化效应只检验了大学生的样本，在其他群体中是否存在该效应，有待进一步研究验证。三是本研究仅收取中国被试。由于个体的道德判断标准受到文化框架限制（Miller & Bersoff，1992），道德资本的价值转化效应也需要考虑文化差异。不仅如此，跨文化研究还有助于进一步验证道德资本背后的心理机制。中国文化受佛教影响，因果报应（karma）思想深入人心。在西方，与因果报应思想相对应的是普遍因果律（universal causality）。这两种思想有两处区别：一是对事与对人，因果报应针对行为实施者，而普遍因果律针对行为结果；二是判断依据，因果报应既看结果又看动机，而普遍因果律仅关注行为产生的结果（Green，1981）。后续研究可以将动机作为一个新变量，分为"好心办坏事""好心办好事""坏心办坏事""坏心办好事"，来探索道德资本的文化差异，同时检验因果报应是否为解释道德资本的心理机制。

参考文献

曹洪军，2015，《乔纳森－海特之道德基础理论评析》，《伦理学研究》第1期。
陈浩、乐国安、李萌、董颖红，2013，《计算社会科学：社会科学与信息科学的共同机遇》，《西南大学学报》（社会科学版）第39期。
冯川，2006，《论经济行为与道德行为的契合》，《唯实》第8期。
龚天平，2011，《经济价值与道德价值如何具有统一性？》，《伦理学研究》第1期。
郝龙、李凤翔，2017，《社会科学大数据计算——大数据时代计算社会科学的核心议

　　题》，《图书馆学研究》第 22 期。

闵凯，2014，《伦理经济思想溯源及视角演化》，博士学位论文，吉林大学马克思主义
　　学院。

彭凯平、喻丰、柏阳，2011，《实验伦理学：研究、贡献与挑战》，《中国社会科学》
　　第 6 期。

万俊人，2000，《论市场经济的道德维度》，《中国社会科学》第 2 期。

薛婷、陈浩、赖凯声、董颖红、乐国安，2015，《心理信息学：网络信息时代下的心理
　　学新发展》，《心理科学进展》第 23 期。

Adler, P. S., & Kwon, S. W. (2002). Social capital: Prospects for a new concept. *Academy of Management Review*, 27 (1), 17 – 40.

Bonato, M., Zorzi, M., & Umiltà, C. (2012). When time is space: Evidence for a mental time line. *Neuroscience & Biobehavioral Reviews*, 36 (10), 2257 – 2273.

Gilligan, C. (1977). In a different voice: Women's conceptions of self and of morality. *Harvard Educational Review*, 47 (4), 481 – 517.

Graham, J., Haidt, J., Koleva, S., Motyl, M., Iyer, R., Wojcik, S. P., & Ditto, P. H. (2013). Moral foundations theory: The pragmatic validity of moral pluralism. In *Advances in Experimental Social Psychology*, 47, 55 – 130.

Graham, J., Haidt, J., & Nosek, B. A. (2009). Liberals and conservatives rely on different sets of moral foundations. *Journal of Personality and Social Psychology*, 96 (5), 1029 – 1046.

Graham, J., Nosek, B. A., & Haidt, J. (2012). The moral stereotypes of liberals and conservatives: Exaggeration of differences across the political spectrum. *PloS One*, 7 (12).

Green, R. M. (1981). Religious reason: The rational and moral basis of religious belief. *Religious Studies*, 17 (1), 124 – 126.

Haeffele, S., & Storr, V. H. (2019). Is social justice a mirage? *Independent Review*, 24 (1), 145.

Haidt, J. (2007). The new synthesis in moral psychology. *Science*, 316 (5827), 998 – 1002.

Haidt, J. (2012). *The righteous mind: Why good people are divided by politics and religion.* New York: Pantheon/Random House.

Haslam, C., Morton, T. A., Haslam, S. A., Varnes, L., Graham, R., & Gamaz, L. (2012). "When the age is in, the wit is out": Age-related self-categorization and deficit expectations reduce performance on clinical tests used in dementia assessment. *Psychol Aging*, 27 (3), 778 – 784.

Henderson, J. V., Squires, T., Storeygard, A., & Weil, D. (2018). The global distribution of economic activity: Nature, history, and the role of trade. *The Quarterly Journal of Economics*, 133 (1), 357 – 406.

Herr, P. M., Sherman, S. J., & Fazio, R. H. (1983). On the consequences of priming: Assimilation and contrast effects. *Journal of Experimental Social Psychology*, 19 (4), 323 – 340.

Kane, J. (2001). *The politics of moral capital.* Cambridge: Cambridge University Press.

Kiousis, S., Popescu, C., & Mitrook, M. (2007). Understanding influence on corporate reputation: An examination of public relations efforts, media coverage, public opinion, and financial performance from an agenda-building and agenda-setting perspective. *Journal of Public Relations Research*, 19 (2), 147 – 165.

Kohlberg, L. (1969). "Stage and sequence: The cognitive-developmental approach to socialization." In D. A. Goslin (eds.), *Handbook of socialization theory and research*, pp. 347 – 480. Chicago: Rand McNally.

Koslowski, P. (2016). Ethical economy and business ethics: On the relationships between ethics and economics. *Power and Principle in the Market Place: On Ethics and Economics*, 11.

Koslowski, P. (2000). "The theory of ethical economy as a cultural, ethical, and historical economics: Economic ethics and the historist challenge." In *Contemporary Economic Ethics and Business Ethics*, pp. 3 – 15. Springer.

Levinson, J. D., & Peng, K. (2007). Valuing cultural differences in behavioral economics. *ICFAI Journal of Behavioral Finance*, 4, 32 – 47.

McCombs, M. E., & Shaw, D. L. (1972). The agenda-setting function of mass media. *Public opinion quarterly*, 36 (2), 176 – 187.

Miller, J. G., & Bersoff, D. M. (1992). Culture and moral judgment: How are conflicts between justice and interpersonal responsibilities resolved? *Journal of Personality and Social Psychology*, 62 (4), 541.

Mooijman, M., Meindl, P., Oyserman, D., Monterosso, J., Dehghani, M., Doris, J. M., & Graham, J. (2018). Resisting temptation for the good of the group: Binding moral values and the moralization of self-control. *Journal of Personality and Social Psychology*, 115 (3), 585.

Mussweiler, T. 2003. Comparison processes in social judgment: Mechanisms and consequences. *Psychological Review*, 110 (3), 472.

Nisbett, R. E., & Masuda, T. (2003). Culture and point of view. *Proceedings of the National Academy of Sciences*, 100 (19), 11163 – 11170.

Nisbett, R. E., Peng, K., Choi, I., & Norenzayan, A. (2001). Culture and systems of thought: Holistic versus analytic cognition. *Psychological Review*, 108 (2), 291.

Schwarz, N., & Bless, H. (1992a) "Constructing reality and its alternatives: An inclusion/exclusion model of assimilation and contrast effects in social judgment." in *The construction of social judgments*, pp. 217 – 245. Hillsdale: Lawrence Erlbaum Associates, Inc.

Schwarz, N., & Bless, H. (1992b). Scandals and the public's trust in politicians: Assimilation and contrast effects. *Personality and Social Psychology Bulletin*, 18 (5), 574 – 579.

Schwarz, N., Strack, F., & Mai, Hans-Peter. (1991). Assimilation and contrast effects in part-whole question sequences: A conversational logic analysis. *Public Opinion Quarterly*, 55 (1), 3 – 23.

Shweder, R. A., Mahapatra, M., & Miller, J. G. (1990). *Culture and moral development*. New York: Cambridge University Press.

Shweder, R. A., Much, N. C., Mahapatra, M., & Park, L. (1997). The "big three" of morality（autonomy, community, divinity）and the "big three" explanations of suffering. *Morality and Health*, 119, 119 – 169.

Snyder, H. K. , Rafferty, S. M. , Haaf, J. M. , & Rouder, J. N. （2019）. Common or distinct attention mechanisms for contrast and assimilation? *Attention, Perception, & Psychophysics*, 81（6）, 1944 – 1950.

Steiger, A. , & Kühberger, A. （2018）. A meta-analytic re-appraisal of the framing effect. *Zeitschrift für Psychologie*, 226（1）, 45 – 55.

Thaler, R. H. （2016）. Behavioral Economics: Past, Present, and Future. *Social Science Electronic Publishing*, 106（7）, 1577 – 1600.

Ulrich, P. （2000）. "Integrative economic ethics—Towards a conception of socio-economic rationality. " In *Contemporary Economic Ethics and Business Ethics*, pp. 37 – 54. Springer.

Vogel, E. A. , Rose, J. P. , Aspiras, O. G. , Edmonds, K. A. , & Gallinari, E. F. （2019）. Comparing comparisons: Assimilation and contrast processes and outcomes following social and temporal comparison. *Self and Identity*, 1 – 21.

Vu, H. T. , Jiang, L. , Chacón, L. M. C. , Riedl, M. J. , Tran, D. V. , & Bobkowski, P. S. （2019）. What influences media effects on public perception? A cross-national study of comparative agenda setting. *International Communication Gazette*, 81（6 – 8）, 580 – 601.

Weger, U. W. , & Pratt, J. （2008）. Time flies like an arrow: Space-time compatibility effects suggest the use of a mental timeline. *Psychonomic Bulletin & Review*, 15（2）, 426 – 430.

Yang, Q. , Peng, K. , Zhou, X. , Zheng, R. , & Peng, W. （2013）. The monetary effect of power: How perception of power affects monetary value judgments in China and US. *Annals of Economics and Finance*, 14（1）, 69 – 83.

Yu, F. , & Peng, K. （2016）. Virtue, continence, incontinence and vice: Making virtue judgments based on the judgment of thinking systems. *International Journal of Psychology*, 51, 572.

Yu, F. , Peng, T. , Peng, K. , Zheng, X. , & Liu, Z. （2016）. The semantic network model of creativity: Analysis of online social media data. *Creativity Research Journal*, 28（3）, 268 – 274.

附录 A

表 3　道德基础关键词

道德基础	核心关键词
关怀/伤害	关怀、伤害、友善、同情、关心、残忍、虐待、同理、保护、关爱
公正/欺骗	公正、公平、诚实、正义、平等、互惠、平衡、合理、均衡、权利
忠诚/背叛	群体、忠诚、背叛、团体、奉献、成员、家庭、祖国、爱国、民族
权威/颠覆	权威、服从、尊重、遵守、领导、尊敬、秩序、传统、等级、父亲
圣洁/堕落	圣洁、堕落、节制、放纵、放荡、禁欲、谦虚、粗俗、下流、纯洁

《中国社会心理学评论》　第 21 辑

第 37~49 页

© SSAP，2021

受害者正义感与人际宽恕：社会价值取向的作用[*]

吴胜涛　张　燕　于洪泽　樊俊伶　李馨婷[**]

摘　要：正义感是人们面对不公时较低的认知阈限、强烈的情感反应以及重建正义的深思与动力，但基于受害者视角的正义感使个体难以忍受人际关系中的冒犯行为，甚至伤害他人、报复社会。因此，澄清受害者正义感的道德两面性及其背后的价值基础，具有重要的理论和现实意义。本研究考察受害者正义感与人际宽恕的关系，以及社会价值取向的调节效应。结果发现，受害者正义感显著负向预测人际冒犯情境下的善意倾向，正向预测疏远、报复倾向；当被试在决策中表现出亲社会（而非亲自我）取向时，上述受害者效应更大。本研究揭示了受害者正义感与人际宽恕的关系，以及基于受害者视角的亲社会价值取向的道德许可效应，这对我们理解受害者心态的危害及其心理机制具有重要启发。

关键词：受害者视角　正义感　人际宽恕　社会价值取向

---

[*]　本研究得到中央高校基本业务经费（项目编号：20720181086）和厦门大学本科教学改革专项经费（项目编号：2019Y1135）的支持。

[**]　吴胜涛，厦门大学社会与人类学院副教授，博士研究生导师，通讯作者，E-mail：michaelstwu@ xmu. edu. cn；张燕，深圳大学传播学院助理教授，共同第一作者、通讯作者，E-mail：zhangyansmile@ gmail. com；于洪泽，厦门大学经济学院本科生；樊俊伶，厦门大学新闻与传播学院本科生；李馨婷，厦门大学新闻与传播学院本科生，现为北京师范大学艺术与传媒学院硕士研究生。

一　引言

正义是个体的根本需要，但在道德上具有两面性（Lerner，2003）。一方面，正义动机是个体树立长远目标和遵守日常规范的心理基础；另一方面，在面对不公时又很容易变成假"正义"之名的道义幻想、心理防御甚至是反社会的态度或行为。例如，指责当事人活该如此（贫穷是因为懒惰、倒霉是因为不谨慎），或抱着"受害者"的弱势心态，心安理得地追求私利、伤害他人、报复社会（Hafer & Gosse，2010）。

就不公的反应过程而言，正义感是人们在面对不公时较低的认知阈限、强烈的情感反应（如生气、义愤、内疚）及重建正义的深思与动力；正义感是直面不公、重建正义的激发力量与动机准备，不同于单一成分的认知或情绪敏感性（Baumert & Schmitt，2016；Schmitt, Neumann, & Montada，1995）。[①] 基于当事人对不公反应的不同心理视角，正义感有受害者（victim）、目击者（observer）、得利者（beneficiary）与过错者（perpetrator）四种视角（Schmitt et al.，2005；Schmitt et al.，2010）。其中，第一种视角是自我导向的，是个人利益和正义原则的混合，以防止自己受伤害为目的，具有利己的工具道德属性；而后三种视角是他人导向的，是社会责任和正义原则的结合，具有利他的纯粹道德属性。

尽管社会正义有助于减少人际冲突（Schmitt et al.，2005），但正义感又是一把"双刃剑"，如基于受害者视角的正义感可能会妨碍人际宽恕行为（Gerlach et al.，2012）。另外，亲社会取向有助于改善人际关系及群体和谐（Bogaert, Boone, & Declerck，2008；Van Lange et al.，1997），但当面对人际冒犯时，亲社会取向的受害者会怎么做，他们是否因为对正义的强烈关注而不能宽恕冒犯者给其带来的伤害？本研究将考察受害者正义感

---

① 正义感（justice sensitivity）也被直译作"公正敏感性"，但是后者忽略了不公反应时认知、情绪之外的心理成分。Schmitt 等（2010）的 justice sensitivity theory 的贡献主要有两个：（1）整合了不公反应的多种心理成分（包括情绪、认知、反刍和动机）；（2）区分了不公反应心理过程的不同角色（包括受害者、目击者、得利者和过错者）。因为正义感量表各维度的前几题都是与情绪、认知相关的条目（如愤然、愤怒），所以很容易留下"敏感性"的印象，但"敏感性"没有抓住反刍、动机这两个成分（如不能忍受）。此外，因为心理学关于正义的研究在理论上大多来自罗尔斯的正义论，其中 justice sensitivity = sense of justice，带有明确的道德色彩，因此翻译成正义感更为合适，而"公正敏感性"弱化了道德色彩。因此，本研究中采用了"正义感"这样的意译方式，便于读者准确理解这一概念，避免偏颇。

与人际宽恕的关系，以及社会价值取向的调节效应。

（一）受害者正义感与人际宽恕

受害者正义感即基于受害者视角的正义感。Schmitt 等（2010）认为，受害者正义感既包含了受害者作为一个客观的主体对于正义的真正关切，同时也卷入了作为受害者这一角色所产生的自保倾向，是对正义的真正关注与自保倾向的混合。受害者正义感同一些与正义相关的其他特征呈正相关，如受害者正义感越高的人越可能将事件视为不公正，在面对不公时更容易发怒（Schmitt et al.，2005；Schmitt et al.，1995）；相反，受害者正义感较低的人在类似情况下认知、情感反应相对较小（Schmitt & Mohiyeddini，1996）。与目击者或得利者的正义感不同，受害者正义感更可能与马基雅维利主义、偏执、多疑、嫉妒等自我关注变量正向关联（Gollwitzer et al.，2005；Schmitt et al.，2010）。在最后通牒游戏任务中，高受害者正义感的个体也会表现出更多自私的行为，并且有机会重新分配时更可能向他人提出不公平的分配方案（Fetchenhauer & Huang，2004）。

人际宽恕是在冒犯情境中针对冒犯者的善意倾向与关系修复过程（McCullough，Pargament，& Thoresen，2000），是宽恕者和冒犯者之间的积极互动（Fincham & Beach，2002；Karremans & Van Lange，2004）。受害者正义感程度不同的个体在面对冒犯时的反应差异引发了关于受害者正义感与人际宽恕的讨论。研究表明，受害者正义感与人际宽恕之间存在负向关联，当受害者正义感较高的人在事件中感觉到不公平时，他们会更加渴望弥补自己所经历的不公，对冒犯行为表现出较低的容忍度（Gollwitzer et al.，2005）。然而，关于受害者正义感与人际宽恕之间存在联系的直接证据是有限的，目前检索到的相关证据来源于 Gerlach 等（2012）的研究，他们使用瑞士的社区样本和德国的线上样本，发现受害者正义感与人际宽恕之间存在显著负相关。

受害者正义感和人际宽恕之间的负向关联可以用多个因素解释。首先，高受害者正义感个体对于他人冒犯行为的线索过度敏感、情绪反应过度激烈，可能会将其推入一种敌意的准备状态，因而导致其对冒犯者做出非合作反应，以及在人际冲突后关系认知的降低（Gollwitzer et al.，2009；Gollwitzer et al.，2005）。研究者还发现，高受害者正义感的个体也对他人的恶意或不良意图（mean intentions）线索更敏感，这种对他人信息的恶意解读、把他人行为解释为不值得信任的认知模式，可能会强化受害者本已存在的自我保护态度，从而进一步减少其社会交往中的宽恕行为（Gollwitzer & Rothmund，2009；Gollwitzer et al. ，2012）。此外，在高受害者正义感的人被冒犯后，他们甚至认为选择不原谅是必要且合理的，而较少考虑冒犯者表现好的一面（Gerlach et al. ，2012）。

总之，受害者正义感背后的自保动机、愤怒情绪、信息加工及合理化策略是其阻碍人际宽恕的重要因素。然而，受害者正义感对人际宽恕的负面影响是如何被强化或抵消的，至今鲜有研究，因此二者之间的调节因素值得深入探讨。

（二）社会价值取向与人际宽恕

人们在对待他人时存在合作或竞争的差异，即在价值取向上有亲社会与亲自我之别（Van Lange et al. ，1997）。亲社会的人倾向于使自己与他人的差异最小化，亲自我的人则看重个人的优势地位或利益最大化。研究表明，社会价值取向可以解释诸多行为差异，包括判断、决策、对他人意图的感知以及对同伴的行为反应等，因此也可能与人际冒犯情境下的宽恕动机有关（Anderson & Patterson，2008；De Cremer & Van Lange，2001；Karremans，Van Lange，& Holland，2005）。

社会价值取向使人们在社会互动中表现出认知、情感差异。在认知上，亲社会取向者关心自己和同伴的利益，而亲自我取向者只关注自己的利益。与以往的研究结果一致，亲社会取向者认为平等的结果要比有利或不利的结果更为公平，亲自我取向者则将对自己有利的结果视为公平（Anderson & Patterson，2008）。亲社会取向者比亲自我取向者更倾向于站在他人的角度考虑问题，这一观点采择技巧有助于亲社会取向者理解他人的想法和感受，如在某些情况下感知冒犯者的忏悔，而这将增加亲社会取向者人际宽恕的可能性（Declerck & Bogaert，2008）。在情感方面，亲社会和亲自我取向者对他人的情感反应不同。当面临不公时，亲社会取向者会经历更强烈的负面情绪，因此可能会对他人表现出更多的共情（Stouten，De Cremer，& Van Dijk，2005）。亲社会取向者的观点采择和共情反应是其宽恕他人的前提，因此我们可以预测，亲社会取向者会比亲自我取向者在人际冒犯情境中更可能选择宽恕（Welton，Hill，& Seybold，2008；Xu，Kou，& Zhong，2012）。亲社会取向（如慈善捐款和志愿服务）与人际宽恕呈正相关（Karremans，Van Lange，& Holland，2005），而亲自我取向者的过度竞争与人际宽恕呈负相关（Collier et al. ，2010）。

然而，需要注意的是，亲社会的行为或倾向不仅会引发道德一致的行为，也会引发道德许可或道德不一致的行为。在社会生活中，人们会对自己的道德水平进行调节，使其道德形象长期处于合适水平。例如，人们会认为以前做的好事能使自我道德感知水平高于道德平衡点，而有权做点坏事把它降到自认为合适的状态，以保持道德感知的平衡，这就是道德许可效应（Merritt，Effron，& Monin，2010）。根据道德许可效应，当事人对某事有一个明确的道德标准后，当其做出与该项道德标准相关的行为和判断时，反而更倾向于做违背这项道德标准的行为（Effron & Conway，2015）。简言之，当人们能够指出并证明他们曾有着良好品格或行为想法时，他们则好似有权利做出违背道德的行为，如减少帮助他人或宽恕他人。

在人际关系中，道德许可效应可能会影响社会价值取向的亲社会功能，即社会价值取向为亲社会的人往往会自认为自己曾有符合良好道德标准的亲社会行为（如在行为决策中选择公平的分配方案），因此在其受到冒犯时可能会表现出更少的宽恕和善意行为，这尤其在其基于受害者视角时更有可能发生。尽管没有直接证据证明亲社会取向的道德许可效应，但是良好的道德品质确有可能会加剧道德失调，尤其是高道德认同者一旦发现一个人的实际行为与自己的道德标准产生差异时，更容易导致失调，并认为自己有权利采取措施（包括不道德的行为）对抗来自他人的威胁，进而维护自我（Merritt，Efforn，& Monin，2010）。

目前还少有研究涉及社会价值取向对不同程度受害者正义感个体的人际行为反应的影响，但该问题已被领域内的研究者指出（Fetchenhauer & Huang，2004）。对于高受害者正义感的个体，亲社会的价值取向所带来的"道德许可"可能本身即成为其自保倾向的有力支撑，从而在受到冒犯后成为人际宽恕的阻碍因素，而对于低受害者正义感个体来说，由于其本身就可能有更高的宽恕倾向，亲社会取向则可能促进这一行为。由此得出，在冒犯情境中，亲社会价值取向会成为不同程度受害者正义感个体是否进行人际宽恕的"放大镜"，进一步放大受害者正义感的人际宽恕效应。而亲自我取向的个体，由于其本身以自我利益为考量中心，无论其受害者正义感高或低，都可能表现较弱的人际宽恕意愿。

（三）研究问题与假设

本文探讨受害者正义感与人际宽恕的关系，阐明高、低受害者正义感的人在冒犯情境下的宽恕倾向，具体会表现出怎样的善意、疏远和报复倾向，并检验社会价值取向的调节作用，即亲社会或亲自我取向者的受害者正义感与人际宽恕的关系存在何种差异。

具体而言，考虑到受害者正义感可能会导致受害者对他人的冒犯和不公平行为更敏感，我们假设受害者正义感与人际宽恕之间存在显著的负向关联，即高受害者正义感的人会有更低程度的善意倾向、更高程度的疏远和报复倾向。同时，考虑到社会价值取向会在受害者正义感预测人际宽恕的过程中起调节作用，且亲社会的价值取向可能存在道德许可效应，我们假设亲社会取向可能会"放大"受害者正义感与人际宽恕的关联，即对于亲社会取向的人群，受害者正义感对人际宽恕的效应会更显著，而对于亲自我取向的人群这一效应则不显著。

二　方法

（一）被试

我们在中国高校招募了 577 名大学生被试，但有 17 名被试随机作答或未完成作答，最终有效被试 560 人（其中女性 306 名），年龄为 18～25 岁。

（二）工具

受害者正义感量表包括 10 个条目（Schmitt et al.，2005），本文所用的中文版是在 Nazlic（2008）修订的基础上进一步由国内学者 Wu 等（2014）修订的版本（如"当我原本不该过得比别人差时，我会感到生气""我难以忍受别人单方面从我身上获利"）。量表采用 0～5 点计分（0 = 完全不符；5 = 完全符合），本研究中的内部一致性系数（Cronbach's α）为 0.87，得分越高则受害者正义感越强。

人际宽恕采用人际动机量表（McCullough，Root，& Cohen，2006），包含 6 个善意相关条目（如"尽管他/她的行为伤害了我，但我仍然对他/她心存善意"）、6 个疏远相关条目（如"在我们之间尽可能保持距离"），以及 6 个报复相关条目（如"让他/她付出代价"）。量表采用 1～7 点计分（1 = 一点儿也不；7 = 极其符合），在本研究中内部一致性系数分别为 0.82（善意）、0.81（疏远）、0.82（报复），得分越高则相应人际宽恕动机越强；将疏远、报复条目进行反向计分；与善意条目合并，然后取 18 题的平均数作为人际宽恕总分，其在本研究中的内部一致性系数为 0.82，得分越高则相应人际宽恕动机越强。

社会价值取向（Van Lange et al.，1997），包含 9 个经济决策任务。在每个游戏中，参与者在反映三种社会价值类型的经济分配方案中选择一种分配方案，来决定自己和他人的收益，其中在亲社会的价值取向选择中，参与者会选择彼此获得同等收益（如"您获得 500 元，另一个人获得 500 元"）；在亲自我的价值取向选择中，参与者选择收益比其他人更多的选项（如"您获得 550 元，另一个人获得 300 元"），或者选择彼此之间差异最大的选项（如"您获得 500 元，另一人获得 100 元"）。参与者共进行 9 次决策，如果参与者在这 9 次经济决策中选择符合其中一种社会价值取向的 6 个选项，则可判定该参与者属于亲社会或亲自我的价值取向。最后，有 208 位参与者（占 37.14%）属于亲社会的价值取向（其中女性 114 位，年龄 $M = 20.57$，$SD = 1.33$），有 183 位参与者（占 32.68%）属于亲自我的价值取向（其中女性 97 位，年龄 $M = 20.59$，$SD = 1.19$）。

参与者知情同意后在课堂上填写问卷，同时还报告了人口统计信息，如性别和出生年份。最后，参与者获得一份小礼物作为报酬。

三　结果

相关分析表明，受害者正义感与人际宽恕总分以及善意倾向呈显著负相关，与报复倾向、疏远倾向呈显著正相关，与社会价值取向呈显著负相关。此外，受害者正义感和亲社会取向与人口统计学变量（性别、年龄）的相关性均不显著（见表 1）。

表 1　变量的描述统计和相关分析

变量	M	SD	2	3	4	5	6	7	8
1. 受害者正义感	2.65	0.85	- 0.28**	- 0.09*	0.22**	0.39**	- 0.19**	- 0.03	- 0.04
2. 人际宽恕总分	4.33	0.83		0.75**	- 0.85**	- 0.79**	0.16**	- 0.07	0.06
3. 善意倾向	4.31	1.04			- 0.48**	- 0.33**	0.09	- 0.07	0.07
4. 疏远倾向	4.10	1.04				0.56**	- 0.09	0.08	- 0.04
5. 报复倾向	3.23	1.02					- 0.22*	0.03	- 0.03
6. 社会价值取向[a]	N/A	N/A						0.02	- 0.00
7. 性别[b]	N/A	N/A							- 0.09*
8. 年龄	20.61	1.22							

注：[a] 社会价值取向计分方式（1 = 亲社会，0 = 亲自我），[b] 性别计分方式（1 = 女，0 = 男）；* $p < 0.05$，** $p < 0.01$。

进一步，我们以受害者正义感为自变量，人际宽恕及其三个维度（善意倾向、疏远倾向、报复倾向）为因变量，社会价值取向为调节变量，性别、年龄为协变量，进行简单调节模型检验（Hayes，2013），如表 2 所示。社会价值取向对受害者正义感与人际宽恕总分起显著调节作用 [F (1，365) ＝7.57，p＝0.006，$\triangle R^2$＝0.02]。对亲社会取向的人而言，受害者正义感显著地负向预测人际宽恕动机（B＝－0.42，SE＝0.06，t＝－6.53，p＜0.001）；对亲自我取向的人而言，受害者正义感显著负向预测人际宽恕，但效应量相对较小（B＝－0.16，SE＝0.07，t＝－2.33，p＝0.021）（见图1A）。

表 2　受害者正义感与社会价值取向对人际宽恕的回归分析

预测变量	人际宽恕总分			善意倾向			疏远倾向			报复倾向		
	B	SE	t	B	SE	t	B	SE	t	B	SE	t
（Constant）	4.79	0.75	6.42**	3.70	0.98	3.77**	3.36	0.95	3.53**	1.96	0.87	2.25*
性别[a]	－0.17	0.09	－2.06*	－0.21	0.11	－1.86	0.22	0.11	2.06*	0.09	0.10	0.94
年龄	0.01	0.03	0.19	0.03	0.04	0.63	0.00	0.04	－0.04	0.01	0.04	0.29
受害者正义感	－0.16	0.07	－2.33*	0.09	0.09	0.98	0.18	0.09	2.07*	0.39	0.08	4.80**
社会价值取向[b]	0.85	0.27	3.18*	1.21	0.35	3.48**	－0.70	0.34	－2.06*	－0.63	0.31	－2.01*
交互作用项[c]	－0.26	0.10	－2.75*	－0.42	0.13	－3.37**	0.25	0.12	2.05*	0.11	0.11	1.03

注：[a]性别计分方式（1＝女，0＝男），[b]社会价值取向计分方式（1＝亲社会，0＝亲自我），[c]交互作用项为受害者正义感与社会价值取向的乘积；* p＜0.05，** p＜0.01。

　　类似地，社会价值取向对受害者正义感与善意倾向起显著调节作用，[F (1，365) ＝11.39，p＜0.001，$\triangle R^2$＝0.03]。对亲社会取向的人而言，受害者正义感显著负向预测善意倾向（B＝－0.33，SE＝0.09，t＝－3.90，p＜0.001）；对亲自我取向的人而言，受害者正义感对善意倾向的预测效应不显著（B＝0.09，SE＝0.09，t＝0.98，p＝0.329）（见图1B）。同时，社会价值取向对受害者正义感与疏远倾向起显著调节作用，[F (1，365) ＝4.20，p＝0.041，$\triangle R^2$＝0.01]。对亲社会取向的人而言，受害者正义感显著正向预测疏远倾向（B＝0.43，SE＝0.08，t＝5.22，p＜0.001）；

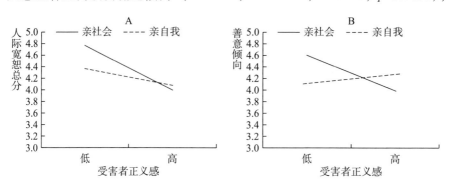

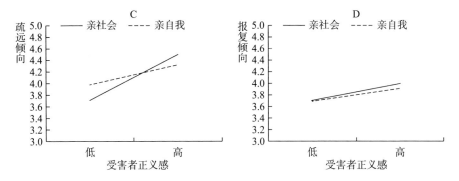

图 1　社会价值取向（亲社会 vs 亲自我）对受害者正义感与人际宽恕的调节作用

对亲自我取向的人而言，受害者正义感也显著正向预测疏远倾向，但效应量相对较小（$B = 0.18$，$SE = 0.09$，$t = 2.07$，$p = 0.039$）（见图1C）。此外，社会价值取向对受害者正义感与报复倾向的调节作用不显著，$[F_{(1, 365)} = 1.06$，$p = 0.303$，$\triangle R^2 = 0.002]$。对亲社会取向的人而言，受害者正义感显著正向预测报复倾向（$B = 0.50$，$SE = 0.08$，$t = 6.65$，$p < 0.001$）；对亲自我取向的人而言，受害者正义感也显著正向预测疏远倾向（$B = 0.39$，$SE = 0.08$，$t = 4.80$，$p < 0.001$）。

四　讨论

本研究首先基于受害者视角分析了正义感对人际宽恕的负面影响，发现当个体面对不公时，将自己视为受害者角色的受害者正义感会抑制人际宽恕动机，这与受害者的自保心理及反社会行为有关（Gollwitzer et al.，2005）。进而，本研究考察了社会价值取向在受害者正义感与人际宽恕之间的调节作用，发现在亲社会取向的人群中，受害者正义感对人际宽恕动机的效应更为显著，而该效应在亲自我取向的人群中不显著。这表明亲社会取向确实加剧了受害者正义感对人际宽恕的预测力，即亲社会价值取向可能会让高受害者正义感的个体拒绝人际宽恕，而促进低受害者正义感的个体做出人际宽恕。

人际宽恕有利于个体健康、社区和谐和社会发展，甚至可以降低死亡风险（Akhtar，Dolan，& Barlow，2017）。因此，研究影响人际宽恕的因素及其作用机制具有重要意义。本研究发现，受害者正义感与人际宽恕总分及善意倾向呈显著负相关，与疏远、报复倾向呈正相关。这是因为，受害者正义感是一种以自我利益为中心的防御心理，在这种心理的加持下，受害者会因为自己所遭受的冒犯或不公待遇产生更多的愤怒和不甘，从而在对待冒犯者时，更倾向于疏远或报复他人，而不会选择宽恕或善意的和解。

进而，我们将社会价值取向纳入考量，发现亲社会取向在受害者正义感与人际宽恕之间起调节作用。与以往研究不同，亲社会取向并未抵消受害者正义感所带来的防御心理，反而会增强受害者正义感对疏远、报复的正向预测效应以及对善意动机的反向预测效应。这可能是因为，一方面，亲社会取向起到了道德许可的作用。道德许可效应认为人们在道德决策时，会脱离自身的道德现状和稳定的道德标准，而去寻找一个动态的平衡点（Nisan，1990）。人们将自己的行为与道德水平的平衡点进行比对，如果从前做过高道德标准的好事，则在做了不道德的坏事后依旧可以保持道德平衡（Zhong，Ku，& Lount，2010）。相较于亲自我取向的人，亲社会取向的人在冒犯情境中，如果体验到较高的受害者正义感，则可能从之前一贯的高道德标准中获得一定的"许可"而拒绝宽恕；与之相应，当受害者正义感较低时，亲社会取向人群会更倾向于人际宽恕。另一方面，在亲自我取向人群中，受害者正义感似乎并没有对人际宽恕呈现足够强的预测力，说明亲自我取向本身以维护自我利益为核心而表现出较低的人际宽恕。本研究表明，以往关于亲社会价值取向和宽容态度的正向关联应被重新审视——尽管亲社会取向是可取的，但并不总是在促进宽恕或恢复性正义中起正向作用，当受害者正义感较高时，亲社会取向并不会促进人际宽恕。这对亲社会取向作为一种干预手段的应用场景提供了新的启发：在不公平情境中，当受害者本身的正义感水平高，单纯地进行亲社会取向的灌输所产生的效果可能不一定好，甚至与预期相反；此外，在亲社会取向如何有效促进人际和谐的问题上，也应细致地考虑其运用对象和事件的发展阶段。

亲社会取向在高受害者正义感情况下的道德许可效应与本研究所发现的社会价值取向与人际宽恕的正向关联并不矛盾。其原因在于，二者笼统的正相关并不反映具体情境下的特点，而本研究所分析的是受害者正义感这一带有特殊情境色彩的变量。当个体基于受害者的角度做出反应时，高水平的受害者正义感会导致亲社会取向不再是人际宽恕的促进条件。本研究所发现的善意倾向和疏远倾向的结果更为直接地表明了这一效应。亲社会取向者在感受到高受害者正义感时，其善意倾向低，疏远倾向高，更甚于亲自我取向者。这正是其在这种特殊角色中的非常规选择。

当然，本研究也存在一些局限性。首先，本研究仅以大学生为样本，样本人群的范围相对较小。因而本研究结果是否适用于其他人群，如价值观系统和认知水平还在发展的青少年，以及对不公平情境有不同经历的社会群体，还需要进一步验证。同时，本研究属于相关性研究，并未说明受害者正义感与人际宽恕之间的因果关系。此外，本研究中对社会价值取向的测量主要基于公平互利准则，将公平分配作为亲社会的指标，因此我们所讨论的亲社会取向属于自由主义道德（Haidt & Graham，2007），该道德并没有突破公平正义这个单一的道德维度本身，因此并不能真正从减少伤害及促进社会绑定角度对受害者的正义感起到建设性的缓解或修复作用；相反，它更可能使人在不公平情境下以道德之名去表达愤怒及报应性正义。最后，本研究并未通过操纵过去和当前的道德行为来对道德许可效应进行直接检验（Xu & Hu，2017），道德许可的理论框架仅为本研究所发现的高受害者正义感条件下的亲社会取向对人际宽恕影响的潜在解释之一。

　　总之，本研究揭示了受害者正义感与人际宽恕的关系，以及亲社会价值取向的调节效应。这对于我们深刻理解受害者心态的危害以及受害者的心理机制有重要的启发。受害者视角的正义感会减少人际关系中的善意和谅解，甚至可能催生疏远和报复倾向；进而，亲社会取向加剧这一受害者效应，这也提示我们应反思社会价值取向在人际关系中的微妙作用。

参考文献

Akhtar, S., Dolan, A., & Barlow, J. (2017). Understanding the relationship between state forgiveness and psychological wellbeing: A qualitative study. *Journal of Religion and Health*, 56 (2), 450 - 463.

Anderson, W. D., & Patterson, M. L. (2008). Effects of social value orientations on fairness judgments. *The Journal of Social Psychology*, 148 (2), 223 - 246.

Baumert, A., & Schmitt, M. (2016). Justice sensitivity. In *handbook of social justice theory and research* (pp. 161 - 180). Springer, New York, NY.

Bogaert, S., Boone, C., & Declerck, C. (2008). Social value orientation and cooperation in social dilemmas: A review and conceptual model. *British Journal of Social Psychology*, 47 (3), 453 - 480.

Collier, S. A., Ryckman, R. M., Thornton, B., & Gold, J. A. (2010). Competitive personality attitudes and forgiveness of others. *The Journal of Psychology*, 144 (6), 535 - 543.

De Cremer, D., & Van Lange, P. A. (2001). Why prosocials exhibit greater cooperation than proselfs: The roles of social responsibility and reciprocity. *European Journal of Personality*, 15 (1_suppl), S5-S18.

Declerck, C. H., & Bogaert, S. (2008). Social value orientation: Related to empathy and the ability to read the mind in the eyes. *The Journal of Social Psychology*, 148 (6), 711 - 726.

Effron, D. A., & Conway, P. (2015). When virtue leads to villainy: Advances in research on moral self-licensing. *Current Opinion in Psychology*, 6, 32 – 35.

Fetchenhauer, D., & Huang, X. (2004). Justice sensitivity and distributive decisions in experimental games. *Personality and Individual Differences*, 36 (5), 1015 – 1029.

Fincham, F. D., & Beach, S. R. (2002). Forgiveness in marriage: Implications for psychological aggression and constructive communication. *Personal Relationships*, 9 (3), 239 – 251.

Gerlach, T. M., Allemand, M., Agroskin, D., & Denissen, J. J. (2012). Justice sensitivity and forgiveness in close interpersonal relationships: The mediating role of mistrustful, legitimizing, and pro-relationship cognitions. *Journal of Personality*, 80 (5), 1373 – 1413.

Gollwitzer, M., & Rothmund, T. (2009). When the need to trust results in unethical behavior: The Sensitivity to Mean Intentions (SeMI) Model. In D. De Cremer (ed.), *Psychological perspectives on ethical behavior and decision making* (pp. 135 – 152). Charlotte, NC: Information Age.

Gollwitzer, M., Rothmund, T., Alt, B., & Jekel, M. (2012). Victim sensitivity and the accuracy of social perceptions. *Personality and Social Psychology Bulletin*, 38, 975 – 984.

Gollwitzer, M., Rothmund, T., Pfeiffer, A., & Ensenbach, C. (2009). Why and when justice sensitivity leads to pro-and antisocial behavior. *Journal of Research in Personality*, 43, 999 – 1005.

Gollwitzer, M., Schmitt, M., Schalke, R., Maes, J., & Baer, A. (2005). Asymmetrical effects of justice sensitivity perspectives on prosocial and antisocial behavior. *Social Justice Research*, 18 (2), 183 – 201.

Hafer, C. L., & Gosse, L. (2010). Preserving the belief in a just world: When and for whom are different strategies preferred? In *The Eleventh Ontario Symposium on Personality and Social Psychology*, Aug, 2007, University of Waterloo, ON, Canada; *An earlier version of this chapter was presented at the aforementioned conference.* Psychology Press.

Haidt, J., & Graham, J. (2007). When morality opposes justice: Conservatives have moral intuitions that liberals may not recognize. *Social Justice Research*, 20, 98 – 116.

Hayes, A. F. (2013). *Introduction to mediation, moderation, and conditional process analysis: A regression-based approach.* New York: Guilford Press.

Karremans, J. C., & Van Lange, P. A. (2004). Back to caring after being hurt: The role of forgiveness. *European Journal of Social Psychology*, 34 (2), 207 – 227.

Karremans, J. C., Van Lange, P. A., & Holland, R. W. (2005). Forgiveness and its associations with prosocial thinking, feeling, and doing beyond the relationship with the offender. *Personality and Social Psychology Bulletin*, 31 (10), 1315 – 1326.

Lerner, M. J. (2003). The justice motive: Where social psychologists found it, how they lost it, and why they may not find it again. *Personality and Social Psychology Review*, 7 (4), 388 – 399.

McCullough, M. E., Pargament, K. I., & Thoresen, C. E. (ed.). (2000). *Forgiveness: Theory, research, and practice.* New York: Guilford.

McCullough, M. E., Root, L. M., & Cohen, A. D. (2006). Writing about the benefits of an interpersonal transgression facilitates forgiveness. *Journal of Consulting and Clinical Psychology*, 74, 887 – 897.

Merritt, A. C. , Effron, D. A. , & Monin, B. (2010) Moral self-licensing: When being good frees us to be bad. *Social & Personality Psychology Compass*, 4, 344 – 357.

Nazlic, T. (2008). De-escalation of justice conflict: Evaluation of intervention strategies and the role of justice sensitivity. Munchen: Ludwig-Maximilians-Universität Müchen. Nisan, M. (1990) Moral balance: A model of how people arrive at moral decision. *The Moral Domain* (pp. 283 – 314).

Nisan, M. (1990). Moral balance: A model of how people arrive at moral decisions. *The Moral Domain*, 283 – 314.

Schmitt, M. J. , Neumann, R. , & Montada, L. (1995). Dispositional sensitivity to befallen injustice. *Social Justice Research*, 8 (4), 385 – 407.

Schmitt, M. , & Mohiyeddini, C. (1996). Sensitivity to befallen injustice and reactions to a real-life disadvantage. *Social Justice Research*, 9 (3), 223 – 238.

Schmitt, M. , Baumert, A. , Gollwitzer, M. , & Maes, J. (2010). The justice sensitivity inventory: Factorial validity, location in the personality facet space, demographic pattern, and normative data. *Social Justice Research*, 23 (2), 211 – 238.

Schmitt, M. , Gollwitzer, M. , Maes, J. , & Arbach, D. (2005). Justice sensitivity: Assessment and location in the personality space. *European Journal of Psychological Assessment*, 21 (3), 202 – 211.

Stouten, J. , De Cremer, D. , & Van Dijk, E. (2005). All is well that ends well, at least for proselfs: Emotional reactions to equality violation as a function of social value orientation. *European Journal of Social Psychology*, 35 (6), 767 – 783.

Van Lange, P. A. , Otten, W. , De Bruin, E. M. , & Joireman, J. A. (1997). Development of prosocial, individualistic, and competitive orientations: Theory and preliminary evidence. *Journal of Personality and Social Psychology*, 73, 733 – 746.

Welton, G. L. , Hill, P. C. , & Seybold, K. S. (2008). Forgiveness in the trenches: Empathy, perspective taking, and anger. *Journal of Psychology and Christianity*, 27 (2), 168.

Wu, M. S. , Zhou, C. , Nartova-Bochaver, S. , Astanina, N. , Han, B. (2014, June 19 – 22). Communicating anger as the signal of power: A cross-cultural investigation of individualism and victim sensitivity. *Paper Presented at The Biennial Conference of the International Society for Justice Research*. New York, United States.

Xu, H. , Kou, Y. , & Zhong, N. (2012). The effect of empathy on cooperation, forgiveness, and "Returning Good for Evil" in the prisoner's dilemma. *Public Personnel Management*, 41 (5), 105 – 115.

Xu, T. J. , & Hu, P. (2017). Do prospective moral behaviors allow to be bad now? Localization of prospective moral licensing. *Chinese Journal of Clinical Psychology*, 5, 828 – 831.

Zhong, C. B. , Ku, G. , & Lount, R. (2010). Compensatory ethics. *Journal of Business Ethics*, 92, 323 – 329.

《中国社会心理学评论》 第 21 辑
第 50 ~ 63 页
© SSAP，2021

受害者正义感与背侧脑岛静息态功能连接的关联研究*

王晓明　何毓文　金悦宁　高连禄　刘钰婧　周　媛**

摘　要：公平是人类生活的基本价值观，但对于不公平遭遇人们的反应各不相同。这种个体差异即受害者正义感。作为一种稳定的人格特质，过高的受害者正义感对心理健康、人格发展存在消极的影响。因此，有必要探索受害者正义感的神经基础，以加深研究者对受害者正义感个体差异的生物机制的理解。本研究依托一大样本影像数据库（$n = 184$），采用静息态功能连接的分析方法，探索双侧背侧脑岛静息态功能连接和受害者正义感的关系。结果发现，右侧背侧脑岛与右侧中央前回及中央后回的静息态功能连接与受害者正义感呈显著负相关，与提示疼痛信息整合功能相关的脑岛和与疼痛知觉功能相关的感觉皮层的功能整合在受害者正义感的神经基础中起重要作用。本研究从脑功能整合角度出发，研究受害者正义感的神经基础，为后续研究者提供了新的思路和切入点，也加深了研究者对受害者正义感这一人格特质神经基础的理解。

关键词：受害者正义感　功能磁共振　静息态功能连接　背侧脑岛

---

* 本研究得到国家自然科学基金面上项目（项目编号：81771473）的资助。

** 王晓明，中国科学院大学心理学系硕士研究生；何毓文，澳门大学认知与脑科学科研究中心博士研究生；金悦宁，中国科学院大学心理学系博士研究生；高连禄，中国科学院大学心理学系硕士研究生；刘钰婧，中国科学院大学心理学系硕士研究生；周媛，中国科学院行为科学重点实验室（中国科学院心理研究所）研究员，通讯作者，E-mail：zhouyuan@ psych. ac. cn。

一　前言

自古以来，公平是人类生活的基本价值观。从世袭制到科举制再到如今的高考制度，从原始社会的平均分配到如今的按劳分配等方面都显示了我们的社会为了追求公平而做出的努力。而面对同一"不公平"事件的反应是因人而异的。已有研究发现当人们面对不公平情境时情绪强度和准备程度存在差异。Schmitt、Neumann 和 Montada（1995）首次提出了正义感（justice sensitivity）来刻画面对不公平情境时个体反应的差异。作为一种人格倾向，正义感能够捕捉到人们在感知不公平的意愿及其对不公平的认知、情绪与行为强度上稳定且一致的个体差异（Baumert & Schmitt，2016）。相比于正义感较弱的个体，正义感较强的个体会更频繁地感知到不公平，不断思考它，并且伴随强烈的愤怒、羞愧等情绪。

由于人们在不公平事件中的扮演的角色与所处的角度不同，其对不公平的反应也表现出质与量的差异（Mikula，1994；Mikula，Petri，& Tanzer，1990）。Schmitt 等（2005）先后提出了四类正义感，其中，受害者正义感（victim sensitivity，VS）是指个体在不公平事件中处于不利地位时对不公平事件的反应。已有研究认为受害者正义感似乎源于一种道德关切和自我保护。Fetchenhauer 和 Huang（2004）的研究支持了这一结论，他们的研究表明受害者正义感高的个体在他们有权力进行金钱分配时，更加倾向于采用不公平的策略。Schmitt 等（2005）的研究表明，个体的受害者正义感与多个与自我相关的负面特质呈显著正相关，主要包括马基雅维利主义、偏执、报复、嫉妒、怀疑等；与亲社会取向相关程度极低。同时研究发现受害者正义感与大五人格量表中的神经质（neuroticism）呈显著正相关，与宜人性（agreeableness）和谦逊（modesty）呈显著负相关（Schmitt et al.，2005）。Gollwitzer 等（2009）的研究发现，受害者正义感促进了反社会和利己主义的行为，与社会信任呈显著负相关，与敌意呈显著正相关，而其他三种正义感与敌意的相关不显著，这提示受害者正义感高的个体倾向于不参与社会合作以及表现出更多的敌意（Schmitt et al.，2010）。近年来的研究发现，受害者正义感与情绪问题尤其是抑郁有显著关系，高受害者正义感可能是抑郁发生和维持的风险因素。这些证据都提示，受害者正义感过高对于个体的心理健康和人格发展可能都会产生负面影响。因此，探索受害者正义感的神经基础能促进对受害者正义感个体差异的生物机制的理解。

在具有代表性的大样本中,研究者通过验证性因素分析发现,包括受害者正义感在内的正义感是一种稳定的、独立存在的人格特质(Schmitt et al.,2005)。这种受害者正义感的个体差异可能反映在静息态脑功能活动的个体差异上。目前,仅有两项研究采用静息态脑功能指标来探索受害者正义感的神经基础。Wu 和 Tian(2017)从局部自发脑活动角度出发,研究了正义感个体差异的神经基础,发现正义感的不同方面具有不同的大脑基础,其中受害者正义感与中央旁小叶的局部自发脑活动程度呈正相关。中央旁小叶参与运动控制和感觉(Spasojevic et al.,2013),并且个体编码疼痛相关信息时中央旁小叶激活增加,表明中央旁小叶也是一个疼痛相关脑区。因此,受害者正义感的研究结果提示我们,作为受害者,当其面对不公平时或许会产生与接受疼痛刺激类似的大脑反应。在我们最近的一项研究中,采用另一衡量局部自发脑活动的静息态指标,我们在一个小样本健康人群中并没有发现和受害者正义感显著关联的脑区,但发现了抑郁症患者和健康对照组的受害者正义感和静息态脑活动的关联模式不同。这些研究提示,受害者正义感可能反映在静息态脑功能活动的个体差异上,但目前的研究都是从局部自发脑活动的角度来探索受害者正义感的神经基础;作为一种人格特质,受害者正义感更可能涉及多个脑区或者脑网络,需要从脑功能整合角度出发进行分析。

静息态功能连接是刻画静息态脑功能整合的一种有效指标,反映的是大脑在不做特定的外显任务的情境下不同脑区之间的交互关系(Biswal et al.,1995)。研究者通常通过计算不同脑区的时间序列信号之间的相关关系来估计与衡量脑区间的功能连接。已有研究表明,静息态功能连接与个体任务状态下的脑网络特征、行为特征和认知功能都存在显著相关性。例如,早期的工作发现静息态脑功能连接与大脑的血流灌注、脑区的供氧水平等生理特征存在显著的相关性。而最近的 20 多年,fMRI 静息态功能连接的研究相继揭示了静息态功能连接与情绪特征、智商和人格等较为稳定的个体特征存在显著的相关性;与执行控制、心理理论、记忆等认知功能也都存在显著的相关性,与认知任务执行过程中的脑网络特征也存在一定程度的一致性。此外,由于静息态功能磁共振扫描易于执行,静息态功能连接的方法越来越被用于探究脑与行为特征和认知功能的个体差异。因此,本研究采用静息态功能连接来研究受害者正义感的神经基础。既往任务态功能磁共振研究发现,当人面对不公平分配方案时,其前脑岛、前扣带、背外侧前额叶等脑区的激活增加,表明这些脑区和受害者不公平信息的处理相关;并且,右侧前脑岛的活动和面对不公平分配方案的拒绝率呈显著相关,表明前脑岛与面对不公平时的信息处理尤其相关(Sanfey et al. ，2003）。因此，在当前研究中，我们以双侧背侧脑岛为种子点，探索全脑静息态功能连接与受害者正义感的关系，以加深研究者对受害者正义感神经基础的理解。

二　方法

（一）被试

被试来源于本课题组已建立的北京市双生子脑 - 行为数据库。这些被试通过中国科学院心理研究所双生子研究平台招募而来。被试年龄在 16 ~ 28 岁，男女均有，受教育水平为初中以上，母语为汉语，过往无精神疾病诊断历史。纳入本研究的被试，还需满足以下条件：（1）完成了受害者正义感量表，即具有受害者正义感数据；（2）满足进行磁共振扫描条件且进行了功能磁共振影像的扫描，即被试有静息态影像数据。本研究共 184 名被试，来自 101 个家庭，其中男性 91 名，女性 93 名，平均年龄为 18. 96 岁（$SD = 1.52$），中专和高中受教育水平被试 87 名、大专受教育水平被试 40 名、本科受教育水平被试 57 名。

（二）受害者正义感的测量

被试均填写了受害者正义感量表以作为对被试受害者正义感的测量。该量表包含 10 道题目，每道题目使用李克特量表在 0 ~ 5 点计分（0 = 完全不符，5 = 完全相符）。题目示例，"别人得了原本我该得的东西时，我会感到恼火"。本研究使用问卷题目的平均分作为个体的特质得分，得分越高，表明该个体对不公平越敏感。量表内部一致性系数（Cronbach's *Alpha* = 0. 83）超过 0. 70，在可接受的范围。

（三）影像数据采集

MRI 扫描在北京磁共振脑成像研究中心，使用西门子 3. 0T 核磁共振扫描仪完成。采用磁化准备快速梯度回波（magnetization prepared rapid acquisition gradient echo，MPRAGE）序列技术获得结构像数据，扫描参数如下：repetition time（TR）= 2520 ms，echo time（TE）= 3. 37 ms，flip angle = 7°，inversion time（TI）= 1100 ms；slice thickness = 1. 33 mm，slice number = 144；no slice gap。采用单次激发梯度回波平面成像（single-shot echo-planar imaging SS-EPI）序列获取功能图像：TR = 2000 ms，TE =

30 ms，flip angle = 90°，acquisition matrix = 64 × 64，FOV = 220 × 220mm^2，slice thickness = 3.0 mm，slice number = 32；slice gap = 1.0 mm。在扫描过程中，要求被试不要把注意力集中在任何特别的事情上，闭上眼睛休息。静息状态扫描持续时间为6分钟。

（四）影像数据分析

本研究使用的影像学数据分析工具与平台包括 MATLAB（Version 8.3）、SPM12（https://www.fil.ion.ucl.ac.uk/spm/）、DPABI（Version 4.3）、R（Version 1.1.442）、AFNI（Version20.0.09）。

1. 预处理

使用 DPABI 进行影像数据预处理，具体步骤包括：去除前10个时间点、进行时间层校正、头动校正；功能图像与 T1 结构图像空间配准；T1 结构图像分割为灰质、白质、脑脊液，生成白质信号和脑脊液信号的噪声掩模，提取噪声掩模的五个主成分信号；将白质、脑脊液的五个主成分信号、头动（Fristion 24 头动参数）、线性漂移作为无关变量进行回归；同时，为进一步去除微小的头动对数据分析造成的影响，我们计算了 volume-based framewise displacement（FD）指标以度量微小头动，将 FD > 0.5mm 的时间点作为异常时间点，同时将该时间点前一个 TR、后两个 TR 图像的时间点作为 scrubbing 回归子纳入多元线性回归模型。功能图像配准到 MNI 标准空间；功能图像平滑（平滑核4mm）；功能像时间滤波（0.01 ~ 0.1Hz）；基于 EPI 模板进行空间标准化，重采样体素大小为 2 mm × 2 mm × 2 mm。为进一步去除头动的影响，根据个体 mean FD 是否大于2倍标准差，剔除了头动较大的5名被试，将剩余179名被试影像数据纳入后续分析；在随后的统计分析模型中，将个体的 mean FD 纳入模型中从组水平去除头动影响。

2. 种子点的选取与静息态功能连接的计算

我们基于 Brainnetome Atlas（Fan et al.，2016），分别选取了双侧背侧脑岛即前脑岛（dIa，dorsal agranular insula，MNI 坐标：左侧：[− 34，18，1]；右侧：[36，18，1]）作为种子点来进行静息态功能连接分析（见图1）。具体而言，我们提取各种子点内体素的时间序列得到种子区平均时间序列，计算其与全脑其他体素的时间序列的相关性。经过 Fisher r-to-z 转化后，生成基于每个种子点的全脑静息态功能连接 z 标准化图像，用于下一步分析。

3. 行为 − 脑关联分析

为探索静息态功能连接同受害者正义感的关系，我们进行了行为 − 脑关联分析。鉴于本研究的影像学数据来源于双生子家庭，因此，我们采用

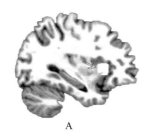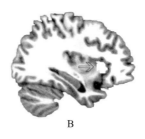

图1　双侧背侧脑岛种子点位置示意

注：蓝色代表左侧背侧脑岛；黄色代表右侧背侧脑岛。

了分层线性模型（Hierarchical Linear Model，HLM）分析以控制家庭来源的影响。这种采用 HLM 模型来分析双生子嵌套结构的磁共振成像数据和行为变量之间的关系的方法，已被应用于以往研究。具体而言，数据分为两层——较低层级代表个体数据，包括受害者正义感分数，也包括性别、年龄、教育水平、头动参数（mean FD）、卵性（分为同卵双胞胎和异卵双胞胎）；较高层级代表的是嵌套每个双生子个体的双生子对（双生子家庭）；以功能连接 z 分数为结果变量，逐个体素进行分析，分别探究受害者正义感和双侧背侧脑岛静息态功能连接的关系。

我们将 HLM 分析后所有被试的大脑每个体素的残差值重新写入影像文件中，残差值为回归了年龄、性别、卵性、教育水平和头动后预测值与实际值的差值。然后采用 AFNI 进行了多重比较校正，以获得与受害者正义感有显著相关的静息态功能连接团块。由于既往研究发现，在静息状态下受害者正义感与中央旁小叶自发脑活动有关，提示受害者正义感的神经基础可能既包括参与处理运动、感觉的脑区，又涉及疼痛过程的脑区（Wu & Tian，2017）。并且，有研究也指出双侧中央前回、中央后回和中央旁小叶等与运动、感觉相关且参与疼痛信息的处理（Rasche et al.，2006），所以我们选择双侧中央前回、中央后回和中央旁小叶为感兴趣脑区来探究背侧脑岛静息态功能连接与受害者正义感的关系。另外，我们的前期研究发现，在静息状态下，抑郁症被试右侧枕上回的局部自发脑活动显著低于健康被试且患者受害者正义感高于正常被试，因此我们也将右侧枕上回纳入受害者正义感分析的感兴趣脑区，最终得到一个包含双侧中央前回、中央后回、中央旁小叶，以及右侧枕上回的感兴趣区掩模（voxel size = 16871）。我们采用 AFNI 的 3dFWHMx 估计高斯滤波器宽度，设置单个体素阈值为 0.001，簇级阈值为 0.05，利用 AFNI 的 3dClustSim 函数（Cox et al.，2017）进行多重比较校正。此外，我们也在全脑灰质范围内进行了逐个体素

的探索性分析。全脑灰质掩模是将所有受试者的全脑灰质平均值大于 0.2 的
体素与 90% 被试均具有 EPI 信号的体素取交集所得（voxel size = 140617）。
在该探索性分析中，我们采用了未校正的阈值（$p < 0.001$，20 体素）。

三　结果

（一）背侧脑岛静息态功能连接模式

以双侧背侧脑岛分别作为种子区进行的全脑静息态功能连接，如图 2
所示。经与 Brainnetome atlas（Fan et al.，2016）中这两个区域的功能连接
图谱对比，我们发现在本研究中，双侧背侧脑岛的静息态功能连接模式和
Brainnetome atlas 中对应种子点的静息态功能连接模式一致（voxel-level un-
corrected $p < 0.001$，cluster-level FWE corrected $p < 0.05$）。图 2 展示了左、
右侧背侧脑岛的功能连接模式。从图 2 中可以看出，双侧背侧脑岛的功能
连接模型具有较大的相似性。双侧背侧脑岛均与腹内侧额叶、颞顶结合
区、颞中回以及后扣带附近区域存在显著的负功能连接，与外侧额叶、内
侧额叶以及角回等区域存在正功能连接。

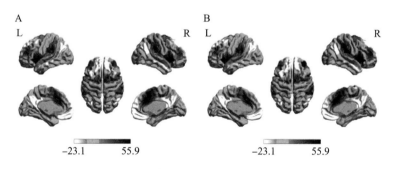

图 2　左侧（A）和右侧（B）背侧脑岛静息态功能连接

（二）受害者正义感和背侧脑岛静息态功能连接的关联

在先验感兴趣区内，我们发现右侧背侧脑岛与右侧中央前回及中央后
回的静息态功能连接与受害者正义感显著相关（voxel-level uncorrected $p < 0.001$，cluster-level Alphasim corrected $p < 0.05$）（见表 1、图 3）。为了显
示这种相关性，我们提取了显著相关的脑区的功能连接值，呈现了该脑区
平均功能连接强度与受害者正义感的相关性散点图（见图 4）。

全脑灰质探索性分析也证实了这一发现。我们发现，左侧背侧脑岛与

右侧梭状回、右侧颞下回的静息态功能连接与受害者正义感相关；右侧背侧脑岛与双侧中央前回及中央后回的静息态功能连接与受害者正义感相关（voxel-level uncorrected $p < 0.001$，cluster size > 20 voxels）（见表1）。

表1　与受害者正义感相关的静息态功能连接脑区

大脑半球	脑区	布罗德曼分区	团块大小	峰值点 MNI 坐标			峰值点 t 值
				x	y	z	
种子点：左侧背侧脑岛							
右	梭状回/颞下回	37	23	46	-58	-22	-3.40
种子点：右侧背侧脑岛							
右 *	中央前回/中央后回	4/6	42	66	-6	22	-3.41
左	中央后回/中央前回	2/4	30	-50	-20	32	-3.97

注：* 基于感兴趣区校正的区域；无特殊标记区域为全脑分析（未校正阈值）发现的脑区。

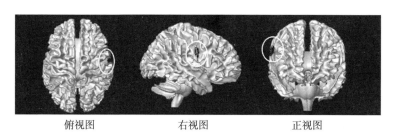

俯视图　　　　　右视图　　　　　正视图

图3　右侧背侧脑岛静息态功能连接与受害者正义感分数显著相关的脑区

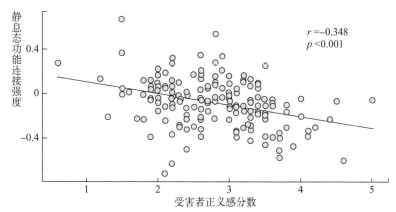

图4　右侧背侧脑岛 - 右侧中央前回/后回静息态功能连接与受害者正义感
分数的相关散点

四 结论与讨论

本研究采用静息态功能连接，从脑功能整合角度出发，探究了受害者正义感的神经基础。具体而言，本研究在较大样本正常被试双生子数据中发现右侧背侧脑岛与右侧中央前回及中央后回的静息态功能连接与受害者正义感呈显著负相关。本研究将静息态功能连接这一方法引入受害者正义感的神经基础研究领域，为后续研究者提供了新的思路和切入点，也加深了研究者对于受害者正义感这一人格特质神经基础的理解。

我们发现右侧背侧脑岛与中央前回/后回的功能连接越强，个体的受害者正义感越低。受害者正义感越高的个体，越能在社会不公平的情境中知觉到愤怒与痛苦等强烈情绪。以往研究一致发现脑岛与感知觉加工区域都参与对生理疼痛信息的加工。而脑岛不仅是加工情绪和处理凸显信息的重要区域，还是对内感受信息进行整合的重要脑区，同时也是痛觉信息加工整合的重要枢纽。值得注意的是，脑岛不仅参与了生理疼痛的信息加工，在心理疼痛与预期疼痛的信息加工中更具有重要意义。以往研究还发现，脑岛与中央前回和中央后回在生理疼痛与心理疼痛中都呈现较为一致的激活状态（Meerwijk，Ford，& Weiss，2013）。这些研究证据表明，脑岛可能作为疼痛信息加工的整合与协调的重要结构，接受来自感知觉区域对疼痛信息加工结果的输入，并整合个体期望与心理特征等信息对从下往上传递的痛觉信息进行整体的加工与反馈控制；而脑岛与感知觉区域之间的功能连接，可能是调节和加工生理疼痛与心理疼痛信息的通路。我们发现脑岛与中央前回和中央后回的功能连接越强，个体的受害者正义感越低，推测其在社会不公平情境下经历的心理疼痛可能越轻。这显示，个体在静息态下的大脑功能模式，对个体的受害者正义感特征具有预测作用；而背侧脑岛与中央前回和中央后回的功能连接，可能是受害者正义感个体差异的重要神经基础。值得注意的是，尽管在以往的研究中发现背侧脑岛和中央前回和中央后回都参与了生理疼痛与心理疼痛的信息加工，但我们发现，右侧背侧脑岛与中央前回和中央后回的功能连接和个体的受害者正义感呈负相关。这与 Kim 等（2017）的研究发现一致。在该研究中，前脑岛和右侧中央后回的功能连接和复杂疼痛综合征患者持续的疼痛知觉呈显著负相关。我们的研究结果将右侧背侧脑岛 - 中央后回的功能连接与疼痛的关系从身体疼痛延伸到心理疼痛，提示社会情境信息可能类似于物理刺激在个体中引起相似的生理反应。

本研究使用的数据来源于双生子数据库，尽管我们在建模过程中使用分层线性模型对遗传效应进行了控制，并对人口统计学变量进行了严格的控制，由此排除了遗传效应和其他因素对受害者正义感的影响，但是由于样本个体来自双生子家庭，考虑到双生子在人口中占比稀少，以及双生家庭和非双生家庭之间的差异，目前的样本仍然具有局限性，其外部效度有待后续验证。未来研究可以采用非双生子的一般群体数据验证本研究的主要发现。

综上所述，我们的发现加深了研究者对于受害者正义感这一人格特质神经基础的理解。我们发现受害者正义感与右侧背侧脑岛与右侧中央前回及中央后回的静息态功能连接存在显著相关性，这一研究结果将右侧背侧脑岛 – 中央前/后回的功能连接与疼痛的关系从身体疼痛延伸到了心理疼痛。以往研究已建立了疼痛敏感性和不公平（心理疼痛）之间的联系（Wang，Li，& Xie，2019），我们的研究则提示了人脑静息态功能连接和心理疼痛之间的关系，未来有必要进一步探索人脑静息态功能连接、疼痛敏感性、心理疼痛三者之间的关系。另外，本研究提示，使用静息态功能连接具有预测受害者正义感的个体差异的前景，这为探究个体的受害者正义感的神经基础以及研究相关的社会与心理问题提供了一个新的视角。未来研究者可以使用静息态脑成像技术，选择与情绪、痛觉、公平或负面信息认知加工的其他种子区域，进一步探究与受害者正义感特质相关的其他脑区和功能连接。我们的研究结果所揭示的受害者正义感的神经基础，也会进一步促进对受害者正义感过高个体（如抑郁症患者）的干预手段的探索，例如，为经颅磁刺激的干预提供参考靶点。

参考文献

Baumert，A.，& Schmitt，M.（2016）．Justice sensitivity. In *Handbook of Social Justice Theory and Research*（pp. 161 – 180）．

Baumgartner，T.，Saulin，A.，Hein，G.，& Knoch，D.（2016）．Structural differences in insular cortex reflect vicarious injustice sensitivity. *PLoS One*，11（12），Article e0167538.

Bhinge，S.，Long，Q.，Calhoun，V. D.，& Adali，T.（2019）．Spatial dynamic functional connectivity analysis identifies distinctive biomarkers in schizophrenia. *Frontiers in Neuroscience*，13，Article 1006.

Biswal，B.，Yetkin，F. Z.，Haughton，V. M.，& Hyde，J. S.（1995）．Functional connectivity in the motor cortex of resting human brain using echo-planar MRI. *Magnetic Resonance in Medicine*，34（4），537 – 541.

Bjorkquist，O. A.，Olsen，E. K.，Nelson，B. D.，& Herbener，E. S.（2016）．Altered amygdala-prefrontal connectivity during emotion perception in schizophrenia. *Schizophrenia Research*, 175 (1 – 3), 35 – 41.

Bondu, R. , & Elsner, B. (2015). Justice sensitivity in childhood and adolescence. *Social Development*, 24 (2), 420 – 441.

Bondu, R. , Sahyazici-Knaak, F. , & Esser, G. (2017). Long-term associations of justice sensitivity, rejection sensitivity, and depressive symptoms in children and adolescents. *Frontiers in Psychology*, 8, Article 1446.

Cauda, F. , Costa, T. , Torta, D. M. E. , Sacco, K. , D'Agata, F. , Duca, S. , Geminiani, G. , Fox, P. T. , & Vercelli, A. (2012). Meta-analytic clustering of the insular cortex Characterizing the meta-analytic connectivity of the insula when involved in active tasks. *Neuroimage*, 62 (1), 343 – 355.

Chen, T. L. , Becker, B. , Camilleri, J. , Wang, L. , Yu, S. Q. , Eickhoff, S. B. , & Feng, C. L. (2018). A domain-general brain network underlying emotional and cognitive interference processing: evidence from coordinate-based and functional connectivity meta-analyses. *Brain Structure & Function*, 223 (8), 3813 – 3840.

Contreras, J. A. , Avena-Koenigsberger, A. , Risacher, S. L. , West, J. D. , Tallman, E. , McDonald, B. C. , Farlow, M. R. , Apostolova, L. G. , Goni, J. , Dzemidzic, M. , Wu, Y. C. , Kessler, D. , Jeub, L. , Santo, F. , Saykin, A. J. , & Sporns, O. (2019). Resting state network modularity along the prodromal late onset Alzheimer's disease continuum. *Neuroimage-Clinical*, 22, Article 101687.

Cox, R. W. , Chen, G. , Glen, D. R. , Reynolds, R. C. , & Taylor, P. A. (2017). FMRI Clustering in AFNI: False-positive rates redux. *Brain Connectivity*, 7 (3), 152 – 171.

Dar, Y. , & Resh, N. (2001). Exploring the multifaceted structure of sense of deprivation. *European Journal of Social Psychology*, 31 (1), 63 – 81.

Dosenbach, N. U. F. , Fair, D. A. , Miezin, F. M. , Cohen, A. L. , Wenger, K. K. , Dosenbach, R. A. T. , Fox, M. D. , Snyder, A. Z. , Vincent, J. L. , Raichle, M. E. , Schlaggar, B. L. , & Petersen, S. E. (2007). Distinct brain networks for adaptive and stable task control in humans. *Proceedings of the National Academy of Sciences of the United States of America*, 104 (26), 11073 – 11078.

Elliott, M. L. , Knodt, A. R. , Cooke, M. , Kim, M. J. , Melzer, T. R. , Keenan, R. , Ireland, D. , Ramrakha, S. , Poulton, R. , Caspi, A. , Moffitt, T. E. , & Hariri, A. R. (2019). General functional connectivity: Shared features of resting-state and task fMRI drive reliable and heritable individual differences in functional brain networks. *Neuroimage*, 189, 516 – 532.

Fan, L. , Li, H. , Zhuo, J. , Zhang, Y. , Wang, J. , Chen, L. , Yang, Z. , Chu, C. , Xie, S. , Laird, A. R. , Fox, P. T. , Eickhoff, S. B. , Yu, C. , & Jiang, T. (2016). The human brainnetome atlas: A new brain atlas based on connectional architecture. *Cerebral Cortex*, 26 (8), 3508 – 3526.

Feng, C. L. , Luo, Y. J. , & Krueger, F. (2015). Neural signatures of fairness-related normative decision making in the ultimatum game: A coordinate-based meta-analy-

sis. Human Brain Mapping, 36（2）, 591 – 602.

Fetchenhauer, D. , & Huang, X. （2004）. Justice sensitivity and distributive decisions in experimental games. *Personality and Individual Differences*, 36（5）, 1015 – 1029.

Fujino, J. , Tei, S. , Jankowski, K. F. , Kawada, R. , Murai, T. , & Takahashi, H. （2017）. Role of spontaneous brain activity in explicit and implicit aspects of cognitive flexibility under socially conflicting situations: A resting-state fMRI study using fractional amplitude of low-frequency fluctuations. *Neuroscience*, 367, 60 – 71.

Gollwitzer, M. , Rothmund, T. , Pfeiffer, A. , & Ensenbach, C. （2009）. Why and when justice sensitivity leads to pro-and antisocial behavior. *Journal of Research in Personality*, 43（6）, 999 – 1005.

Huseman, R. C. , Hatfield, J. D. , & Miles, E. W. （1987）. A New perspective on equity theory: The equity sensitivity construct. *The Academy of Management Review*, 12（2）, 222 – 234.

Kim, J. H. , Choi, S. H. , Jang, J. H. , Lee, D. H. , Lee, K. J. , Lee, W. J. , Moon, J. Y. , Kim, Y. C. , & Kang, D. H. （2017）. Impaired insula functional connectivity associated with persistent pain perception in patients with complex regional pain syndrome. *PLoS One*, 12（7）, Article e0180479.

Kinnison, J. , Padmala, S. , Choi, J. M. , & Pessoa, L. （2012）. Network analysis reveals increased integration during emotional and motivational processing. *Journal of Neuroscience*, 32（24）, 8361 – 8372.

Liegeois, R. , Li, J. W. , Kong, R. , Orban, C. , Van De Ville, D. , Ge, T. , Sabuncu, M. R. , & Yeo, B. T. T. （2019）. Resting brain dynamics at different timescales capture distinct aspects of human behavior. *Nature Communications*, 10, Article 2317.

Meerwijk, E. L. , Ford, J. M. , & Weiss, S. J. （2013）. Brain regions associated with psychological pain: implications for a neural network and its relationship to physical pain. *Brain Imaging and Behavior*, 7（1）, 1 – 14.

Mikula, G. （1994）. Perspective-related differences in interpretations of injustice by victims and victimizers. In *Entitlement and the affectional bond* （pp. 175 – 203）. Springer.

Mikula, G. , Petri, B. , & Tanzer, N. （1990）. What people regard as unjust: Types and structures of everyday experiences of injustice. *European Journal of Social Psychology*, 20（2）, 133 – 149.

Porro, C. A. , Francescato, M. P. , Cettolo, V. , Diamond, M. E. , Baraldi, P. , Zuiani, C. , Bazzocchi, M. , & diPrampero, P. E. （1996）. Primary motor and sensory cortex activation during motor performance and motor imagery: A functional magnetic resonance imaging study. *The Journal of Neuroscience*, 16（23）, 7688 – 7698.

Power, J. D. , Barnes, K. A. , Snyder, A. Z. , Schlaggar, B. L. , & Petersen, S. E. （2012）. Spurious but systematic correlations in functional connectivity MRI networks arise from subject motion. *Neuroimage*, 59（3）, 2142 – 2154.

Rasche, D. , Ruppolt, M. , Stippich, C. , Unterberg, A. , & Tronnier, V. M. （2006）. Motor cortex stimulation for long-term relief of chronic neuropathic pain: A 10 year experience. *Pain*, 121（1 - 2）, 43 - 52.

Sanfey, A. G. , Rilling, J. K. , Aronson, J. A. , Nystrom, L. E. , & Cohen, J. D. （2003）. The neural basis of economic decision-making in the ultimatum game. *Science*, 300（5626）, 1755 - 1758.

Schmitt, M.（1996）. Individual differences in sensitivity to befallen injustice（SBI）. *Personality and Individual Differences*, 21（1）, 3 - 20.

Schmitt, M. , Baumert, A. , Gollwitzer, M. , & Maes, J.（2010）. The justice sensitivity inventory: Factorial validity, location in the personality facet space, demographic Pattern, and Normative data. *Social Justice Research*, 23（2 - 3）, 211 - 238.

Schmitt, M. , Gollwitzer, M. , Maes, J. , & Arbach, D.（2005）. Justice sensitivity: Assessment and location in the personality space. *European Journal of Psychological Assessment*, 21（3）, 202 - 211.

Schmitt, M. J. , & Mohiyeddini, C.（1996）. Sensitivity to befallen injustice and reactions to a real-life disadvantage. *Social Justice Research*, 9（3）, 223 - 238.

Schmitt, M. J. , Neumann, R. , & Montada, L.（1995）. Dispositional sensitivity to befallen injustice. *Social Justice Research*, 8（4）, 385 - 407.

Schuler, A. L. , Tik, M. , Sladky, R. , Luft, C. D. , Hoffmann, A. , Woletz, M. , Zioga, I. , Bhattacharya, J. , & Windischberger, C.（2019）. Modulations in resting state networks of subcortical structures linked to creativity. *Neuroimage*, 195, 311 - 319.

Shehzad, Z. , Kelly, A. M. C. , Reiss, P. T. , Gee, D. G. , Gotimer, K. , Uddin, L. Q. , Lee, S. H. , Margulies, D. S. , Roy, A. K. , Biswal, B. B. , Petkova, E. , Castellanos, F. X. , & Milham, M. P.（2009）. The resting brain: Unconstrained yet reliable. *Cerebral Cortex*, 19（10）, 2209 - 2229.

Singer, T. , Seymour, B. , O'Doherty, J. , Kaube, H. , Dolan, R. J. , & Frith, C. D.（2004）. Empathy for pain involves the affective but not sensory components of pain. *Science*, 303（5661）, 1157 - 1162.

Spasojevic, G. , Malobabic, S. , Pilipovic-Spasojevic, O. , Macut, N. D. , & Malikovic, A.（2013）. Morphology and digitally aided morphometry of the human paracentral lobule. *Folia Morphologica*, 72（1）, 10 - 16.

Vainik, U. , Baker, T. E. , Dadar, M. , Zeighami, Y. , Michaud, A. , Zhang, Y. , Alanis, J. C. G. , Misic, B. , Collins, D. L. , & Dagher, A.（2018）. Neurobehavioral correlates of obesity are largely heritable. *Proceedings of the National Academy of Sciences of the United States of America*, 115（37）, 9312 - 9317.

Van den Bos, K. , Maas, M. , Waldring, I. E. , & Semin, G. R.（2003）. Toward understanding the psychology of reactions to perceived fairness: The role of affect intensity. *Social Justice Research*, 16（2）, 151 - 168.

Wager, T. D. , Atlas, L. Y. , Lindquist, M. A. , Roy, M. , Woo, C. W. , & Kross, E.（2013）. An fMRI-based neurologic signature of physical pain. *New England Journal of Medicine*, 368（15）, 1388 - 1397.

Wager, T. D. , Rilling, J. K. , Smith, E. E. , Sokolik, A. , Casey, K. L. , Davidson,

R. J. , Kosslyn, S. M. , Rose, R. M. , & Cohen, J. D. (2004). Placebo-induced changes in fMRI in the anticipation and experience of pain. *Science*, 303 (5661), 1162 – 1167.

Wang, H. X. , Li, K. F. , & Xie, X. F. (2019). Individual differences in pain sensitivity predict the experience of unfairness. *Journal of Health Psychology*, 24 (7), 953 – 963.

Wang, X. M. , Cui, S. J. , Wu, M. S. T. , Wang, Y. , Gao, Q. L. , & Zhou, Y. (2020). Victim sensitivity and its neural correlates among patients with major depressive disorder. *Frontiers in Psychiatry*, 11, Article 622.

Wu, M. S. , Schmitt, M. , Zhou, C. , Nartova-Bochaver, S. , Astanina, N. , Khachatryan, N. , & Han, B. X. (2014). Examining self-advantage in the suffering of others: cross-cultural differences in beneficiary and observer justice sensitivity among Chinese, Germans, and Russians. *Social Justice Research*, 27 (2), 231 – 242.

Wu, Y. , & Tian, X. (2017). Regional homogeneity of intrinsic brain activity correlates with justice sensitivity. *Personality and Individual Differences*, 117, 111 – 116.

Yan, C. G. , Cheung, B. , Kelly, C. , Colcombe, S. , Craddock, R. C. , Di Martino, A. , Li, Q. Y. , Zuo, X. N. , Castellanos, F. X. , & Milham, M. P. (2013). A comprehensive assessment of regional variation in the impact of head micromovements on functional connectomics. *Neuroimage*, 76 (1), 183 – 201.

Yan, C. G. , Wang, X. D. , Zuo, X. N. , & Zang, Y. F. (2016). DPABI: Data Processing & Analysis for (Resting-State) Brain Imaging. *Neuroinformatics*, 14 (3), 339 – 351.

Zheng, D. , Chen, J. , Wang, X. M. , & Zhou, Y. (2019). Genetic contribution to the phenotypic correlation between trait impulsivity and resting-state functional connectivity of the amygdala and its subregions. *Neuroimage*, 201, Article 115997.

《中国社会心理学评论》 第 21 辑
第 64~82 页
© SSAP，2021

宽容对小学生外化问题行为的影响：友谊质量、敌意归因的中介作用[*]

张春妹　张安琪　朱小玲　杜丽虹^{**}

摘　要： 为探讨宽容品质在约束小学生外化问题行为方面的道德功能，探讨友谊质量和敌意归因在小学生宽容品质对外化问题行为影响过程中的中介作用。本研究采用《儿童青少年问题行为量表》《小学生宽容量表》《友谊质量问卷》《敌意归因偏向问卷》，对武汉市两所小学三年级至六年级学生进行问卷调查，有效问卷共计 1020 份。利用 SPSS 软件中 Process 插件 Bootstrap 方法进行中介效应检验，结果发现：宽容、友谊质量、敌意归因以及外化问题行为四者均呈显著相关；宽容既可以直接减弱外化问题行为，也可以分别通过友谊质量、敌意归因这两条中介路径间接减弱外化问题行为。研究证实了宽容作为积极道德品质对于小学生外化问题行为这一消极道德行为的抑制作用。宽容是对小学生来说具有德育价值的积极道德品质。

关键词： 宽容　外化问题行为　友谊质量　敌意归因

---

* 本研究获得武汉市教育科学"十三五"规划 2017 年度一般规划课题（项目编号：2017C005）的资助。

** 张春妹，武汉大学哲学学院心理系副教授，硕士生导师；张安琪，武汉大学哲学学院心理系 2019 级研究生；朱小玲，武汉市三眼桥小学教师；杜丽虹，武汉市三眼桥小学高级教师。通讯作者：张春妹，E-mail：amaizhang@163.com。

一　问题提出

（一）宽容作为道德品质的概念

"宽容"一词出自《庄子·天下》"常宽容于物，不削于人，可谓至极"。在《现代汉语词典（第7版）》中，宽容指的是宽大有气量与不计较。有研究者通过对宽容的日常语、词典、词源的分析，将宽容定义为：主体在有能力干涉的情况下，选择容忍和宽恕他人给自己思想和权益带来消极影响的言行（高政，2014）。宽容与宽恕的含义相近，都包含着主体对客体在认知、情感、行为方面的积极转变，但是二者也有所区别，通过对宽容和宽恕在含义、对象、文化背景等方面差异的辨析，钱锦昕和余嘉元（2014）指出，在中国文化背景下，宽容实际上是一种含义更广的稳定人格结构，且宽恕是宽容的一种（钱锦昕、余嘉元，2014）。

宽容还包含着道德属性，属于道德人格。道德人格指的是一种具有社会道德评价意义的内在心理品质（焦丽颖等，2019），是能够以道德或不道德的方式进行思考、感受和做出行为的个人特质（Cohen & Morse，2014），其意义在于平衡个人与他人的利益（Frimer，Schaefer，& Oakes，2014）。而宽容就是中国人的一种核心道德品质。中国人历来重视道德修养，对中华文化影响最深远的儒家文化讲求"修身，齐家，治国，平天下"，意味着修身为本，即培养提高自身道德品质，修身成仁是个体为人处事的根基。《论语·里仁》曰"夫子之道，忠恕而已矣"，《礼记·儒行》曰"宽裕者，仁之作也"，阐述了儒家的基本思想以及如何成仁的问题。儒家的基本思想——"忠恕之道"蕴含着尊重、宽容的伦理精神（董爱琳，2019），且"恕道"指的就是个体在人际交往中，能够推己及人，体谅他人（董卫国，2013）。我国研究者也认为，"仁"是中国核心文化的心理基础，且这种善良的文化精髓刻入了中国人的集体记忆，形成了中国人的基本人格结构（李红、陈安涛，2003）；"勤劳善良"是中国人核心品质的社会表征，而宽容和善是善良人格的四个重要因子结构之一（张和云、赵欢欢、许燕，2018）。

中国人重视道德修养源其对人际关系的重视，故"仁"作为可以维持良好人际关系进而维持良好社会秩序的根本性个人道德要求被儒家文化所提倡，并在几千年的文化积淀中成为中国人的道德品质。因此，宽容作为中国人的一种核心道德品质，具有有效促进人际关系和谐的道德功能，对中国人的日常健康、社会生活具有重要意义。中小学时期是一个人积极道德品质形成的关键时期。但是，目前心理学界对道德品质研究较少，对宽容品质的发展及其对人们社会行为的影响研究更少。我国教育工作者孟万金及其团队基于积极道德品质教育的角度，编制了《小学生积极道德品质测评量表》，其中尊重维度的含义就包含宽容接纳，即能以非暴力的形式对待他人的不友好（刘玉娟、孟万金，2011），而且研究发现，小学生在宽容品质上得分较低，宽容品质是小学高年级需要重点培养的积极道德品质之一（马艳云，2010）。

作为我国核心的积极道德品质之一的宽容品质，是否会影响人际交往和社会行为？这种影响是否在小学阶段就开始发挥作用？本研究基于我国道德品质对于社会关系、社会行为具有重要影响的实践基础，基于人格特质对社会行为的主导作用的理论，拟从道德品质和道德行为关系的角度出发，考察小学生宽容品质与外化问题行为的关系，旨在检验我国传统文化关于德育对于社会生活的作用的朴素实践理论，拓展道德品质的理论研究，并通过探讨小学生宽容品质的德育价值，探明其作用机制，为制定切实可行的教育策略和教育实践进行理论铺垫。

（二）宽容品质与外化问题行为的关系

外化问题行为（externalizing problematic behavior）包括攻击行为、叛逆与犯罪（田菲菲、田录梅，2014；Brook et al.，2011）。作为一种破坏重要的社会或道德规范而伤害他人的行为（Helmond et al.，2015），外化问题行为属于消极道德行为（杨韵刚、基伦、斯梅塔娜，2011），对个体自身发展、家庭、同伴、社会都有直接且长期的不利影响（Janssens et al.，2015）。例如，降低儿童的学校参与度（Olivier et al.，2020），影响青少年的同一性发展（Crocetti et al.，2013），并且也是导致个体后续犯罪、暴力的重要风险因素之一（White & Renk，2012）。而且，童年中期是干预青少年外化问题行为、促进社会适应的理想节点。Racz 等（2017）针对 4 岁、10 岁、14 岁儿童的认知能力、社会适应以及外化问题行为之间跨发展的特定级联效应（specific cascade effects across development）的研究发现，在三条显著的级联路径中有两条的中介变量都是儿童 10 岁时的外化问题行为，即它是儿童 4 岁时的社会适应水平影响 14 岁时的外化问题行为，以及儿童 4 岁时的外化问题行为影响 14 岁时的社会适应水平的重要中介变量。因此，研究儿童中期外化问题行为的影响因素特别是抑制因素具有重要意义。

根据外化问题行为的社会心理模型（Jessor，1987），问题行为产生的原因既有个体外部环境因素也有个体内部因素（张永欣等，2018）。目前，心理学界对影响外化问题行为的外部环境和个人内部因素进行了较多研究。外部环境因素包括父母身体攻击、心理控制、家庭暴力与虐待，以及社区暴力暴露与结交越轨同伴等危险因素（Xing et al.，2011；陈云祥、李若璇、刘翔平，2018；Moylan et al.，2010；张一波等，2017），还包括父母自主支持的教养方式、良好的亲子依恋（陈云祥等，2018；李菁菁、窦凯、聂衍刚，2018）等直接或间接的保护因素。个人内部因素则主要包括儿童学龄前的冷酷无情特质、心理理论、气质性恐惧、认知扭曲等（Song et al.，2016；Helmond et al.，2015）。同时，研究者也开始基于生态系统论视角对外化问题行为的外部环境因素和个体内部因素进行综合考察，例如，White 和 Renk（2012）考察了平均年龄为 12 岁的青少年的个人（能力）、家庭（父母温暖与支持）、社区（邻里支持、学校支持）以及文化适应等多层面的影响因素，发现母亲温暖度、父母整体情感支持、整体邻里支持是外化问题行为的预测因子（White & Renk，2012）。我国研究者常淑敏等（2019）也从青少年的生态系统特征和个人态度特征、技能特征着手，探讨例如支持、授权、规范与期望等八种发展资源对减少个体当前和一年后的外化问题行为的累积效应，并指出个体当前感受到的发展资源对其外化问题行为的减少具有更充分的保护作用。

但是综观已有的研究，均未能从个体道德品质的角度出发，将外化问题行为作为一种消极道德行为，考察道德品质对于道德行为的影响。这与我国非常重视儿童的社会规范和道德行为的社会现实是不相符的。我们通常将违规、破坏等外化问题行为视为消极道德行为，尤其在小学阶段就非常重视培养和塑造积极道德品质。而小学阶段，小学儿童品德发展在认识与行为上具有一定协调性，一般个体的道德意识水平越高，其道德行为的表现水平也越高（林崇德，2015）。有关预防校园欺凌的研究发现，通过提倡和谐、宽容等价值观，发展学生人际能力，宽容个体差异，教育学生尊重自我和他人，营造和谐的学校环境是促进学生健康发展，预防学校欺凌的最有效的措施之一（Hui, Tsang, & Law，2011）。因此，宽容作为一种积极道德品质可能会抑制外化问题这种消极道德行为。本研究提出假设 H_1：小学儿童的宽容品质可以减少外化问题行为。

（三）友谊质量和敌意归因的中介作用

道德的本质在于社会价值的判断，源于社会关系（Cohen & Morse，

2014)，它要解决的是平衡人与人之间的利益问题（Frimer et al.，2014）。前已述及，中国人重视道德修养即在于中国人特别重视维系人际关系。宽容作为积极道德品质，具有有效促进人际关系和谐的道德功能。因此，宽容品质除了直接调节道德行为，也会通过影响对于儿童特别重要的同伴关系和面对关系冲突时的心理状态，间接调节外化问题行为。

对中国人人格的研究发现，宽容属于中国人人格七维度中的人际关系维度，反映的是人际交往中待人温和宽厚的基本态度（王登峰、崔红，2008）。一项有关人际宽恕的元分析指出宽恕不仅仅影响个体如何对待冒犯者，而是能够全面影响关系质量（Riek & Mania，2012），针对大学生的实验研究也发现宽恕能够促进个体后期合作意向、牺牲意愿等亲关系回应（Karremans & Van，2004）。由此可见，宽恕作为一种积极修复友谊的策略能够显著提升个体的关系质量。在小学阶段，随着与同伴相处的时间增多（Gaertner，Fite，& Colder，2010），儿童对于人际亲密的需要上升，同伴间友谊的重要性也逐渐提高（LaFontana & Cillessen，2010）。友谊质量作为衡量同伴关系好坏的指标之一，指的是个体所知觉到的与朋友之间友谊关系的质量特征（莫书亮等，2010）。研究表明，具有良好友谊质量的青少年，会表现出更少的外化问题行为、攻击破坏行为（Gaertner et al.，2010）。通过干预提升儿童的友谊质量能够促进儿童解决与好友之间的人际冲突问题，降低采取攻击性行为的可能性（Salvas et al.，2016）。因此，本研究提出假设 H_2：小学生的宽容品质可以提高其友谊质量，从而减少外化问题行为。

宽恕干预的研究表明，宽恕能够带来个体认知层面敌对性的改变。针对韩国女性青少年攻击性受害者进行 12 周的宽恕干预，能够显著降低被试的敌意归因水平（Park et al.，2013）；通过启动大学生的宽容信念，能够有效改善被试受到死亡、人际威胁后的敌对认知及行为（胡霜，2016）。此外，敌意归因是指个体在模糊情境中，把别人的意图归因于敌意的内在认知状态（Dodge & Coie，1987），它与个体的反应性攻击行为关系密切（周广东、冯丽姝，2014）。一项有关认知扭曲与外化问题行为的元分析指出，作为认知扭曲的次级形式之一的"设想最坏的情况"，即毫无理由的将敌意归咎于他人，能够正向预测反社会行为（Helmond et al.，2015）。由此，本研究提出假设 H_3：小学生的宽容品质可以通过降低个体的敌意归因水平减少外化问题行为。

此外，友谊质量与敌意归因可能具有负向预测关系。已有研究发现，社交不良的儿童往往具有较高的敌意归因（Gomez & Gomez，2000）。积极的人际关系能够降低儿童出现敌意归因的可能性。例如，针对幼儿敌意归因偏差的纵向研究发现，幼儿早期母亲的敏感性是幼儿后期敌意归因的保护性因素（Wong，Chen，& McElwain，2019）。由此可以推测，对正处于童年中期的儿童来说重要的人际关系——友谊质量，可能也可以起到降低敌意归因水平的保护性作用。因此，提出假设 H_4：小学生的宽容品质可以通过提高友谊质量，进而降低敌意归因水平的链式中介作用，而减少外化问题行为。

二　研究方法

（一）被试

整群抽样武汉市市区一所流动儿童占比较高的小学（55%）和流动儿童占比较低的小学（10%），对 3~6 年级的小学生进行调查。剔除 19 份无效、重复问卷后，有效问卷共 1020 份，回收率 98.17%。其中，流动儿童比例低的学校 414 人，流动儿童比例高的学校 606 人；女生 435 名，男生 585 名；三年级 252 人，四年级 299 人，五年级 193 人，六年级 276 人；被试年龄为 8~13 岁（$M = 9.54$，$SD = 1.107$）。

（二）研究程序与工具

由心理学专业学生和心理健康教师担任主试，指导学生以班级为单位在学校计算机教室通过问卷星链接进行作答。问卷皆采用自陈报告的形式。

1. 基本信息问卷

包含性别、年龄、年级、班级、是否出生在武汉、老家在城市还是农村等基本人口统计学变量。

2. 儿童青少年问题行为量表

Achenbach 编制是李晓巍等（2009）在辛自强 2003 年简缩版《儿童青少年问题行为量表》基础上进一步修订的，由 40 个项目组成，采用 4 点计分，分数越高表明问题行为越多（池丽萍、辛自强，2003）。包括内化问题行为和外化问题行为两个维度，本研究采用的外化问题行为部分由 24 个项目组成，外化问题行为子量表的内部一致性系数为 0.939。

3. 小学生宽容量表

采用自编《小学生宽容量表》，共 27 个条目，采用 5 点计分，分数越高表明小学生的宽容水平越高，量表包含四个维度：a. 体谅他人；b. 敌意预期；c. 冒犯容忍；d. 行为报复。Amos 验证性因素分析显示该量表 $\chi^2 / df = 1.636$；RMSEA = 0.041；RMR = 0.083；CFI = 0.941，具有良好的结构效度。与罗森伯格《自尊量表》《人际反应指针量表》的效标关联效度分别为显著的 0.321、0.292。本研究的内部一致性系数为 0.903。

4. 友谊质量问卷

采用《友谊质量问卷》(Parker & Asher, 1993) 简表，共 18 个项目。包括肯定与关心、帮助与指导、陪伴与娱乐、亲密袒露与交流、冲突解决策略、冲突与背叛六个维度。采用 5 点计分，要求被试按照和最好朋友之间的实际情况作答，对冲突与背叛维度反向计分后，加上其他维度的分数得到友谊质量的总分，分数越高，友谊质量水平越高。本研究的内部一致性系数为 0.899。

5. 敌意归因偏向问卷

采用《敌意归因偏向问卷》Bailey 于 2008 年修编版本的中文版本（李静华、申田、郑涌，2012）。由 10 种模棱两可的假想情境组成，每个情境都有 2 个问题需要回答，敌意性与非敌意性的答案各半，敌意性的答案计 1 分，非敌意性的答案不计分，其中 8 种是挑衅情境，2 种是亲社会性情境，不予计分，得分越高，说明被试的敌意归因偏向水平越高。本研究的内部一致性系数为 0.869。

6. 统计分析

采用 SPSS 26.0 对数据进行统计分析。首先，对问卷数据的共同方法偏差进行检验；其次，对相关变量进行描述性统计，方差分析及 Pearson 相关分析；最后，用 Process 插件进行中介效应检验。

三　结果

（一）共同方法偏差

由于本研究中所用数据均为同一批被试采用自我报告方法测查得出，为了防止出现共同方法偏差，利用 Harman 单因子检验法进行共同方法偏差检验（周浩、龙立荣，2004）。结果表明，第一个因子解释的变异量旋转后为 23.785%，小于 40% 的临界标准，说明共同方法偏差不显著。

（二）方差分析和相关分析

以性别、年级、所在学校流动儿童比例等人口学变量为分组变量，以各研究变量为因变量进行单因素方差分析，结果显示，在宽容、友谊质量、外化问题行为方面性别效应显著，效应值 η^2 分别为 0.4%、2.3%、2.5%，具体表现为女生的宽容、友谊质量得分显著高于男生（$F = 4.184$，$p < 0.05$；$F = 24.461$，$p < 0.001$），外化问题行为得分显著低于男生（$F = 26.573$，$p < 0.001$）；宽容（$F = 2.805$，$p < 0.05$）、友谊质量（$F = 12.388$，$p < 0.001$）、敌意归因（$F = 14.700$，$p < 0.001$）的年级效应显著，效应值 η^2 分别为 4.2%、3.5%、0.8%，总体上表现为高年级同学比低年级同学有更高的宽容水平、更高的友谊质量、更低的敌意归因水平；在学校类型上，只有在友谊质量上有显著差异（$F = 7.101$，$p < 0.05$），效应值 η^2 为 0.7%，具体表现为低流动儿童比例学校比高流动儿童比例学校的友谊质量更高（见表 1）。

表 1　各变量在性别、学校类型、年级上的方差分析

群体		宽容	友谊质量	敌意归因	外化问题行为
	N	$M \pm SD$	$M \pm SD$	$M \pm SD$	$M \pm SD$
男生	585	103.214 ± 19.600	56.062 ± 13.207	2.725 ± 3.598	35.952 ± 12.545
女生	435	105.660 ± 17.888	59.910 ± 10.950	2.370 ± 3.330	32.225 ± 9.701
F		4.184 *	24.461 ***	2.582	26.573 ***
η^2		0.004	0.023	0.108	0.025
高流动比例	414	104.215 ± 18.925	56.452 ± 12.878	2.705 ± 3.714	34.440 ± 12.097
低流动比例	606	104.286 ± 18.930	58.558 ± 12.055	2.484 ± 3.327	34.310 ± 11.192
F		0.454	7.101 *	0.003	0.031
η^2		0.953	0.007	0.319	0.861
三年级	251	98.052 ± 17.947	53.653 ± 12.879	3.051 ± 3.623	36.275 ± 12.276
四年级	299	104.438 ± 19.104	58.756 ± 12.283	2.578 ± 3.635	34.776 ± 11.604
五年级	192	105.890 ± 19.791	58.651 ± 11.895	2.526 ± 3.579	32.865 ± 10.967
六年级	277	108.501 ± 17.574	59.545 ± 11.796	2.169 ± 3.090	33.235 ± 11.046
F		2.805 *	12.388 ***	14.700 ***	1.000
η^2		0.042	0.035	0.008	0.004

注：* $p < 0.05$，** $p < 0.01$，*** $p < 0.001$。

　　将各研究变量进行 Pearson 相关分析。变量两两之间具有显著的相关性，具体表现为宽容与友谊质量呈显著正相关（$r = 0.431$，$p < 0.01$），外化问题行为与敌意归因之间呈现显著正相关（$r = 0.305$，$p < 0.01$）；宽容与敌意归因呈显著负相关（$r = -0.515$，$p < 0.01$）；宽容与外化问题行为（$r = -0.351$，$p < 0.01$）、友谊质量与敌意归因（$r = -0.122$，$p < 0.01$），以及外化问题行为与友谊质量（$r = -0.339$，$p < 0.01$）之间均呈显著负相关（见表2）。

表2　宽容、友谊质量、敌意归因、外化问题行为相关分析

	宽容	友谊质量	敌意归因	外化问题行为
宽容	1			
友谊质量	0.431 **	1		
敌意归因	-0.515 **	-0.122 **	1	
外化问题行为	-0.351 **	-0.339 **	0.305 **	1

注：$^{*} p < 0.05$，$^{**} p < 0.01$，$^{***} p < 0.001$。

（三）回归分析

　　采用 Process 中的模型6进行中介效应检验，以外化问题行为作为因变量，宽容作为自变量，友谊质量和敌意归因作为中介变量，由于性别因素对因变量外化问题行为具有显著的影响，故将性别作为控制变量，在95%置信区间进行回归分析和中介效应检验。

　　由表3可知，所有路径的系数均显著（$p < 0.001$），宽容影响友谊质量的路径系数为 0.279（$p < 0.001$）；宽容影响敌意归因的路径系数为 -0.105（$p < 0.001$）；友谊质量影响敌意归因的路径系数为 0.036（$p < 0.001$）；友谊质量影响外化问题行为的路径系数为 -0.162（$p < 0.001$）；敌意归因影响外化问题行为的路径系数为 0.391（$p < 0.001$）；宽容影响外化问题行为的路径系数为 -0.190（$p < 0.001$）。

表3　友谊质量、敌意归因对宽容与外化问题行为的回归分析

因变量	自变量	回归系数 β	SE	t	R	R^2
友谊质量	Constant	24.181	2.141	11.293 ***	0.449	0.202
	宽容	0.279	0.018	15.080 ***		
	性别	3.168	0.705	4.492 ***		

续表

因变量	自变量	回归系数 β	SE	t	R	R^2
敌意归因	Constant	11.759	0.606	19.394 ***	0.528	0.279
	宽容	−0.105	0.005	−19.236 ***		
	友谊质量	0.036	0.008	4.298 ***		
	性别	−0.237	0.190	−1.246		
外化问题行为	Constant	66.067	2.395	27.588 ***	0.503	0.253
	宽容	−0.190	0.022	−8.847 ***		
	友谊质量	−0.162	0.029	−5.682 ***		
	敌意归因	0.391	0.106	3.691 ***		
	性别	−2.501	0.642	−3.895 ***		

注：$^{*} p < 0.05$，$^{**} p < 0.01$，$^{***} p < 0.001$。

（四）中介效应检验

两个中介变量共同发挥的中介作用显著，置信区间（−0.113，−0.052）不包括 0，总中介效应的大小为 −0.082。由此，可以初步判断中介效应确实存在。各中介路径的效应值和中介效果量如表 4 所示，在两条中介路径中，友谊质量（−0.066，−0.027）和敌意归因（−0.067，−0.017）均发挥了显著的中介作用，中介效应大小分别为 0.045 和 −0.041。第三条中介路径，友谊质量和敌意归因共同的中介效应为 0.004，置信区间（0.001，0.008）。

此外，在中介效应检验的结果中，宽容对外化问题行为的直接效应同样显著，置信区间（−0.232，−0.148）不包括 0，这说明友谊质量和敌意归因在宽容和外化问题行为之间起到了部分中介作用，中介效应占总效应的 30.184%。

表 4　友谊质量、敌意归因对宽容与外化问题行为的中介效应检验

	路径	中介效应	置信区间（95%）	效应所占比例
直接效应	宽容→友谊质量→外化问题行为	−0.190	（−0.232，−0.148）	69.816%
中介效应		0.045	（−0.066，−0.027）	16.544%
	宽容→敌意归因→外化问题行为	−0.041	（−0.067，−0.017）	15.037%
	宽容→敌意归因→友谊→外化问题行为	0.004	（0.001，0.008）	1.434%

续表

路径	中介效应	置信区间（95%）	效应所占比例
总中介效应 总效应	−0.082 −0.272	（−0.113，−0.052） （−0.305，−0.239）	30.184%

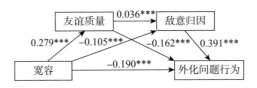

图 1　宽容影响外化问题行为的路径系数

四　讨论

（一）小学生宽容、友谊质量、外化问题行为、敌意归因的特点

本研究发现，小学生宽容、友谊质量、外化问题行为均存在显著的性别差异。这与以往研究发现一致，相对于男生，女生会表现出更高的宽容水平（张海霞、谷传华，2009），更高的友谊质量（Bowker & Rubin，2009）和更少的外化问题行为（李丹、宗利娟、刘俊升，2013；何珍、陈昱翀、黎月清，2017）。在宽容水平上的性别差异可通过社会期望的性别差异来解释，因为相较于男性，女性被更多的期待表现出宽容（张海霞、谷传华，2009）。在友谊质量上的性别差异主要与社交技能以及交往模式的性别差异有关，一方面，3~5 年级女生的社交技能水平显著优于男生，而良好的社交技能可以帮助个体获得更高质量的友谊（莫书亮等，2010）；另一方面，男生传统的"帮"式友谊，虽然可能会在友谊数量上占据优势，但是研究表明，相对于更多数量的朋友，较小的朋友圈子更能够增加关系亲密度（Poulin & Chan，2010），女生"小而精"的"对"式友谊质量更高。男生更高的外化问题行为水平与社会对男性孔武有力的传统性别角色期待以及男生在自我控制能力上显著低于女生有关（张萍等，2012）。

同时，宽容、友谊质量、敌意归因总体上均展现出随年级升高逐渐变得更好的发展趋势。宽容、友谊质量的年级效应与前人研究的结果相符（张海霞、谷传华，2009；徐敏、杨丽珠，2013）。而很少有研究提及敌意归因的年龄发展性特征。宽容、友谊质量、敌意归因的发展均与个体的共情能力有关。研究发现个体共情准确性，即正确感知他人情绪的能力在青春期迅速发展，青年时期达到顶峰，中年期开始下降（Kunzmann，Wieck，& Dietzel，2018）；且根据塞尔曼的儿童观点采择发展阶段理论，小学3年级至6年级学生的观点采择能力已从自我反省式发展阶段过渡到相互性角色采择阶段（徐敏、杨丽珠，2013）。因此，小学生更加能够从一个旁观角度客观的解释模糊情境中他人行为的原因，降低做出自我服务性认知扭曲的可能性，即减少敌意归因。

另外，本研究还发现，低流动儿童比例学校的学生比高流动儿童比例学校的学生有更高的友谊质量。以往研究也发现流动儿童的同伴接纳和友谊质量水平低于城市儿童（胡冰、张春妹、韩晓，2013）。这可能与流动儿童在城市适应过程中遇到的消极因素有关，例如抑郁、社交焦虑（袁晓娇等，2012），从而使流动儿童难以收获到稳定健康的友谊关系。

（二）　宽容对小学生外化问题行为具有抑制作用

本研究发现小学生的宽容对其外化问题行为具有显著的负向预测作用，假设1得到验证。宽容水平较高的儿童，一方面推己及人、理解他人的能力更高，更愿意在道德规范的约束下抑制自己可能给他人带来消极后果的不道德行为；另一方面也与宽容带来的积极心理状态有关，例如，李亮等（2017）针对5～11岁儿童良心水平与攻击性的研究发现小学生的宽容心能够显著负向预测外显攻击行为，因为宽容心能够帮助个体排解消极情绪，恢复心态平和。本研究对小学生宽容品质的关注，响应了积极青少年发展观（positive youth development，PYD）中关于关注青少年发展轨迹可塑性的呼吁（Damon，2004），着重关注在青少年发展过程中道德品格的积极作用，并发现了小学生的宽容品质对于外化问题行为这一消极道德行为的抑制作用，证实了个体稳定的道德品质对于道德行为具有调节作用。

（三）　友谊质量、敌意归因在宽容与小学生外化问题行为之间起到中介作用

本研究发现，小学生的宽容品质对外化问题行为不仅具有直接的影响作用，而且通过影响个体的外部人际因素（友谊质量）和个体内部因素（敌意归因）间接影响小学生的外化问题行为，研究假设2、假设3均得到验证。

宽容影响友谊质量进而抑制外化问题行为，证实了宽容对小学生重要人际关系具有促进作用，进而对外化问题行为具有间接抑制作用。宽容水平较高的个体更倾向于做出宽恕行为，在友谊关系遇到冲突时，采用宽容

作为一种解决冲突的积极策略，从而有利于友谊的修复与维持（Riek &
Mania，2012），同时，宽容也会因其表现出的理解他人、容忍冒犯等稳定
的亲社会取向，更易于建立高质的友谊，因此，宽容对友谊质量具有明显
促进作用。根据社会支持理论，较高的友谊质量及其带来的亲密感、陪伴
体验等支持感能够作为一种重要的社会支持资源减少压力给个体带来的不
良体验，进行积极的情绪调节，减少不良的适应性行为（傅王倩、张磊、
王达，2016；何珍等，2017），从而减少外化问题行为。因此，宽容水平
较高的个体能够收获到更高质量的友谊，从而在积极的人际关系中减少外
化问题行为发生的可能性。

本研究发现，宽容作为一种道德品质还能降低个体的敌意归因水平，
进而减少外化问题行为。这与利用归因理论解释宽恕与外化问题行为水平
之间关系的研究结论一致，即宽恕他人会通过建立对他人意图的外部归
因，减少对他人行为的负面反应，从而减少自身的外化问题行为（Van
Rensburg & Raubenheimer，2015）。有研究者通过实验的方式比较大学生采
用报复和宽恕对被冒犯后愤怒感的降低作用，结果发现，相比于报复，宽
恕能够更好地降低个体被冒犯后的愤怒感（陈晓、高辛、周晖，2017）。
故宽容作为一种道德品质，能够缓解个体被冒犯后的愤怒情绪，从而能够
更加客观地对他人的意图做出判断，降低敌意意图的可能性。依据社会信
息加工理论，个体对信息（尤其是原因）的编码、解释会影响他们的行
为，而在敌意归因的影响下，儿童会对敌意信息有更多的选择注意偏向
（周广东、冯丽姝，2014），从而产生更多的反应性攻击行为。由此可见，
宽容作为一种道德品质，能够促进个体降低敌意预期，将自身从敌对认知
中分离出来，从而降低如行为报复这样的外化问题行为的可能性。

有关友谊质量、敌意归因在小学生宽容与外化问题行为之间的中介作
用，拓展了社会支持和发展资源理论。这说明不仅外在的友谊质量作为小
学生重要的人际关系，可作为社会支持的来源，成为其发展的资源，起到
社会适应的保护作用；而且小学生内在的宽容品质也可以是个体内在的发
展资源，并且是更为重要的发展资源，能够有效提升个体的人际关系水
平，建构积极的社会认知，促进适应性的社会行为。这验证了我国关于道
德修养是良好人际关系和社会行为的根基的实践观点，凸显了对小学生进
行宽容品质培育的教育价值。

此外，本研究还发现，宽容还可以通过影响友谊质量，进而对敌意归
因产生影响，对外化问题行为起到链式中介作用。但是与假设 4 不相符的
是，友谊质量的提高，却会提升小学生的敌意归因水平（预测关系比较

弱）。这与前人发现的良好的社会支持可以通过改变个体的认知情绪评价，帮助个体采用积极认知情绪调节方式，从而调控个体的攻击性行为（何珍等，2017）的研究结论不一致。已有研究也发现良好的友谊质量会促进儿童的自尊发展（Antonopoulou，Chaidemenou，& Kouvava，2019），而自尊的提高又会降低个体出现敌意归因的可能性（李婕，2012），故从理论层面上来说，友谊质量应该会降低敌意归因。而在本研究中，友谊质量与敌意归因存在显著的负相关性，宽容会显著负向预测敌意归因，但在同时考虑宽容、友谊质量、敌意归因的关系时，宽容能够提升友谊质量，但友谊质量却能够微弱提升敌意归因水平，从而增加外化问题行为。原因可能在于，虽然目前普遍认为友谊对儿童积极心理适应具有保护作用，但这种积极作用可能也是存在边界的。已有少量研究发现，一方面，高质量友谊也会增加青少年的内化问题，如对于社交拒绝的愤怒和社交退缩的焦虑（Bowker & Rubin，2009），而诸如愤怒焦虑这样的消极情绪会加剧个体的认知偏差，使个体更难进行全面的信息搜集和编码，从而提高出现敌意归因的可能性；另一方面，研究表明，过高程度的朋友保护会给青少年带来即时的伤害和继时的抑郁症状，会干扰青少年调节情绪的能力，进而可能导致情绪的外化，即攻击他人（Etkin & Bowker，2018）。因此，可能宽容品质提升了友谊质量，同时也提升了人际敏感性，增加了对社交拒绝的焦虑，从而会一定程度的提高敌意归因水平。尤其是中国背景下的宽容与西方背景下的宽恕在本质上的一点不同在于，宽容不仅是对伤害行为的原谅，而且还包括了容忍的内涵，这虽然有利于人际和谐，但同时也可能不利于个体消极情绪的化解。这也启示我们友谊质量与敌意归因之间或许还存在一些重要的调节机制，而我国宽容的独特作用也需要进一步研究。

（四）启示与不足

本研究从道德品质与消极道德行为关系的角度出发，研究了小学生宽容品质对外化问题行为的抑制作用，证实了宽容作为一种积极道德品质，一方面会直接减少个体的消极道德行为；另一方面也会提高人际关系水平，或者减少个体内部消极认知，进而帮助个体调整约束消极道德行为，从而验证了中国传统文化中道德品质对于个体道德行为的调节和人际关系的维系具有重要作用的观点，拓展了道德人格的道德功能理论。

而且，童年期是儿童健康成长及问题行为矫治的关键时期，童年中期的外化问题行为对儿童自身及他人的社会适应具有即时且继时的负面影响（Janssens et al.，2015），对我国小学儿童来说，外化问题行为更是具有道德品性的负面意义，不仅被看作"问题"行为，而且可能被家长和老师看作"坏的"行为，因此，本研究关于宽容的道德功能的结论提示，从德育的角度出发，进行宽容品质的积极培养，对消极道德行为具有内源性抑制作用，从而为小学生宽容品质的德育实践奠定了理论基础。

本研究也对普通小学生外化问题行为的干预以及未成年人犯罪的预防和矫治具有一定的启示性。首先，针对小学生外化问题行为的干预可以从培育积极道德品质出发，秉持积极青少发展观，并充分相信青少年的能动性，让个体具有稳定内在的道德要求，从而对自己的道德行为做出规范性调节，而不仅仅是完全依靠社会环境的外源性约束。其次，在抑制消极道德行为的德育教育中，我们也要注意对儿童人际关系和认知的调节，帮助儿童获得良好的同伴关系和友谊体验，对儿童进行冲突教育，在教育过程中对儿童进行正确积极的归因训练，减少其对于模糊他人行为的敌意归因。

本研究存在一定的不足。首先，本研究对象主要为童年中期的个体，未来的研究可以进一步选取青少年考察宽容是否对外化问题行为具有抑制作用；此外，本研究所有的数据均采用自我报告的形式，虽然各量表都被证实信效度良好，但是并不能排除社会期许效应对结果精确性的影响。特别是在外化问题行为的测量上，可能会存在多主体报告的一致性不高而单一主体的报告形式皆存在局限性的问题：自我报告会有社会期许效应；教师、父母报告会受到社会文化评判标准的影响；同伴评定的解释率和准确性相比自我、教师、父母报告较高，但存在耗时费力的缺点（陈光辉、张文新、王姝琼，2009）。因此，未来的研究应该在测量形式上进一步改进，保证测量结果的准确率和测量过程的效率。最后，本研究仅考察了宽容品质对消极道德行为的约束作用，未涉及宽容道德品质对积极道德行为的促进作用，未来的研究可以从促进亲社会行为的角度出发，进一步考察宽容品质的道德功能以及促进亲社会行为与抑制不道德行为两者的关系。

参考文献

常淑敏、张丽娅、王玲晓，2019，《发展资源在减少青少年外化问题行为中的累积效应及关系模式》，《心理学报》第 11 期，第 1244 ~ 1255 页。

陈光辉、张文新、王姝琼，2009，《多主体评定青少年外化问题行为的一致性问题》，《心理学报》第 2 期，第 144 ~ 155 页。

陈晓、高辛、周晖，2017，《宽宏大量与睚眦必报：宽恕和报复对愤怒的降低作用》，《心理学报》第 2 期，第 241 ~ 252 页。

陈云祥、李若璇、刘翔平，2018，《父母心理控制，自主支持与青少年外化问题行为：控制动机的中介作用》，《中国临床心理学杂志》第 5 期，第 981～986 页。

池丽萍、辛自强，2003，《小学儿童问题行为、同伴关系与孤独感的特点及其关系》，《心理科学》第 5 期，第 790～794 页。

董爱琳，2019，《儒家"忠恕之道"思想的逻辑结构——基于"忠恕之道"的内涵诠释和困境分析》，《大学语文建设》第 18 期，第 32～35 页。

董卫国，2013，《忠恕之道思想内涵辨析》，《中国哲学史》第 3 期，第 37～43 页。

傅王倩、张磊、王达，2016，《初中留守儿童歧视知觉及其与问题行为的关系：社会支持的中介作用》，《中国特殊教育》第 1 期，第 44～49 页。

高政，2014，《宽容的概念分析与教育启示》，《清华大学教育研究》第 4 期，第 40～45 页。

何珍、陈昱翀、黎月清，2017，《社会支持，认知情绪调节策略对初中生攻击性行为的影响》，《中国健康心理学杂志》第 4 期，第 532～536 页。

胡冰、张春妹、韩晓，2013，《同伴关系对流动儿童心理适应的影响研究》，《中小学德育》第 12 期，第 23～27 页。

胡霜，2016，《宽容信念启动对受威胁后敌对性的影响》，博士学位论文，湖南：湖南师范大学。

焦丽颖、杨颖、许燕、高树青、张和云，2019，《中国人的善与恶：人格结构与内涵》，《心理学报》第 10 期，第 1128～1142 页。

李丹、宗利娟、刘俊升，2013，《外化行为问题与集体道德情绪，集体责任行为之关系：班级氛围的调节效应》，《心理学报》第 9 期，第 1015～1025 页。

李菁菁、窦凯、聂衍刚，2018，《亲子依恋与青少年外化问题行为：情绪调节自我效能感的中介作用》，《中国临床心理学杂志》第 6 期，第 1168～1172 页。

李静华、申田、郑涌，2012，《少年犯与普通中学生攻击敌意归因偏向分析》，《中国学校卫生》第 5 期，第 550～552 页。

李婕，2012，《小学高年级学生自尊、他人意图归因与同伴冲突解决策略的关系研究》，博士学位论文，内蒙古：内蒙古师范大学。

李亳、卞军凤、李迎、林佩佩、燕良轼，2017，《5－11 岁儿童良心水平与攻击性的关系. 学前教育研究》第 8 期，第 56～63 页。

李红、陈安涛，2003，《仁对中国人基本人格结构的影响》，《西南大学学报》（社会科学版）第2期，第 16～21 页。

李晓巍、邹泓、王莉，2009，《北京市公立学校与打工子弟学校流动儿童学校适应的比较研究》，《中国特殊教育》第 9 期，第 81～86 页。

林崇德，2015，《发展心理学》，北京：人民教育出版社，第 304～317 页。

刘玉娟、孟万金，2011，《中学生积极道德品质测评量表的编制研究》，《中国特殊教育》第 1 期，第 71～74 页。

马艳云，2010，《小学高年级学生积极心理品质培养研究》，《中国特殊教育》，第 11 期，第 24～28 页。

莫书亮、段蕾、金琼、孙葵、周宗奎，2010，《小学儿童的友谊质量：社会交往技能，心理理论和语言的影响》，《心理科学》第 2 期，第 353～356 页。

钱锦昕、余嘉元，2014，《中国传统文化视角下的宽容心理》，《江苏师范大学学报》（哲学社会科学版）第 2 期，第 149～153 页。

田菲菲、田录梅，2014，《亲子关系，朋友关系影响问题行为的 3 种模型》，《心理科学进展》第 6 期，第 968～976 页。

王登峰、崔红，2008，《中国人的人格特点（Ⅵ）：人际关系》，《心理学探新》第 4 期，第 41～45 页。

徐敏、杨丽珠，2013，《小学生友谊质量结构及其发展特点研究》，《心理学探新》第 4 期，第 361～367 页。

杨韵刚、基伦、斯梅塔娜，2011，《道德发展手册》，北京：教育科学出版社，第 631～632 页。

袁晓娇、方晓义、刘杨、蔺秀云，2012，《流动儿童压力应对方式与抑郁感，社交焦虑的关系：一项追踪研究》，《心理发展与教育》第 3 期，第 283～291 页。

张海霞、谷传华，2009，《宽恕与个体特征，环境事件的关系》，《心理科学进展》第 4 期，第 774～779 页。

张和云、赵欢欢、许燕，2018，《中国人善良人格的结构研究》，《心理学探新》第 3 期，第 221～227 页。

张萍、梁宗保、陈会昌、张光珍，2012，《2－11 岁儿童自我控制发展的稳定性与变化及其性别差异》，《心理发展与教育》第 5 期，第 463～470 页。

张一波、张卫、朱键军、喻承甫、陈圆圆、卢镇辉，2017，《社区暴力暴露与初中生外化问题行为的关系：一个有调节的中介模型》，《心理发展与教育》第 2 期，第 228～239 页。

张永欣、周宗奎、丁倩、魏华，2018，《班级同学关系与青少年外化问题行为：自尊和亲子亲合的作用》，《心理发展与教育》第 6 期，第 732～741 页。

周广东、冯丽姝，2014，《区分两类攻击行为：反应性与主动性攻击》，《心理发展与教育》第 1 期，第 105～111 页。

周浩、龙立荣，2004，《共同方法偏差的统计检验与控制方法》，《心理科学进展》第 6 期，第 942～950 页。

Antonopoulou, K., Chaidemenou, A., & Kouvava, S. (2019). Peer acceptance and friendships among primary school pupils: associations with loneliness, self-esteem and school engagement. *Educational Psychology in Practice*, 35 (3), 339 – 351.

Bowker, J. C., & Rubin, K. H. (2009). Self-consciousness, friendship quality, and adolescent internalizing problems. *British Journal of Developmental Psychology*, 27, 249 – 267.

Brook, D. W., Brook, J. S., Rubenstone, E., Zhang, C., & Saar, N. S. (2011). Developmental associations between externalizing behaviors, peer delinquency, drug use, perceived neighborhood crime, and violent behavior in urban communities. *Aggressive Behavior*, 37 (4), 349 – 361.

Cohen, T. R., & Morse, L. (2014). Moral character: What it is and what it does. *Research in Organizational Behavior*, 34, 43 – 61.

Crocetti, E., Klimstra, T., Hale, W., Koot, H., & Meeus, W. (2013). Impact of Early Adolescent Externalizing Problem Behaviors on Identity Development in Middle to

Late Adolescence: A Prospective 7-Year Longitudinal Study. *Journal of Youth & Adolescence*, 42 (11), 1745 – 1758.

Damon, W. (2004). What is positive youth development? *Annals of the American Academy of Political and Social Science*, 59 (1), 13 – 24.

Dodge, K. A., & Coie, J. D. (1987). Social-information-processing factors in reactive and proactive aggression in children's peer groups. *Journal of Personality & Social Psychology*, 53 (6), 1146 – 1158.

Etkin, R. G., & Bowker, J. C. (2018). Overprotection in Adolescent Friendships. *Merrill-Palmer Quarterly*, 64 (3), 347 – 375.

Frimer, Jeremy A., Schaefer, Nicola K., & Oakes, Harrison. (2014). Moral actor, selfish agent. *Journal of Personality & Social Psychology*, 106 (5), 790 – 802.

Gaertner, A. E., Fite, P. J. & Colder, C. R. (2010). Parenting and friendship quality as predictors of internalizing and externalizing symptoms in early adolescence. *Journal of Child & Family Studies*, 19 (1), 101 – 108.

Gomez, R., & Gomez, A. (2000). Perceived maternal control and support as predictors of hostile-biased attribution of intent and response selection in aggressive boys. *Aggressive Behavior*, 26 (2), 155 – 168.

Helmond, P., Overbeek, G., Brugman, D., & Gibbs, J. C. (2015). A meta-analysis on cognitive distortions and externalizing problem behavior: Associations, moderators, and treatment effectiveness. *Criminal Justice and Behavior*, 42 (3), 245 – 262.

Hui, E. K. P., Tsang, S. K. M., & Law, B. C. M. (2011). Combating school bullying through developmental guidance for positive youth development and promoting harmonious school culture. *The Scientific World Journal*, 11 (10), 2266 – 2277.

Janssens, A., Noortgate, W., Goossens, L., Verschueren, K., Colpin, H., Laet, S., Claes, S., & Leeuwen, K. (2015). Externalizing problem behavior in adolescence: Dopaminergic genes in interaction with peer acceptance and rejection. *Journal of Youth & Adolescence*, 44 (7), 1441 – 1456.

Jessor, R. (1987). Problem-behavior theory, psychosocial development, and adolescent-problem drinking. *British Journal of Addiction*, 82 (4), 331 – 342.

Karremans, J. C., & Van, L. P. M. (2004). Back to caring after being hurt: The role of forgiveness. *European Journal of Social Psychology*, 34 (2), 207 – 227.

Kunzmann, U., Wieck, C., & Dietzel, C. (2018). Empathic accuracy: Age differences from adolescence into middle adulthood. *Cognition & Emotion*, 32 (8), 1611 – 1624.

Lafontana, K. M., & Cillessen, A. H. N. (2010). Developmental changes in the priority of perceived status in childhood and adolescence. *Social Development*, 19 (1), 130 – 147.

Moylan, C. A., Herrenkohl, T. I., Sousa, C., Tajima, E. A., Herrenkohl, R. C., & Russo, M. J. (2010). The effects of child abuse and exposure to domestic violence on adolescent internalizing and externalizing behavior problems. *Journal of Family Violence*, 25 (1), 53 – 63.

Olivier, E., Morin, A. J. S., Langlois, J., Tardif-Grenier, K., & Archambault, I. (2020).

Internalizing and externalizing behavior problems and student engagement in elementary and secondary school students. *Journal of Youth and Adolescence.* 49 (11), 2327 – 2346.

Park, J. H. , Enright, R. D. , Essex, M. J. , Zahn-Waxler, C. , & Klatt, J. S. (2013). Forgiveness intervention for female south korean adolescent aggressive victims. *Journal of Applied Developmental Psychology*, 34 (6), 268 – 276.

Parker, J. G. , & Asher, S. R. (1993). Friendship and friendship quality in middle childhood: links with peer group acceptance and feelings of loneliness and social dissatisfaction. *Developmental Psychology*, 29, 611 – 621.

Poulin, F. , & Chan, A. (2010). Friendship stability and change in childhood and adolescence. *Developmental Review*, 30 (3), 257 – 272.

Racz, S. , Putnick, D. , Suwalsky, J. , Hendricks, C. , & Bornstein, M. (2017). Cognitive abilities, social adaptation, and externalizing behavior problems in childhood and adolescence: Specific cascade effects across development. *Journal of Youth & Adolescence*, 46 (8), 1688 – 1701.

Riek, B. M. , & Mania, E. W. (2012). The antecedents and consequences of interpersonal forgiveness: A meta-analytic review. *Personal Relationships*, 19 (2), 304 – 325.

Salvas Marie-Claude, Vitaro Frank, Brendgen Mara, & Cantin Stéphane. (2016). Prospective links between friendship and early physical aggression: Preliminary evidence supporting the role of friendship quality through a dyadic intervention. *Merrill-Palmer Quarterly*, 62 (3), 285.

Song, J. H. , Waller, R. , Hyde, L. W. , & Olson, S. L. (2016). Early callous-unemotional behavior, theory-of-mind, and a fearful/inhibited temperament predict externalizing problems in middle and late childhood. *Journal of Abnormal Child Psychology*, 44 (6), 1205 – 1215.

Van Rensburg, E. J. , & Raubenheimer, J. (2015). Does forgiveness mediate the impact of school bullying on adolescent mental health? *Journal of Child and Adolescent Ment Health*, 27 (1), 25 – 39.

White, R. , & Renk, K. (2012). Externalizing behavior problems during adolescence: An ecological perspective. *Journal of Child & Family Studies*, 21 (1), 158 – 171.

Wong, M. S. , Chen, X. , & McElwain, N. L. (2019). Emotion understanding and maternal sensitivity as protective factors against hostile attribution bias in anger-prone children. *Social Development*, 28 (1), 41 – 56.

Xing, X. , Wang, M. , Zhang, Q. , He, X. , & Zhang, W. (2011). Gender differences in the reciprocal relationshipsbetween parental physical aggression and children's externalizing problem behavior in China. *Journal of Family Psychology*, 25 (5), 699 – 708.

《中国社会心理学评论》　第 21 辑
第 83～98 页
© SSAP，2021

人心秩序：敬畏特质及其对腐败行为
意向的抑制效应[*]

赵欢欢　　张和云　　许　燕[**]

摘　要： 敬畏特质是一种"人心秩序"，是具有积极力量的心理品质。本研究通过两个子研究探索了敬畏特质对腐败行为意向的影响。研究 1 采用问卷测量法，结果发现，敬畏特质与腐败行为意向呈显著负相关；研究 2 通过组合句子任务，启动被试的敬畏特质相关概念，结果发现，敬畏特质启动组被试的腐败行为意向显著低于控制组。研究表明，敬畏特质对腐败行为意向具有显著的抑制效应，能够有效降低个体的腐败行为意向。研究结果符合中国文化中"心存敬畏之心，方能行有所止"的敬畏思想，对"敬畏之心"的培养和腐败行为的减少具有一定的理论与实践意义。

关键词： 敬畏　敬畏特质　腐败行为意向

一　引言

随着改革开放的不断深入和市场经济的快速发展，人们置身于越来越复杂的社会环境，博弈无处不在，契机也如影随形，而取与舍、得与失如

[*]　本文得到教育部人文社会科学研究青年基金项目（19YJC190032）、上海市哲学社会科学规划教育学青年项目（B1804）以及国家自然科学基金面上项目（31671160）的资助。

[**]　赵欢欢，上海师范大学教育学院心理学系副教授。通讯作者：张和云，上海师范大学教育学院心理学系副教授，E-mail：hyzhang2013@ mail. bnu. edu. cn；许燕，北京师范大学心理学部教授，E-mail：xuyan@ bnu. edu. cn。

何平衡，如何在利益和诱惑面前权衡自我利益与他人利益、个人利益与集体利益，从而做出"恰当而得体"的决策，成为人们关注的问题。

苏轼曰："物必先腐也，而后虫生之。"缺乏敬畏之心，可能是导致现代社会道德滑坡、诚信缺失、利益至上、腐败成风的一个重要原因（刘文剑，2016；苗贵云，2011）。随着现代社会信息化的发展，以及世界各国多元文化思想的影响，处于社会转型时期的人们在价值体系、思想观念、行为方式上发生了明显的变化，这种转化和发展在带来进步的同时，也导致当前社会面临着敬畏普遍缺失的局面（周营军，2010）。敬畏基础的坍塌、敬畏对象的抛弃，迫使敬畏从台前转向幕后，享乐主义、拜金主义、功利主义等价值观的潜滋暗长，严重侵蚀着人们的精神世界，人们的敬畏之心成了无根的浮萍，随之而来的是由此产生的诸多社会问题（苗贵云，2011）。因此，唤醒和重塑社会公民的敬畏之心，充分发挥敬畏的积极心理与社会功能是迫切需要探究的议题。

（一）敬畏特质

敬畏是一种"人心秩序"，是具有积极力量的心理品质（Peterson & Seligman, 2004），是一种自我超越的情感（Algoe & Haidt, 2009；Van Cappellen & Saroglou, 2012；Van Cappellen, Saroglou, Iweins, Piovesana, & Fredrickson, 2013）。Keltner 和 Haidt（2003）基于原型模型，认为敬畏是当个体面对浩大的、超越个体当前认知框架的事物或情境（例如，自然奇观）时产生的惊异的情绪体验，包含知觉到的浩大和顺应的需要两个核心特征，从状态变异性的角度将敬畏视为一种基于具体情境的、此时此刻产生的知、情、意相交融的状态体验（Bonner & Friedman, 2011；Keltner & Haidt, 2003；Shiota, Campos, & Keltner, 2003；朱贻庭，2011）。在《现代汉语词典（第 7 版）》中，敬畏是"敬"和"畏"的复合词，指既敬重又畏惧，同时包含了"敬"和"畏"的双重内涵。有研究者指出，敬畏并不只是情绪情感的简单叠加，真正的敬畏是一种脱离具体情境的、内化的、人格化的心理品质（苗贵云，2011）。在中国古代，儒家学派创始人孔子把人是否具有敬畏品质作为区分"君子"和"小人"的重要标准之一（钱广荣，2015），其在《论语·季氏》中曾言，"君子有三畏：畏天命，畏大人，畏圣人之言。小人不知天命而不畏也，狎大人，侮圣人之言"。从人格特质的角度理解敬畏，有助于把握人们共同拥有的心理结构。赵欢欢、许燕和张和云（2019）基于人格词汇学假设，从个体差异性的角度将敬畏视为个体的一种相对稳定的、持久的和内隐的人格特质，认为敬畏特质是个体一贯的"常怀敬畏之心"的倾向，包括谨慎、尊重、谦卑和欣赏四种子人格品质，蕴含着处事谨慎、坚持原则、对人尊重、待人平等、为人谦卑、懂得欣赏等。具有敬畏特质的个体倾向在各种情境中更容易、更频繁、更强烈地产生和体验到敬畏，敬畏特质在具体的情境中以敬畏状态的形式表现出来。

近年来，随着积极心理学的发展，充分发挥积极心理品质的心理与社会功能，深入探索其对行为的影响已经成为一个重要的研究趋势。研究认为，敬畏具有自我超越性（Keltner & Haidt，2003），在引导和塑造个人行为、维持社会稳定、促进社会和谐发展方面发挥着重要的作用。例如，研究发现，敬畏不仅有助于转换和重新定位个体的生活目标与价值观（Jeffry & Andresen，1999），降低对自我的关注（Bai et al.，2017；Piff，Dietze，Feinberg，Stancato，& Keltner，2015；Stellar et al.，2018），增强与他人的联结感（Bai et al.，2017；Van Cappellen & Saroglou，2012），而且有利于提高个体的主观幸福感（Gordon et al.，2016；Rudd et al.，2012；Van Cappellen，Toth-Gauthier，Saroglou，& Fredrickson，2016；Zhao，Zhang，Xu，He，& Lu，2019；董蕊，2016），降低人们对金钱的渴望（Jiang，Yin，Mei，Zhu，& Zhou，2018），抵消世俗物质主义环境给人们造成的消极影响（Curtin，2005），促进亲社会行为的产生，同时维持不同社会阶层之间的团结和稳定（Piff et al.，2015；Prade & Saroglou，2016；Rudd et al.，2012；Stellar et al.，2017；Zhao，Zhang，Xu，Lu，& He，2018；Keltner & Haidt，2003）。总结发现，目前关于敬畏心理效应的研究主要集中在敬畏的积极趋近效应方面，但对敬畏的积极抑制效应的探索有待丰富。因此，本研究将以腐败行为作为切入点，通过探讨敬畏特质对腐败行为意向的影响，对敬畏特质的积极抑制效应在现实中的应用提供实证性支持。

（二）敬畏特质与腐败行为

腐败行为是一种不道德的、利益至上的越轨行为，具有交换性、违反规范、滥用权力和隐蔽性的特点（Rabl & Kuhlmann，2008），是个体尤其是掌权的个体破坏法律和道德规范、滥用委托权力和公共资源、以他人和集体利益为代价牟取私人利益的行为，给社会发展和政治稳定造成了不良的影响（Mo，2001；Rabl & Kuhlmann，2008；Zhao，Zhang，& Xu，2016，2019a，2019b）。研究表明，腐败严重减缓了经济增长的速度（Ahmad，Ullah，& Arfeen，2012），阻碍了资本的自由流动（Podobnik，Shao，Njavro，Ivanov，& Stanley，2008），造成了社会资源的分配不均（Chang & Chu，2006），扩大了收入的不平等（Alesina & Angeletos，2005），降低了人们的生活满意度和主观幸福感,破坏了制度信任 (Tay, Herian, & Diener, 2014; Wu & Zhu, 2016) 和人际信任 (Banerjee, 2016),增加了社会的运行成本。因此,深入探索导致腐败行为发生的原因,并采取相应的反腐措施,以减少腐败行为的产生显得尤为重要。中国目前的反腐败工作如火如荼,虽然严厉惩罚等"硬"措施的实施会给反腐败工作带来立竿见影的效果,但是敬畏之心等"软"力量的培养则可能对抑制腐败有着绵长持久的效果。

研究者 Piff 等 (2015) 通过一系列研究发现,敬畏之所以能够促进亲社会行为和道德行为的产生,是由于其促使个体产生自我渺小认知,减少对自我和自我利益的关注,转而对周围他人和更大社会实体的关注。腐败行为是个体仅关心和追求自身利益、为了自我利益而牺牲他人利益,将个人利益凌驾于他人利益之上的行为 (Rabl & Kuhlmann, 2008),是一种与亲社会行为作用后效相反的社会行为。当个体放弃个人私利转而关心他人利益时,腐败行为可能会随之减少。敬畏通过降低个体对自我利益的关注,从而可能促使个体表现出更少的自私自利行为和更多的道德规范行为。Zhao 等 (2018) 通过实验考察敬畏对环保行为的影响发现,敬畏能够增强个体为保护环境而牺牲个人利益的意愿;Ibaneza、Moureaub 和 Roussel (2017) 的研究也发现,在独裁者游戏中,敬畏能够提高个体捐赠给环保组织的金钱额度。Boer 和 Fischer (2013) 基于道德基础理论对人类价值观进行探讨的研究也指出,自我超越性质的积极情感通常与涉及公平、公正、平等的行为密切相关,敬畏的自我超越属性与关注自身权力和成就的自我增强价值取向具有相反的心理效应。由此,敬畏特质的积极自我超越性可能使其与腐败行为存在着负向关系。本研究提出假设,敬畏特质对个体的腐败行为意向具有抑制效应,可以减少腐败行为的产生。

二 研究 1: 敬畏特质与腐败行为意向的关系

(一) 被试

通过在线数据调查平台 Qualtrics 招募参加工作的社会被试 673 名,剔除甄别题没有通过的 36 名被试,得到有效被试 637 名(男性 189 名,女性 448 名),平均年龄 26.37 ± 6.49 岁,年龄范围 18 ~ 60 岁。其中,受教育水平方面,12.20% 为高中及以下学历,12.60% 为专科学历,48.20% 为本科学历,27.00% 为研究生学历;月工资水平方面,10.20% 为 2000 元及以下,36.30% 为 2001 ~ 5000 元,34.70% 为 5001 ~ 8000 元,18.40% 为

8001～20000 元，0.50% 为 20001 元及以上；宗教信仰方面，10.50% 有宗教信仰，89.50% 无宗教信仰。

（二）研究工具

1. 敬畏特质量表

研究采用自编的敬畏特质量表，该量表基于人格词汇学假设，共21 个项目，包括谨慎（例如，"通常都能够严格约束自己的行为"）、尊重（例如，"常能一视同仁地尊重不同职业的人"）、谦卑（例如，"常以谦卑的心态对待周围的人和事"）和欣赏（例如，"常能敏锐地觉察生活中的美好〔美景、美德、才能等〕"）四个维度。采用 5 点计分（1 = 非常不符合，5 = 非常符合），得分越高，表示被试的敬畏特质水平越高。

在前期研究中，研究者基于人格词汇学假设，对中国人敬畏特质的心理结构进行了探索。通过文献分析、专家访谈、开放式和半开放式问卷调查，并依次进行项目分析、探索性因素分析、验证性因素分析和信效度检验，编制了包含 24 个词的敬畏特质词汇评定问卷（赵欢欢、许燕、张和云，2019）。在此基础上，研究者进一步检验和验证敬畏特质的心理结构，参考王登峰和崔红（2005）编制中国人人格量表的方法，初步编制敬畏特质量表，并通过项目分析、探索性因素分析、验证性因素分析和信效度检验，最终得到由 21 个项目组成的敬畏特质量表。验证性因素分析表明，$\chi^2/df = 2.67$，CFI = 0.93，IFI = 0.93，RMSEA = 0.05；总量表及各维度的内部一致性系数为 0.78～0.91；总量表与各维度（0.74～0.78）及各维度间（0.39～0.56）显著相关；总量表和各维度与效标显著相关（0.38～0.78）；总量表及各维度的重测信度为 0.77～0.89。

本研究中，该量表的总体 Cronbach's α 系数为 0.91，四个维度的 Cronbach's α 系数为 0.77～0.82，验证性因素分析表明，$\chi^2/df - 2.42$，CFI = 0.95，IFI = 0.95，RMSEA = 0.05。

2. 腐败行为意向量表

研究对 Leong 和 Lin（2009）编制的腐败行为意向量表进行改编后测量被试的腐败行为意向。该量表共 14 个项目，例如，"如果我是一名政府官员，我也会出现受贿行为"，采用 7 点计分（1 = 完全不同意，7 = 完全同意），得分越高，表示被试的腐败行为意向越强。本研究中，量表的 Cronbach's α 系数为 0.81，验证性因素分析表明，$\chi^2/df = 5.02$，CFI = 0.91，IFI = 0.91，RMSEA = 0.08。

3. 社会赞许性量表

研究采用简短社会赞许性量表,在 Schuessler、Hittle 和 Cardascia (1978) 编制的社会赞许性量表中随机选取 6 个项目,例如,"我发现我可以通过很多途径帮助别人",采用 5 点计分(1 = 完全不同意,5 = 完全同意)。本研究中,该量表的 Cronbach's α 系数为 0.82。

已有研究表明,性别、年龄、受教育水平、月工资水平等人口学变量与社会赞许性影响个体的腐败行为(Zhao,Zhang,& Xu,2016;2019a;2019b);宗教信仰对个体的敬畏体验与道德判断均产生影响(Preston & Shin,2017;Walker,Smither,& DeBode,2012)。因此,本研究将这些变量作为控制变量,以考察敬畏特质对腐败行为意向的独立效应。

(三) 结果

1. 共同方法偏差检验

本研究采用 Harman 的单因素检验对共同方法偏差进行检验(Podsakoff,MacKenzie,Lee,& Podsakoff,2003)。结果发现,旋转和未旋转后均得到 7 个因子的特征根大于 1,并且未旋转时第一个公因子的解释变异量为 9.47%,旋转时该因子的解释变异量为 4.32%,均小于 40% 临界值的判断标准,表明本研究并不存在明显的共同方法偏差。

2. 描述和相关分析

如表 1 所示,相关分析结果表明,敬畏特质与个体的腐败行为意向呈显著负相关($r = -0.41$,$p < 0.001$)。

表 1　各变量描述统计与相关分析结果

变量	M	SD	1	2	3	4	5	6	7	8
1 性别	0.70	0.46	1							
2 年龄	26.37	6.49	-0.24***	1						
3 受教育水平	2.90	0.94	0.09*	-0.11**	1					
4 工资水平	2.63	0.91	-0.14***	0.19***	0.11**	1				
5 宗教信仰	0.11	0.31	-0.01	-0.01	-0.09*	0.01	1			
6 社会赞许性	3.66	0.85	0.11**	-0.04	0.03	-0.02	0.05	1		
7 敬畏特质	3.91	0.51	0.07	0.11**	0.05	0.09*	-0.01	0.18***	1	
8 腐败行为意向	3.31	0.82	-0.09*	0.08*	-0.08	-0.04	-0.04	-0.11**	-0.41***	1

注:* $p < 0.05$,** $p < 0.01$,*** $p < 0.001$;性别(0 = 男,1 = 女);受教育水平(1 = 高中及以下学历,2 = 专科学历,3 = 本科学历,4 = 研究生学历);月工资水平(1 = 2000 元及以下,2 = 2001 ~ 5000 元,3 = 5001 ~ 8000 元,4 = 8001 ~ 20000 元,5 = 20001 元及以上);宗教信仰(0 = 无,1 = 有),下同。

3. 敬畏特质与腐败行为意向的关系

研究采用分层回归分析方法分析了敬畏特质对腐败行为意向的预测作用，如表 2 所示。第一层纳入控制变量，第二层纳入敬畏特质。结果发现，敬畏特质显著负向预测被试的腐败行为意向 $\beta = -0.42$，$SE = 0.04$，$F(7, 629) = 21.47$，$p < 0.001$，95% CI 为 $[-0.50, -0.33]$，本研究的假设得到验证。

表 2　敬畏特质对腐败行为意向的层次回归分析结果

变量	模型 1			模型 2		
	β	t	95% CI	β	t	95% CI
第一步：控制变量						
性别	-0.06	-1.56	[-0.15, 0.02]	-0.03	-0.73	[-0.11, 0.05]
年龄	0.07	1.63	[-0.01, 0.14]	0.12 **	3.11 **	[0.04, 0.19]
教育水平	-0.06	-1.49	[-0.14, 0.02]	-0.04	-1.20	[-0.12, 0.03]
工资水平	-0.05	-1.29	[-0.13, 0.03]	-0.02	-0.50	[-0.09, 0.06]
宗教信仰	-0.04	-0.91	[-0.11, 0.04]	-0.04	-1.06	[-0.11, 0.03]
社会赞许性	-0.10 *	-2.40 *	[-0.21, -0.02]	-0.02	-0.61	[-0.13, 0.08]
第二步：自变量						
敬畏特质				-0.42 ***	-11.30 ***	[-0.50, -0.33]

注：$^{*} p < 0.05$，$^{**} p < 0.01$，$^{***} p < 0.001$。

（四）讨论

本研究的结果表明，敬畏特质与腐败行为意向之间存在显著的负相关，敬畏特质显著负向预测个体的腐败行为意向，验证了研究假设。腐败行为是一种漠视他人并以损害他人利益为代价谋取自身利益的不道德行为，破坏了平等与公平，违反了基本的道德原则（Alesina & Angeletos，2005；Rabl & Kuhlmann，2008；Zhao, Zhang, & Xu, 2016），而敬畏特质作为个体的一种相对稳定持久的人格特质，是一种"人心秩序"，其能够促使个体进行自我约束，有所尊崇。敬畏特质较高的个体，其相应不道德的腐败行为意向相对较低。

虽然本研究的结果在一定程度上支持了研究假设，但不可否认的是，在探索敬畏特质与腐败行为意向的关系时仍存在一定的局限性。本研究采用的是问卷测量法，检验了敬畏特质与腐败行为意向之间的负向相关，但尚不能为两个变量之间的因果关系提供有力的证据。因此，研究 2 将采用敬畏特质词汇启动被试的敬畏特质相关概念，并运用不同的腐败假设情境测量被试的腐败行为意向，进一步检验和验证敬畏特质与腐败行为意向之间的关系。

三　研究 2：敬畏特质启动对腐败行为意向的影响

研究者 Bargh、Chen 和 Burrows（1996）提出社会行为的信息激活效应，认为启动被试的相关积极或消极特质概念、刻板印象、价值观念等会对个体的社会认知与行为产生影响，这一效应和研究范式已在诸多研究中得到验证与应用（Bargh et al., 1996；Bargh, Gollwitzer, Lee-Chai, Barndollar, & Trötschel, 2001；Higgins, Rholes, & Jones, 1977；迟毓凯，2005；李谷、周晖、丁如一，2013）。例如，Bargh 等（2001）的研究通过组合句子任务，启动被试合作特质的相关概念，结果发现，合作特质相关概念的启动有效促进了个体在社会两难任务中的合作行为；李谷等（2013）的研究也发现，在正性特质概念启动条件下，被试愿意捐款的数目显著高于负性特质概念启动和中性启动条件，并且被试作弊的严重程度也显著低于负性特质概念启动和中性启动条件。因此，本研究在上述研究的基础上，借鉴相关的研究范式与测量方法，通过敬畏特质词汇启动被试的敬畏特质，进一步考察敬畏特质与腐败行为意向之间的关系。

（一）　被试

招募参加工作的社会被试 178 名，剔除没有完成实验任务的 19 名被试和甄别题没有通过的 7 名被试，得到有效被试 152 名（男性 62 名，女性 90 名），平均年龄 29.54 ± 5.78 岁，年龄范围 22 ~ 49 岁。其中，受教育水平方面，15.80% 为高中及以下学历，19.70% 为专科学历，57.90% 为本科学历，6.60% 为研究生学历；月工资水平方面，7.20% 为 2000 元及以下，27.60% 为 2001 ~ 5000 元，29.60% 为 5001 ~ 8000 元，27.00% 为 8001 ~ 20000 元，8.60% 为 20001 元及以上；宗教信仰方面，18.40% 有宗教信仰，81.60% 无宗教信仰。

（二）　实验设计和程序

采用单因素完全随机实验设计，自变量为敬畏特质的启动情况（启动组和控制组），因变量为通过腐败假设情境测量的腐败行为意向。

正式实验之前，向被试说明实验内容要严格保密，实验结果仅供学术研究使用，要求被试根据指导语并按照自己的真实情况认真、独立作答，主试为经过严格培训的心理学研究生。

首先，将被试随机分配到两种实验条件，其中，启动组 77 名被试，控制组 75 名被试。在每种实验条件下，均告知被试完成一个语言理解测验。相应的指导语如下。

请您根据下列每个题目所提供的 5 个词，选择其中的 4 个词组成一个符合语法的句子，并将其填写在下面的相应方框内。

Srull 和 Wyer（1979）通过组合句子任务启动被试的相关特质已在诸多研究中应用（Bargh et al.，2001；Rudd et al.，2012；迟毓凯，2005；李谷等，2013）。本研究在以往研究的基础上对组合句子任务的内容进行改编以适应本研究的需要。

在本研究中，每个条件下的组合句子任务均有 20 个项目，每个项目包含 5 个顺序混乱的词或者短语，然后让被试选择其中的 4 个词组成一个符合语法的句子，例如，"碧蓝的、万里、天空、闪闪的、乌云"，被试可以根据这 5 个词组成句子"碧蓝的天空万里乌云"。其中，在启动条件下，20 个项目中有 13 个项目包含敬畏特质词汇，例如，"严谨的、他、人、她的、是个"，如果被试至少有 10 个相应的句子组合正确，则认为启动成功，其余 7 个项目所包含的词均是中性的；在控制组条件下，20 个项目均是与敬畏特质无关的中性词，例如，远方、椭圆的、行人等，控制组的中性词改编自迟毓凯（2005）的研究。

其次，启动任务之后，被试依次完成腐败行为意向和社会赞许性量表，并填写人口统计学信息。

最后，对被试表示感谢，并询问被试是否猜测到实验目的以及各个任务之间的联系。所有被试表示"不清楚各实验任务之间关系""感觉似乎没有关系"，表明被试均未猜到前后任务之间的联系和总体的实验目的。整个实验过程持续大约 15 分钟。

（三）实验材料

1. 敬畏特质词汇

研究中组合句子任务所采用的启动敬畏特质的词汇来自前期研究探索的中国人敬畏特质词汇评定问卷（赵欢欢、许燕、张和云，2019），根据词汇学假设，经过一系列的访谈、调查、探索与验证得出 24 个敬畏特质词，从中选择 13 个组成启动任务中的敬畏特质词汇。

这 13 个词需符合以下条件：第一，相对比较容易组合成句子；第二，敬畏特质心理结构的四个维度均有所体现；第三，在前期探索的敬畏特质词汇评定表中得分较高。基于上述标准选择的词是：自我约束的、严谨的、谨言慎行的、三思而后行的、脚踏实地的、有原则的、尊重他人的、彬彬有礼的、孝顺的、正直的、谦逊的、有自知之明的、懂得欣赏他人的。

2. 腐败行为意向

研究采用三个腐败假设情境测量被试的腐败行为意向（Zhao，Zhang & Xu，2016；2019a；2019b），要求被试阅读并设身处地地回答问题。假设情境的例子如下。

假设您是某县交警大队队长，有位违反交通规则的车主来请您帮忙，希望能减轻对自己的处罚，并承诺愿意为此在私下里给您一笔非常可观的报酬。如果您帮助了这位车主，那么，他受到严重处罚的可能性就会大大降低。但同时，您知道帮助车主减轻处罚并私下收钱的行为属于违规行为。

阅读完情境之后，被试采用 7 点计分（1 = 完全不可能，7 = 完全可能）回答两个问题，"1. 请想象，在这个情境中，假设您是该县交警大队队长，您帮助这位车主的可能性有多大"和"2. 请想象，在这种情况下，您接受该车主私下支付报酬的可能性有多大"。腐败行为意向指标由这两个问题的得分平均值构成，得分越高，表示被试的腐败行为意向越高。本研究中，腐败行为意向的 Cronbach's α 系数为 0.87。

3. 控制变量

与研究 1 相同，本研究也将被试的性别、年龄、受教育水平、工资水平、宗教信仰和社会赞许性作为控制变量。本研究中，社会赞许性量表的 Cronbach's α 系数为 0.76。

（四）结果

两种实验条件下被试的腐败行为意向如表 3 所示。启动组和控制组被试的性别、年龄、受教育水平、工资水平和社会赞许性均不存在显著差异（$p > 0.05$）。

表 3　描述统计和差异分析结果

变量	启动组（N = 77）		控制组（N = 75）		t	Cohen's d
	M	SD	M	SD		
性别	0.64	0.48	0.55	0.50	1.12	0.18
年龄	29.61	6.32	29.47	5.22	0.15	0.02
受教育水平	2.53	0.84	2.57	0.84	-0.30	-0.05
工资水平	3.05	1.11	2.99	1.07	0.37	0.06
宗教信仰	0.19	0.40	0.17	0.38	0.34	0.05
社会赞许性	3.65	0.96	3.67	0.85	-0.16	-0.03
腐败行为意向	2.10	1.04	2.60	1.43	-2.49*	-0.41

注：* $p < 0.05$。

结果显示，在敬畏特质相关概念的启动条件下，被试的腐败行为意向显著低于控制组被试，$t(150) = -2.49$，$p < 0.05$，Cohen's $d = -0.41$。该实验结果进一步证实了研究假设，即敬畏特质对腐败行为意向具有抑制效应。

（五）讨论

本研究通过组合句子任务，启动被试敬畏特质方面的相关概念，探讨个体的敬畏特质对其腐败行为意向的作用。结果发现，敬畏特质相关概念启动组被试的腐败行为意向显著低于中性概念启动组的被试，研究结果验证了研究假设，本研究为敬畏特质与腐败行为意向之间的因果关系提供了有力的支持。

四　讨论与结论

本研究从个体差异性的角度出发，将敬畏视为一种相对稳定的、持久的和内隐的人格特质，通过两个子研究探索敬畏特质对腐败行为意向的抑制效应。无论是研究 1 采用敬畏特质量表的相关研究法，抑或研究 2 采用敬畏特质概念激活的实验启动法，结果均表明敬畏特质显著负向预测个体的腐败行为意向。敬畏是一种由外在引发而转化为内在的"人心秩序"，能够有效降低个体的腐败行为意向。

敬畏特质作为一种具有积极力量的心理品质，包括谨慎、尊重、谦卑和欣赏四种子人格特质，敬畏特质水平高的个体，常常表现出谨慎行事、

尊重他人、谦卑为人、欣赏他人，而腐败行为意向作为腐败行为的倾向性
表现，是一种漠视他人并以损害他人利益为代价谋取自身利益的不道德行
为意向（Alesina & Angeletos，2005；Rabl & Kuhlmann，2008；Zhao，
Zhang & Xu，2016，2019a，2019b），敬畏特质对这种不道德的行为意向具
有长效的抑制效应。研究结果为敬畏特质与腐败行为之间的关系提供了实
证性研究支持，也体现中国文化中"心存敬畏之心，方能行有所止"的敬
畏思想。明朝思想家吕坤曾在《呻吟语》中谈道："畏则不敢肆而德以成，
无畏则从其所欲而及于祸"；思想家方孝孺在《方孝孺·家人箴十五首有
序》中曾言："有所畏者，其家必齐；无所畏者，必怠其暌""凡善怕者，
必身有所正，言有所规，行有所止，偶有逾矩，亦不出大格"。敬畏是人
内心的自我约束，有所敬畏，才不会为所欲为。对敬畏的探索，可以为中
国社会目前的反腐败工作提供不可或缺的思想元素。

　　明代大思想家王守仁在《传习录》中曾言，"种树者必培其根，种德
者必养其心"，除了在"不敢腐"的严惩机制和"不能腐"的制度机制建
设阶段制定一系列的反腐败方针和政策等外在"硬"措施，反腐倡廉工作
也需加强个体内在"软"措施的建设，在人们的心中建立起自我内在的监
控系统，严惩和制度是一种外在的监控系统，而高度严密和复杂的制度又
会在一定程度上降低管理的效率，增加制度运行的成本（North，1990）。
建立个体内在的自我监控系统，促使个体从"被动不腐"到"主动廉洁"，
有助于实现真正的"不想腐"，也有助于减少和杜绝腐败行为。"不想腐"
的关键在于"治心"，培养"敬畏之心"的过程，实质上是助力"不想
腐"的落实过程。开展人格教育不失为一种培养敬畏特质的良好途径，可
以将敬畏特质的四种子人格品质作为切入点，采用人格理论辅导课、以子
人格品质为主的主题系列活动、内观疗法、成长日记和朋辈心理互助等方
法（刘宣文、杨波，2004），根据个体的心理发展特点，逐步培养其敬畏
之心，逐渐提高敬畏特质水平。也有研究发现，进行慈心禅冥想训练
（loving-kindness meditation）是一种有效的干预方法，慈心禅冥想可以诱发
个体的敬畏体验（Fredrickson，Cohn，Coffey，Pek，& Finkel，2008；Stell
& Farsides，2016），有助于培养敬畏之心。充分发挥敬畏之心内在"软"
力量的作用，坚持制度实施的同时，强化"治心"之策，使国家的反腐倡
廉政策"如虎添翼"，为国家的反腐倡廉建设"锦上添花"。

　　敬畏特质是一种有价值的心理品质，本研究探索了敬畏特质对腐败行
为意向的直接抑制效应，但尚未探索敬畏特质影响腐败行为的内部心理机
制和边界条件，未来研究需对敬畏特质"如何"抑制腐败行为以及这种抑

制效应起作用的边界条件，即"何时"作用更强或更弱进行深入的探讨。其次，未来也需继续对敬畏特质的影响因素进行进一步的探索。例如，个体对道德的认知（道德认知能力的弱化会导致人们对是非、善恶缺乏基本的辨识能力）、对因果报应观失效的社会环境的认知等都可能影响个体的敬畏体验，对敬畏特质影响因素的探索将有助于更好地培养人们的敬畏之心。另外，敬畏特质所产生的心理后效是否一定具有积极效应？这是一个有意思的、值得进一步探索的问题。敬畏特质虽然具有积极的心理与社会功能，但可能也存在负面性，会产生消极的心理后效，而这种消极后效的影响如何尚需未来研究进行实证性探索。

参考文献

陈刚、李树，2013，《管制、腐败与幸福——来自 CGSS（2006）的经验证据》，《世界经济文汇》第 4 期。

迟毓凯，2005，《人格与情境启动对亲社会行为的影响》，博士后研究工作报告，华东师范大学。

董蕊，2016，《大学生敬畏情绪与主观幸福感》，《教育与教学研究》第 5 期。

李谷、周晖、丁如一，2013，《道德自我调节对亲社会行为和违规行为的影响》，《心理学报》第 6 期。

刘文剑，2016，《常怀敬畏之心，常修从政之德——谈儒家敬畏思想》，《中国纪检监察报》第 8 期。

刘宣文、杨波，2004，《以人格教育为切入点实施发展性辅导的实验研究》，《心理科学》第 3 期。

苗贵云，2011，《论敬畏感的缺失及培养》，《河南科技学院学报》第 11 期。

钱广荣，2015，《理性敬畏品质及其培育析论——从孔子的"君子有三畏"说起》，《齐鲁学刊》第 5 期。

王登峰、崔红，2005，《解读中国人的人格》，北京：社会科学文献出版社。

赵欢欢、许燕、张和云，2019，《中国人敬畏特质的心理结构研究》，《心理学探新》第 4 期。

周营军，2010，《道德敬畏：个体道德养成的心理机制》，《河南师范大学学报（哲学社会科学版）第 4 期。

朱贻庭，2011，《伦理学大辞典》，上海：上海辞书出版社。

Ahmad, E. , Ullah, M. A. , & Arfeen, M. I. （2012）. Does corruption affect economic growth? *Latin American Journal of Economics*, 49（2）, 277 – 305.

Alesina, A. , & Angeletos, G. M. （2005）. Corruption, inequality, and fairness. *Journal of Monetary Economics*, 52（7）, 1227 – 1244.

Algoe, S. B. , & Haidt, J（2009）. Witnessing excellence in action: The "other-praising" emotions of elevation, gratitude, and admiration. *Journal of Positive Psychology*, 4（2）,

105 – 127.

Bai, Y. , Maruskin, L. A. , Chen, S. , Gordon, A. M. , Stellar, J. E. , McNeil, G. D. , & Peng, K. (2017). Awe, the diminished self, and collective engagement: Universals and cultural variations in the small self. *Journal of Personality and Social Psychology*, 113 (2), 185 – 209.

Banerjee, R. (2016). Corruption, norm violation and decay in social capital. *Journal of Public Economics*, 137, 14 – 27.

Bargh, J. A. , Chen, M. , & Burrows, L. (1996). Automaticity of social behavior: Direct effects of trait construct and stereotype activation on action. *Journal of Personality and Social Psychology*, 71 (2), 230 – 244.

Bargh, J. A. , Gollwitzer, P. M. , Lee-Chai, A. , Barndollar, K. , & Trötschel, R. (2001). The automated will: Nonconscious activation and pursuit of behavioral goals. *Journal of Personality and Social Psychology*, 81 (6), 1014 – 1027.

Boer, D. , & Fischer, R. (2013). How and when do personal values guide our attitudes and sociality? Explaining cross-cultural variability in attitude-value linkages. *Psychological Bulletin*, 139 (5), 1113 – 1147.

Bonner, E. T. , & Friedman, H. L. (2011). A conceptual clarification of the experience of awe: An interpretative phenomenological analysis. *The Humanistic Psychologist*, 39 (3), 222 – 235.

Chang, E. C. C. , & Chu, Y. H. (2006). Corruption and trust: Exceptionalism in Asian democracies? *Journal of Politics*, 68 (2), 259 – 271.

Curtin, S. (2005). Nature, wild animals and tourism: An experiential view. *Journal of Ecotourism*, 4 (1), 1 – 15.

Fredrickson, B. L. , Cohn, M. A. , Coffey, K. A. , Pek, J. , & Finkel, S. M. (2008). Open hearts build lives: Positive emotions, induced through loving-kindness meditation, build consequential personal resources. *Journal of Personality and Social Psychology*, 95 (5), 1045 – 1062.

Gordon, A. M. , Stellar, J. E. , Anderson, C. L. , McNeil, G. D. , Loew, D. , & Keltner, D. (2016). The dark side of the sublime: Distinguishing a threat-based variant of awe. *Journal of Personality and Social Psychology*, 113 (2), 310 – 328.

Higgins, E. T. , Rholes, W. S. , & Jones, C. R. (1977). Category accessibility and impression formation. *Journal of Experimental Social Psychology*, 13 (2), 141 – 154.

Ibaneza, L. , Moureaub, N. , & Roussel, S. (2017). How do incidental emotions impact pro-environmental behavior? Evidence from the dictator game. *Journal of Behavioral and Experimental Economics*, 66, 150 – 155.

Jeffry, J. , & Andresen, M. D. (1999). Awe and the transforming of awarenesses. *Contemporary Psychoanalysis*, 35 (3), 507 – 521.

Jiang, L. , Yin, J. , Mei, D. , Zhu, H. , & Zhou, X. (2018). Awe weakens the desire for money. *Journal of Pacific Rim Psychology*, 12, e4.

Keltner, D. , & Haidt, J. (2003). Approaching awe, a moral, spiritual, andaesthetic emotion. *Cognition and Emotion*, 17 (2), 297 – 314.

Leon, C. J., Arana, J. E., & de Leon, J. (2013). Valuing the social cost of corruption using subjective well being data and the technique of vignettes. *Applied Economics*, 45 (27), 3863 – 3870.

Leong, C. -H., & Lin, W. (2009). "Show me the money!" Construct and predictive validation of the intercultural business corruptibility scale (IBCS). In C. -H. Leong & J. W. Berry (eds.) *Intercultural relations in Asia: Migration and work effectiveness*, pp. 151 – 176. Singapore: World Scientific.

Mo, P. H. (2001). Corruption and economic growth. *Journal of Comparative Economics*, 29 (1), 66 – 79.

North, D. C. (1990). *Institutions, institutional change and economic performance.* Cambridge: Cambridge University Press.

Peterson, C., & Seligman, M. (2004). *Character strengths and virtues: A handbook and classification.* New York: Oxford University Press.

Piff, P. K., Dietze, P., Feinberg, M., Stancato, D. M., & Keltner, D. (2015). Awe, the small self, and prosocial behavior. *Journal of Personality and Social Psychology*, 108 (6), 883 – 899.

Podobnik, B., Shao, J., Njavro, D., Ivanov, P. C., & Stanley, H. E. (2008). Influence of corruption on economic growth rate and foreign investment. *The European Physical Journal B*, 63 (4), 547 – 550.

Podsakoff, P. M., MacKenzie, S. B., Lee, J. Y., & Podsakoff, N. P. (2003). Common method biases in behavioral research: A critical review of the literature and recommended remedies. *Journal of Applied Psychology*, 88 (5), 879 – 903.

Prade, C., & Saroglou, V. (2016). Awe's effects on generosity and helping. *The Journal of Positive Psychology*, 11 (5), 522 – 530.

Preston, J. L., & Shin, F. (2017). Spiritual experiences evoke awe through the small self in both religious and non-religious individuals. *Journal of Experimental Social Psychology*, 70, 212 – 221.

Rabl, T., & Kuhlmann, T. M. (2008). Understanding corruption in organizations-development and empirical assessment of an action model. *Journal of Business Ethics*, 82 (2), 477 – 495.

Rudd, M., Vohs, K. D., & Aaker, J. (2012). Awe expands people's perception of time, alters decision making, and enhances well-being. *Psychological Science*, 23 (10), 1130 – 1136.

Schuessler, K., Hittle, D., & Cardascia, J. (1978). Measuring responding desirably with attitude-opinion items. *Social Psychology*, 41 (3), 224 – 235.

Shiota, M. N., Campos, B., & Keltner, D. (2003). The faces of positive emotion: Prototype displays of awe, amusement, and pride. *Annals of the New York Academy of Sciences*, 1000, 296 – 299.

Srull, T. K., & Wyer, R. S. (1979). The role of category accessibility in the interpretation of information about persons: Some determinants and implications. *Journal of Personality and Social Psychology*, 37 (10), 1660 – 1672.

Stell, A. J. , & Farsides, T. （2016）. Brief loving-kindness meditation reduces racial bias, mediated by positive other-regarding emotions. *Motivation and Emotion*, 40 （1）, 140 – 147.

Stellar, J. E. , Gordon, A. , Anderson, C. L. , Piff, P. K. , McNeil, G. D. , & Keltner, D. （2018）. Awe and Humility. *Journal of Personality and Social Psychology*, 114 （2）, 258 – 269.

Stellar, J. E. , Gordon, A. M. , Piff, P. K. , Cordaro, D. , Anderson, C. L. , Bai, Y. , Maruskin, L. A. & Keltner, D. （2017）. Self-transcendent emotions and their social functions: Compassion, gratitude, and awe bind us to others through prosociality. *EmotionReview*, 9, 200 – 207.

Tay, L. , Herian, M. N. , & Diener, E. （2014）. Detrimental effects of corruption and subjective well-being: Whether, how, and when. *Social Psychological and Personality Science*, 5 （7）, 751 – 759.

Van Cappellen, P. , & Saroglou, V. （2012）. Awe activates religious and spiritual feelings and behavioral intentions. *Psychology of Religion and Spirituality*, 4 （3）, 223 – 236.

Van Cappellen, P. , Saroglou, V. , Iweins, C. , Piovesana, M. , & Fredrickson, B. L. （2013）. Self-transcendent positive emotions increase spirituality through basic world assumptions. *Cognition and Emotion*, 27 （8）, 1378 – 1394.

Van Cappellen, P. , Toth-Gauthier, M. , Saroglou, V. , & Fredrickson, B. L. （2016）. Religion and well-being: The mediating role of positive emotions. *Journal of Happiness Studies*, 17 （2）, 485 – 505.

Walker, A. G. , Smither, J. W. , & DeBode, J. （2012）. The effects of religiosity on ethical judgments. *Journal of Business Ethics*, 106, 437 – 452.

Wu, Y. , & Zhu, J. （2016）. When are people unhappy? Corruption experience, environment, and life satisfaction in mainland China. *Journal of Happiness Studies*, 17 （3）, 1125 – 1147.

Zhao, H. , Zhang, H. , & Xu, Y. （2016）. Does the Dark Triad of personality predict corrupt intention? The mediating role of belief in good luck. *Frontiers in Psychology*, 7, 608.

Zhao, H. , Zhang, H. , & Xu, Y. （2019a）. Effects of perceived descriptive norms on corrupt intention: The mediating role of moral disengagement. *International Journal of Psychology*, 54 （1）, 93 – 101.

Zhao, H. , Zhang, H. , & Xu, Y. （2019b）. How social face consciousness influences corrupt intention: Examining the effects of Honesty-Humility and moral disengagement. *The Journal of Social Psychology*, 159 （4）, 443 – 458.

Zhao, H. , Zhang, H. , Xu, Y. , He, W. , & Lu, J. （2019）. Why are people high in dispositional awe happier? The roles of meaning in life and materialism. *Frontiers in Psychology*, 10, 1208.

Zhao, H. , Zhang, H. , Xu, Y. , Lu, J. , & He, W. （2018）. Relation between awe and environmentalism: The role of social dominance orientation. *Frontiers in Psychology*, 9, 2367.

《中国社会心理学评论》 第 21 辑
第 99～114 页
© SSAP，2021

个体化与新家庭主义视角下的孝道观念演变[*]

杨　曦^{**}

摘　要： 孝道是中国传统道德最重要的组成部分，对中国人的道德观、心理和行为产生了极为深刻的影响。随着现代化的推进，个体化兴起，给传统孝道带来了冲击。本研究采用定性研究的方法，通过半结构式访谈收集资料。研究发现，在个体化与新家庭主义共同的影响下，孝道观念发生了变化：孝道的认同程度仍然很高，但已经不是首要的道德规范，限制个人自由的、权威性趋向的孝道观念逐渐式微，"亲权子责"变为亲子间权利与义务的对等，如何尽孝很难有统一的规定，而是在具体语境下通过沟通达成。青年群体在传统和现代之间"游走"，"职孝"将趋向于"情孝"，而后进一步向"诚孝"的方向发展，实现一种角色责任和内心情感统一的新孝道。

关键词： 孝道观念　个体化　新家庭主义

一　引言

孝道是中国传统道德最重要的组成部分，孝道的内涵不仅包括敬养父母，也上升为一种为人处世必须遵循的道德准则，其在传统道德规范中居于基础性的地位，是开展社会道德教化的核心理念和政治治理的伦理基

---

* 基金项目：2019 年河南省社科规划年度项目："乡村振兴战略背景下的农村孝道观念变化与代际养老支持研究"（2019CSH021）；2017 年河南省社科普及规划项目"河南省城市居民孝道观念与养老方式选择"；2016 年郑州大学青年教师启动基金项目"社会协同治理视角下的积极老龄化路径探究"。

** 杨曦，郑州大学政治与公共管理学院社会工作系讲师，硕士生导师。

础，以"孝"为核心的孝道文化几千年来深刻影响了中国人的心理与行为，是研究中国人道德心理结构和机制的重要议题。

随着时代的变迁，孝道也面临着如何现代化的问题。改革开放已四十多年，市场经济迅猛发展，多元价值观的涌现，互联网新兴社交方式的兴起，中国在经济、社会、文化等诸多领域都发生了巨大的变化。在转型时期，传统规范和个体化观念交织碰撞，新与旧在社会的各个领域展开交锋与融汇，在具体的社会生活中，更是表现为秉持不同的传统与现代观念的人，彼此间的矛盾、冲突、博弈和妥协，其中最明显也最广泛的就是在家庭中，更偏向传统的老年人与更加个体化的年轻人之间的冲撞和博弈。对传统孝道观念的不同态度和看法，则直接反映了两代人之间矛盾博弈的关系。

个体化的兴起，让新一代年轻人勇于追求自我实现，倾向于将个人价值置于家庭之上。但近几年来由于社会竞争加剧，年轻群体为了缓解生存压力转而回归家庭，于是一种"新家庭主义"兴起。年轻人在回到家庭后既想保持个体的自由与独立，同时又要遵守家庭的规范、承担家庭的义务和责任，与更守旧的老人处理家庭生活关系，在个人主义和家庭主义这个冲突的场域中寻找平衡。在这样的背景下，孝道文化如何适应传统到现代的变迁，个体化和新家庭主义在孝道变化过程中起到什么样的作用，人们如何应对传统文化与现代观念之间的冲突，是本文尝试回应的问题。

（一）个体化与新家庭主义的趋向

在欧洲社会学里，"个体化"指的是与西方社会的现代性和现代化同步发生的"人的解放"过程，即个人从社会体制、宗教信仰和阶级隶属关系的束缚下解放出来，不再"被他人所决定"，而进入"自己决定自己命运"的过程。个体化与个人主义联系紧密，但不能将二者完全等同，贝克（2006）就明确地指出，个体化不同于个人主义，个人主义是与集体主义相反的关注个人而非群体的一种文化取向。而个体化则是描述社会机制以及个体与社会关系在结构上和社会学意义上的一个概念，个体化的结果不是个体不再依赖他人，而是变得更加重视和个体关系的互动。在个体化的趋势之下，个体更强调竞争、独立、自主和自立，从束缚他的社会结构、系统、组织中脱身而出。作为社会连接的核心单位，家庭也是个体化要摆脱的系统。因而随着现代化的进程，出现了家庭结构的核心化、家庭价值让位于个体价值的趋势和特征。与个体的发展和自由相比，家庭居于从属地位，父母与成年子女的关系越来越不被重视，子女成年后脱离原生家庭反而受到个人主义文化的影响。

近些年来，西方涌现出了"新家庭主义"（new-familism）思潮（Dyk-stra & Fokkema, 2011），正是为了纠正极端个人主义而出现的西方家庭研究新趋向，与极端的个体化相反，描述的是社会成员向家庭的回归，家庭作为一种新的纽带与意义出现。在这个基础上，学者阎云翔提出了"新家庭主义"（neo-familism），与西方的含义不同，是在中国本土文化背景下适用的新概念，也是中国家庭研究新的参照（Yan, 2016）。从 20 年前的"自我中心式个人主义"和"无公德的个人"到"新家庭主义"，阎云翔的学术理路发生了明显的转变，这种变化也是中国市场经济发展与社会变迁带来社会生活领域重大变革的体现。

中国社会随着市场经济的发展，国家权力逐渐从基层社会撤出，个体也逐渐从稳固的组织中分离出来，整合的集体意识变得淡薄。现代工商社会形式逐步建立，个人越来越成为经济、政治、社会生活中的主要运作单位和社会价值及意义感的核心，家庭主义作为社会整合机制的集体主义已然式微，强调个人自主、价值、尊严及幸福的个体主义越来越凸显。此外，互联网的迅猛发展，也让个人主义有了新的可彰显的自由平台。

但中国的个体化并不像欧洲那样发生在制度上得到保障的框架中，也不是基于公民、政治、社会等方面的基本权利。在中国社会，只有作为道德主体和伦常关系载体的人，没有作为权利主体和社会组织基本单元的人，其缺少作为独立个体的权利和义务的意识（金观涛、刘青峰，2010）。在中国，个体化的发展并未完全按照"文明的进程"实现个人"权责一体"的自由与自立，却涌现出了"自我中心式的个人主义"（阎云翔，2006）。这种"自我中心式的个人主义"，不仅仅是对集体主义的背离，更多地表现为对家族主义式的传统规范和权威的反抗，全然的追求个人自由和自我价值，在与家庭主义对抗中走向了另一个"极端"。但政治保障、文化上壤、民主意识的先天不足，使得中国的个体化并不健全。

市场经济的快速发展，也推动了个体化的崛起，这种"半路出家""半桶水"的个体化，呈现过分追求个人自由与权利而不愿承担义务的特点。在我国社会保障体系尚不健全的现状下，多数年轻人缺少独自直面越来越激烈的竞争与生存压力的勇气，他们的能力也不足以使其获得明显的社会竞争优势，迫于现实只好退回到家庭寻求帮助，利用家庭资源和传统中有利的元素来缓解生存压力。因此，近年来的研究发现青年人确实"变了"，尽管他们的价值观正朝向一个更强调个人主义和现代理性的取向发展，即追求自由平等、自我实现与个人舒适（文萍、李红、马宽斌，

2005；刘汉蓉，2008；康岚，2012），然而他们也需要回归家庭寻找资源和帮助，以更好的应对生存压力和社会风险，家庭的功能和联系得到强化。所以强调个体主义而又迫不得已回归传统家庭的年轻人，必须同时面对个体主义和家庭主义两种价值观念和文化规范，与更偏传统家庭主义价值观的父母相适应，在传统与现代的碰撞和夹缝中寻找平衡。

这种变化反映到家庭领域，学者们给出了各有侧重的观察与解释，如："父母权威的回归"（阎云翔，2012）、"无限捆绑的代际关系"（吴小英，2016）、"个体家庭"与"第二个保姆"（沈奕斐，2013）、"协商式亲密关系"（钟晓慧、何式凝，2014）等。这些研究都指向了"新家庭主义"的趋向（Yan，2016；Yan，2017），并非传统的家庭高于个人、个人为家庭利益牺牲和奉献，同时也不是过分强调个人主义，而是将个体的权利与自由和家庭责任义务相结合，努力寻求家庭和个人之间的平衡。在"新家庭主义"的取向之下，传统的孝道观念必然发生质的变化，这种变化绝不是简单归纳的"孝道衰落"的论断，也不能仅仅用"顺从式微"来概括。本研究希望考察在个体化和"新家庭主义"的共同影响下，孝道观念变化的方向与状况。

（二）孝道变迁的研究

关于孝道变迁的研究，大陆学者提出了"孝道失范"和"孝道衰落"的结论，尤其是农村社会孝道失范的现象尤为严重，主要包括父代地位下降，重幼轻老，养儿防老变为"逼老"和"刮老"（刘明兰，2008），亲子间代际交换的逻辑发生了变化，从无条件的回报生养之恩转变为有条件回报（陈柏峰，2009），很多老人得不到应有的赡养和善待。

面对孝道失范的现状，学者们普遍认为需要建立并发展一种新时代的代际反哺关系，也可以称之为"新孝道"，对传统孝道进行批判继承，以适应时代的变迁和社会生活的变革。例如，肖群忠（2005）提出，新孝道最重要的特征是强调亲子关系平等。谢子元（2007）认为，新孝道应该具有以下五方面的特征：强烈的情感性、鲜明的民主性、突出的时代性、严整的规范性以及充分的可延展性。唐志为（2006）提出，社会主义新孝道的四个特征：孝敬父母的义务性、亲子双方的平等性、"父慈子孝"的互益性以及物质与精神并重的及时性。丁成际（2006）则提出，重塑孝道要处理的四个原则性关系，即义务性、感情性、自律性及互益性。

尽管很多学者都提出了要重构新孝道以适应时代的变化和社会的转

型，但新孝道与传统孝道相比，新在哪里，目前仍没有形成一个明确而权威的概念，对于新孝道的内涵也没有达成共识。且大部分研究也仅仅是论述了重构新孝道的重要意义、必要性、紧迫性、建构时的原则问题以及大而化之的特征性，但对于新孝道的具体内容，哪些孝观念和孝行为需要提倡，怎么构建新孝道，以及如何与现代社会的个体化趋势相适应，都没有一个清晰的回答。

台湾地区在 20 世纪 80 年代掀起了"心理学本土化"研究的思潮，对中国本土的文化心理现象进行本土化的重新解读，孝道观念亦是其中重要的研究内容。孝道的概念内涵与测量是两个相辅相成的研究推进路径。从理论构念的角度，可以对孝道概念进行把握，进而发展出相应的测量工具；从测量的角度出发，可以探索、验证和筛选孝道的构念。

杨国枢（1989）认为，研究及测量中国人人格之中的孝道观念应从以下两个角度出发：一是社会态度与行为角度，二是孝道认知结构的角度。大陆也有部分学者采用测量的方法研究孝道观念的变化，通过调查测量，中国台湾和大陆的学者得出了较为一致的结论：反映亲子情感的孝道内涵如"照顾父母"、"尊敬父母"、"体贴父母"和"愉悦父母"等仍然很受认同，并且不受年龄、受教育水平的影响，而孝道观念中服从的取向在弱化，子女不再屈从顺从父母的权威，绝对服从、传宗接代、与父母同住等已经不被年轻人认为是孝顺父母的行为（黄坚厚，1989；邓希泉、风笑天，2003；邓凌，2004）。叶光辉（1992）提出了"双元孝道模型"，并把孝道分为权威性和相互性两种取向，较为清晰地对孝道不同的含义进行了明确的区分，同时也开发了具体的实证测量量表。双元孝道可以说是台湾地区关于孝道观念的理论模型建构的"集大成者"。

但双元孝道仍然存在争议（黄光国，2009；杨中芳，2009；伊庆春，2009），将孝道观念的内涵分类命名为权威性孝道和相互性孝道似乎并不是那么的精确，"权威"一词似乎并不能完全体现出孝的"天职"、角色性的含义，相互性孝道体现了父慈子孝的对偶关系，但在其所包含的内容里，却并没有体现太多的相互意味。这种将孝道一分为二的构念，值得商榷。事实上，由于数千年来"孝文化"的影响，对孝道的测量存在极强的"社会赞许性"，依靠量表测量得出结果的双元孝道及其他测量结果，并不能完全反映民众对孝道的具体看法，也不能很好的解释孝道观念在亲密关系现代化演变中的变化。

在社会转型时期，孝道观念受到社会结构和西方个体化思潮的影响，发生了本质上的变化，但这种变化在不同年龄群体之间存在较大的差异，以往的文献很少关注到孝道观念及行为是如何发生变化的，尤其是如何在家庭微观互动中体现出孝观念变化的轨迹，本研究尝试通过质性研究，考察互动中父代与子代之间、传统观念与现代观念之间如何相互适应、最终找到平衡、达成和解和共识的过程，以此探讨孝道观念发生的变化。

（三）研究目的与研究假设

当下的年轻人向往个体化带来的个人独立与自由，不希望受到传统和家庭的束缚，但很大程度上又要回归家庭以缓解巨大的社会生存压力；而家庭联系的增强意味着他们需要遵循家庭主义的原则，与相对更为传统守旧的父代处理好相互间的关系，甚至主动适应或妥协。

因此对于年轻人来说，他们同时背负现代与传统两种价值观，他们的行为模式和重大抉择同时受到"家庭主义"取向和"个人主义"取向两种价值标准的影响。当启动了指涉个人主义价值的情境时，必然会按照"个人为中心"的取向来进行选择或实施行为，当启动了指涉家庭主义价值的情境时，例如回家过年，此时更多是以"家庭为中心"来做出选择和行动（杨曦，2016b）。但往往存在同时牵涉两种价值取向的情况，当下的年轻人在面对个人与家庭时的纠结和矛盾，大多是因为在同时牵涉两种价值取向时不能兼顾，面临着矛盾、纠结、排序、权衡、博弈和取舍，尤其是他们与秉持传统"家庭主义"的父母相处时，一方面想保持个人的自由与独立，另一方面又不得不与代表"传统"的父母进行妥协和博弈。

因此，回到孝道的议题，我们可以做这样的研究假设：变得更加个体化的年轻人，必然不会认同束缚个人自由的传统孝道观念，必定要去反抗加诸他们身上的某些与孝道有关的强制性规范；同时他们也不会完全站在孝道的对立面，也会认同孝道的某些观念，乃至表现出对某些规范表面上的遵从。这种"折中性"反映了新家庭主义转向下的新孝道观念特征。具体而言：孝道的认同程度仍然会很高，作为社会规范仍然发挥着作用，但难免会与其他价值选择发生冲突，限制个人自由的、权威性趋向的孝道观念将越来越不被认同，亲子之间的相互性越来越被强调，如何尽孝很难有统一的规定，这需要在具体语境下通过沟通达成。

二 方法

为了考察在个体化和新家庭主义影响下孝道观念的变化，本研究从 2015 年开始对 25~40 岁的年轻人（子代）和 60 岁以上的老人进行了实地调查，资料收集方式为半结构式访谈，采用立意抽样和滚雪球抽样结合的方式筛选访谈对象，访谈样本共 63 个。对原始资料的分析采用编辑的组织类型，直接进入文本，对有价值的信息建构编码。

本研究的年轻人样本主要来自北京和郑州，年龄在 25~40 岁，共得到有效个案数量 43 个，收集资料的时间主要集中在 2016 年 10 月至 2017 年 11 月，访谈方式为入户或单独见面约谈。访谈对象包括：男性 20 人，女性 23 人；在北京居住的受访对象为 18 人，在郑州居住的受访对象为 25 人；已婚 16 人，其中有 7 人未生育，未婚 27 人，其中超过 30 岁未婚的有 6 人；此外同时兼顾不同职业和学历状况。

老年人样本主要来自杭州和郑州，以入户访谈和社区约访为主，年龄在 60~80 岁，共得到有效个案 20 个，收集资料的时间是 2015 年 5~9 月和 2017 年底。访谈对象信息：男性 11 人，女性 9 人；在杭州居住的有 18 人，在郑州居住的有 2 人；其中与子女生活在一起的有 11 人，此外兼顾不同职业和收入。

三 结果

（一）"百善孝为先"的价值让位

在我国传统社会里，"百善孝为先"的孝道观念居于传统核心价值观的首要地位，是统摄所有主流价值规范的"龙头"。但在当前年轻人价值观念重要程度排序里，孝或许仍然重要，但绝不会是首要的。年轻人选择回归家庭是要借助家庭资源减轻生存压力，对父母尽孝更多是因为真挚的情感和关系，而不是传统社会强加的"首善孝为先"的规范。对于年轻人来说，内心最重要的追求仍然是个体的独立与自由，个人的发展和成就。孝观念有利于加强与父母的连接和与家庭的联系，但其已经不是最重要的价值规范了。

　　我觉得人跟人首先是一个独立的个体，首先是我自己，才是别人的谁，我小时候，我妈经常说我，你主意太大了，你一个小姑娘家，什么都敢干，我就想，我凭什么不能按照我的想法做？我曾经试图让自己做一个听话的孩子，但我内心还是有一个声音在喊，于是我就选择做我自己，那段时间跟家里矛盾挺大的，现在回想起来，我在当时那种情况下，还会那么做，虽然我也觉得不应该让父母担心，好像确实有些不孝，但处在当时情况下，我没办法呀，这就是我，就是想按照自己的想法做，哪怕失败了，遇到问题了，也是我自己的事。现在我自己能独立了，父母年龄也大了，关系比以前好多了，我也会对他们尽可能好一点。（受访人 HGW，32 岁）

没有按照老人要求生小孩，可能算不是很孝顺吧，子女快点结婚生子确实是他们的期望，但是人除了孝顺还有其他很多事情，应该综合考量吧，如果一件孝顺的事做起来很痛苦，也没有办法，我不能为了孝顺把自己郁闷死吧。（受访人 LJD，30 岁）

作为我们父母来讲，也不可能（让）他们对你很孝，他们还得上班，你常回家看看就是对父母的孝顺。社会在变化，应该是以工作为主，工作忙，打电话来问问就行了。（受访人 RH，69 岁）

通过访谈发现，孝观念仍然被年青一代认同，发生变化的是，如果尽孝的行为让自己感到痛苦，尤其是压制自己的自由和天性时，那么他们不会遵从传统孝道所倡导的"抑己顺亲"，而是将孝让位于个人的自由独立，孝道的价值规范对于年轻人来说已经没有那么重要，个体的自由、发展和成就才是首要考虑的事。新时代的孝，其核心是亲子之间亲密的情感联系，这种联系是相互的，父母与子女都是独立的个体，先赋性的责任规范逐渐弱化。

（二）"亲权子责"变为亲子间权利与义务的对等

新时代的孝，更多体现在亲子之间亲密的情感联系上，从传统社会的"亲权子责"模式，变成亲子间权利和义务的对等，反映了一种平权思想和契约观念的公平性。在访谈中，几乎所有的子女都认为，如果父母没有很好地履行抚养子女的义务，子女也没有义务很好地赡养其父母，可能只会在物质方面尽赡养义务。

问：如果说父母没有很好抚养子女，子女应无条件赡养父母吗？
答：不应该，父母没有很好尽责任，那子女也没这个义务。双方都会有付出和回报，如果是这样，我肯定会打折，我可能会把他送到养老院，负担养老费用。情感上肯定不会（有）太多交流，就是打个电话问问，因为是父亲生了我。但（如果我）小时候他没尽到这个责任。本分要做到的（肯定会做到），但是要很好的善待他，我做不到。（受访人 LZH，30 岁）

  答：父母没有尽到责任，子女就没有义务赡养。生养生养，只生不养，子女没义务去尽孝。权利和义务是对等的。没有无缘无故的爱。（受访人 LF，29 岁）

  答：不会，父慈子孝，这是一个相互的关系。权利和义务是对等的，没有抚养子女，看似其实跟其他普通人关系是没有区别的。我不赞同这种无条件。（受访人 LB，27 岁）

传统社会更多提倡的是无条件的报答父母的生育之恩，不管父母如何，作为子女，这个身份决定了必须要孝顺。这样的逻辑在现代社会必然不被坚持"个人主义"的年轻人所认同。而且亲子之间代际交换的逻辑也发生了变化，子女不再完全认同无条件回报父母生养之恩的孝道，而是要求有条件的回报，强调父母生养之外的资源交换，即子代成年后回报亲代的付出（郭于华，2001；康岚，2014）。

（三）父代权威和孝的规范性式微

在道德取向上，孝道的规范秩序取向逐渐变弱，父代权威依然式微。柯尔伯格（Kohlberg，1976）曾给出西方道德哲学关于道德问题的取向分为四大类，即规范秩序取向、效益结果取向、理想自我取向和公平公正取向。传统孝道偏向规范秩序取向，但在现代社会，这种情况发生了变化，传统孝道的规范性和权威性压制个体的独立和自由，与个体主义相违背，人们优先采取的做事原则是倾向于工具理性的效益效果或自我理想的实现，对于规范秩序的考量变少了。具体表现孝道观念内涵的变化上，就是顺从关系的式微，一种更加自由平等的关系正逐渐建立起来，这种关系是建立在亲子双方各自拥有独立的人格、相互尊重的基础上的，传统的父代权威被削弱了。

如果子女没有按父母的意愿较早结婚生小孩，我觉得这不算是不孝吧。把父母的意愿放在子女的身上，本身就不对，他虽然是父母的孩子，但首先是一个独立的人，他可以去尊重父母对于如何开展家庭生活以及职业选择的建议或期待。但他应该有自己的节奏和判断。首先就是让自己成为自己，有自己的坚持，有自己的选择。就拿我来说，我刚有了宝宝，在教育方面，怎么算是好的教育，我肯定是有自己的想法的，父母有他们的教育方式，但对我的孩子必须要按照我的原则来，他们也必须要遵守。（受访人 FJ，30 岁）

他们抽烟，你说不要抽对身体不好，他们也不听的，你讲话没用的，你讲也是白讲的，他们不听。子女什么事情不要管太多，子女的事情让他们去弄，该讲的话讲讲，不听就随他们去了。子女不听话算不算不孝顺？不是的，我们也要少讲点，讲讲不听也就算了。他也没什么大问题的，没有感觉他们不孝顺。（受访人 NEC，66 岁）

在访谈中发现，"孝"和"顺"是需要分开讨论的，年轻人普遍认为"孝"仍然是应该的，哪怕自己做不到，但观念上是认同的。而对父母的"顺"则发生了明显变化，由于观念和生活方式的差异，年轻人很难"顺从"父母的意愿，尤其在人生大事和人生选择方面，近些年每到过年都会就"逼婚"有一个全民讨论，年轻人纷纷"吐槽"，连央视也做了调查报道，这就是对"父代权威"的一种反抗。当下年轻人的态度更倾向于我会对父母尽孝，但我会按照自己的方式生活，希望亲代和子代有清晰的界限，但遗憾的是，中国传统家庭文化强调"亲子交融"，我中有你，你中有我，这与个人主义存在较大差异。事实上，20 世纪五六十年代的人作为父母，他们也已经意识到自身"权威"的消解，部分人也在调整自身对孝的预期，不再要求子女绝对的"顺"，更多希望子女能在"面上"表现出对他们的尊敬，维持和谐的氛围和父母作为家长的"脸面"，此时的"顺"更多的带有"敬"的意思（杨曦，2016b），此处的"敬"是尊敬、尊重，而不是传统孝道中的"敬畏"。

（四）孝道肇始动因的情感性、交换性与权变性

现代社会影响子女尽孝的动力因素已经与传统社会有了巨大差异。孝的权力感，等级性、义务性的东西逐渐退化消失，取而代之的是亲子之间的血缘亲情和（抚养的恩情）舐犊情深，长期相处而产生的最真挚的情感。传统孝道是传统文化和道德内化进个人深层价值观的文化规制，是一种社会角色、亲子间名分的要求，通过家庭长辈的教化，潜移默化的影响人们去执行尽孝的行为，以此维持规范的稳定，但这种角色性并不期望通过孝行来获得情感的表达，甚至压抑亲子间感情的沟通（杨国枢，1989；

丁成际，2006）。

中国在现代化的过程中，家庭结构的变迁，个体化在家庭关系中的凸显，以及传统道德监控体系的崩溃，这种社会角色的约束力量越来越被削弱，人们更看重的是孝道本身所具有的亲子之间的情感关系以及潜在的工具性的互惠交换，是一种以情感和工具交换为目的的"报"的运作。在基本物质保障得到满足的情况下，精神和情感方面的需求成为孝最主要的动力。

现代社会的年轻人期望以一种基于独立的个体、以互相尊重的态度尝试与父母和传统孝道沟通、协商，达成和解，期望一种建立在独立、平等、自由和理性基础上的真挚的亲子情感。个体化的年青一代逐渐脱离了家庭主义，每个个体都在自己的立场和利益上选择和决定家庭的结构和关系；在这一过程中，传统和现代性以交织的方式影响着家庭结构和内部关系；个体的选择和决定并非自己决定的，它是在具体的语境下，在与家人的互动、协商、妥协的过程中形成的；而家庭也更多的是通过个体利益的协调来组织家庭的结构、流动，都是内部个体利益协商的结果，而不再是个体为了家庭利益妥协的结果，于是中国的城市家庭在结构形态上呈现高度的可塑性。对于孝道来说，在家庭主义和个人主义交织形成个体家庭的背景下，尽孝的方式充满了灵活性和权变性，不再坚守传统孝道一成不变的行为规范，而是在微观层面下、具体的语境中通过与家人的互动、协商来决定。因此，孝道观念并不是统一的，而是协商的、权变的、动态的。

四　讨论

随着现代化的推进，以及个人主义价值观的兴起，孝道观念发生了巨变，社会、政府、民众、媒体都对这种变化做出了反应。以往的研究更重视个体化给孝道观念带来的影响，过于强调孝在个体化背景下的式微，尤其是责任与角色的消解，忽视了一种"新家庭主义"的变化，即回归家庭，孝文化所要求的责任与角色是不可抹灭的，我们希望勾勒出这种变化的脉络，重新构念孝道的机制和结构。

按照最初儒家的思想观点，孝是一种天然的敬爱之情，所谓对父母的尊、顺、敬，都是为了更好地表达子女的一种亲密情感，而不是为了顺而顺，为了尊而尊。但后世将孝扩展成为人际准则乃至社会和政治道德，孝的内涵和侧重点就发生了变化，尤其是为了强化皇权统治的"三纲五常"，完全使孝道成了一种角色规范和道德准则，原本所强调的亲子之间的感情，反而被这种规范性的礼的"外衣"所压制。到了现代社会，这层利于封建统治的"外衣"被毫不留情地剥落下来，对孝的价值观念又慢慢回到先秦时期所强调的亲子间发自内心的敬爱之情（徐复观，1975）。

因而从历史脉络来看，孝道就包含规范性和情感性两个层面，彼此相互关联而又互相区别，在不同的历史时期各有侧重。徐复观将这两个层次称之为"敬孝"和"爱孝"；许烺光认为，其是"孝职"和"孝感"的两个不同面向（周晓虹，2015）；叶光辉（1992）的"双元孝道模型"将之划分为权威性孝道和相互性孝道。这些研究似乎都倾向于将孝道进行二元对立的划分，以便进行清晰的测量和解释。但这些划分方式存在一些问题。如双元孝道中的相互性孝道，包括"尊亲恳亲"和"奉养祭念"两个次级成分，但"尊亲"首先体现的是角色规范性，"奉养祭念"的亲子相互性也不明显；而权威性孝道中的"护亲荣亲"，不仅仅是社会规范的要求，也包含着明显的情感性，二者都有体现，且交织其中。

杨宜音（2002）在研究中国人的"自己人"概念时，曾提出"真有之情"和"应有之情"的解释框架。对于孝道观念来说，也可以从"应有"和"真有"的两个维度来定义。从行动者自身的角度来说，孝观念主要受两方面因素的影响，一是社会角色规范，体现的是孝道的应然要求和"天职观"，即"应有之孝"，主要通过社会教化而形成的孝道观念；二是亲子长期互动中的个人情感倾向，体现的是发自内心的真情实感，主要由亲情而促发的孝观念，即"真有之孝"。这两个维度互有交叉，因而将"应孝"和"真孝"按照高低不同程度进行匹配，可以得到一个四象限模型，能够非常清楚地看到孝观念的状况及变化趋势。

表1　"应孝"与"真孝"的模型

		应有之孝	
		高	低
真有之孝	高	内外合一的孝、孝的最理想状态（诚孝）	现代社会关注的孝、重视情感表达（情孝）
	低	传统的孝道模式、重视角色规范（职孝）	不孝或关系空缺的状态

通过表4-1的孝道框架，可以清晰看出，孝的四种情状：左下方象限的真有之孝较低，而应有之孝较高的孝道模式主要就是从汉代至明清时期发展到巅峰的基于"三纲五常"的规范性、角色性、威权性孝道，亲子之间的权利距离较远，且孝的情感表达被身份角色的规范所压制，此时更强

调孝的"天职观"，故可称之为"职孝"。右上方象限的真有之孝较高，而应有之孝低，重视情感表达和精神联系，重视权利和义务的平等，由对父母的情感而产生的发自内心的关爱之情，叶光辉（1992）的相互性孝道的部分内涵，如敬爱双亲、悦亲、思慕亲情等，正是体现了这个特点，孝的"天职观"不被重视，而强调亲子间的情感表达，可称之为"情孝"。当真有之孝和应有之孝双高时，就是孝的最理想状态，做到了内外合一，即个体的内在情感和意愿与外在的社会规范和道德伦理要求的统一，由于内外一致，不存在掩饰的状态，故可称之为"诚孝"。第四种情况则是真有之孝和应有之孝都较低，属于不孝的范畴。

随着中国社会由传统到现代的变迁，以往对于孝道的研究都持一种观点，即认为孝道观念模式也要像西方社会一样经历一个"现代性"的转型，在个体主义的影响下变为"情感性的孝"。大致上来说，这个转型即是从表4-1中的左下区域向右上区域转变，即从真有之孝低、应有之孝高逐渐转变为真有之孝高、应有之孝低的状态，更注重孝的情感表达而排斥身份规范和角色天职。已有研究表明，孝道中的"顺从无违""随侍在侧""抑己顺亲""继承志业"等内涵已经不被民众所认可，而表达亲子情感关联的孝道内涵仍然被高度认同。但这似乎并不能推导出现代社会的孝道只重视情感表达，而忽视和抗拒孝的角色规范的结论。只能说孝道中限制个人自由的部分内涵失去了存在的基础，但孝对亲子双方角色的要求、家庭中需要承担的责任仍然存在，被剥离的是强制个人遵从传统孝道规范的约束性原则和文化规制，孝道观念中限制性的内涵不完全等同于孝的角色和责任。

在中国关系化的社会中，每个人都内化了所处关系网中的角色及其要求。以往的研究过于强调孝道的情感性和表达性，而忽视了孝的角色性其实依旧存在，且依旧重要。受到市场经济和个体化的影响，压制个体自由而缺乏表达性的内涵都已经不被认可，但并不意味着孝道在个人主义的影响下只剩下情感表达性，家庭在中国人的观念中仍然是重要的，在"新家庭主义"转向之下的家庭利益有时候甚至超过了个人利益，年青一代迫于生存压力和社会压力回归家庭，那么就需要接受其在家庭中的角色，适当遵从家庭中的规范。孝道具有非常强烈的文化认同和文化惯性，如果变为纯粹的个人情感喜好的表达，是一种简化论的谬误，也即是认为中国的亲子关系完全模仿西方的演变路径，这是非常值得商榷的。中国的亲子关系，角色规范性因素仍然在发挥作用，需要角色感和责任感来维持差序格局的关系网络。

　　在个体化和新家庭主义的影响下，情感性的孝越来越突出，同时回归家庭的年轻人，需要考虑家庭整体的利益，遵从家庭的角色规范，也就需要承担起对父母尽孝的责任，这种责任和本分，受到文化惯性和家庭教育的影响，也已经内化进一个人的思维模式和行为模式中。因此，孝道演变的方向是真有之孝和应有之孝双高的一种孝道方式，既强调情感表达，又存在角色和责任，既是内心自发的，又是外在环境要求内化的，这种内在和外在的一致性，应然与实然的统一，可以称之为一种"诚孝"。

　　纵观孝道的变迁，孝道观念先是由"职孝"变为"情孝"，剥离了限制个人自由和情感表达的因素，再由"情孝"转变为"诚孝"，使角色责任和内心情感得到统一。与此同时，回归家庭的年轻人期望以一种基于独立的个体、互相尊重的态度尝试与父母和传统进行沟通、协商与和解，期望一种建立在平等、平衡和理性基础上的真挚的亲子情感，同时达成传统与现代、个人与家庭的和解与平衡。

参考文献

陈柏峰，2009，《代际关系变动与老年人自杀——对湖北京山农村的实证研究》，《社会学研究》第 4 期。

邓凌，2004，《大学生孝道观的调查研究》，《青年研究》第 11 期。

邓希泉、风笑天，2003，《城市居民孝道态度与行为的代际比较》，《中国青年研究》第 3 期。

丁成际，2006，《论传统孝道的当代建构》，《渤海大学学报》第 2 期。

谷树新，2006《传统孝道的现代化》，《兰州大学学报》第 1 期。

郭于华，2001《代际关系中的公平逻辑及其变迁——对河北农村养老事件的分析》，《中国学术》第 4 期。

黄光国，2009，《从"儒家关系主义"评 < 华人孝道双元模型 >》，《本土心理学研究》第 32 期。

黄坚厚，1989，《现代生活孝的实践》，载杨国枢主编《中国人的心理》，桂冠图书公司出版社。

金观涛、刘青峰，2010，《观念史研究：中国现代重要政治术语的形成》，法律出版社。

康岚，2012，《代差与代同：新家庭主义价值的兴起》，《青年研究》第 3 期。

康岚，2014，《亲密有间：两代人话语中的新孝道》，《当代青年研究》第 4 期。

刘汉蓉，2008，《中国家庭价值观的变迁与趋势——以 80 后年龄组为参照的经验研究》，《上海市社会科学界第六届学术年会文集》。

刘明兰，2008，《孝道与亲子关系》，《当代教育论坛》第 6 期。

沈奕斐，2013，《个体家庭 iFamily：中国城市现代化进程中的个体、家庭与国家》，上海三联出版社。

唐志为，2006，《传统孝与社会主义新孝道》，《湘潭师范学院学报》第 4 期。

文萍、李红、马宽斌，2005，《不同时期我国青少年价值观变化特点的历时性研究》，《青年研究》第 12 期。

乌尔里希·贝克，2006，《后现代社会中人的个体化》，苏尔坎普出版社。

吴小英，2016《"去家庭化"还是"家庭化"：家庭论争背后的"政治正确"》，《河北学刊》第 5 期。

肖群忠，2005，《儒家孝道与当代中国伦理教育》，《南昌大学学报》第 1 期。

谢子元，2007，《论孝道创新与新孝道建设》，《石河子大学学报》第 2 期。

徐复观，1975，《中国孝道思想的形成演变及其在历史中的诸问题》，载《中国思想史集论》，台北：台湾学生书局。

阎云翔，2006，《私人生活的变革：一个中国村庄里的爱情、家庭与亲密关系（1949 - 1999）》，龚小夏译，上海书店出版社。

阎云翔，2012，《中国社会的个体化》，陆洋等译，上海译文出版社。

杨国枢，1989，《中国人孝道的概念分析——中国人的心理》，桂冠图书公司出版社。

杨曦，2016a，《城市老人对孝行期待变化研究——以杭州市上城区老人个案为基础的考察》，《中国社会科学院研究生院学报》第 1 期。

杨曦，2016b，《中国城市居民孝道观念变迁及亲子适应研究》，博士学位论文，中国社会科学院研究生院。

杨宜音，2002，《自己人：从中国人情感格局看婆媳关系》，《本土心理学研究》总第 16 期。

杨中芳，2009，《试论深化孝道研究的方向》，《本土心理学研究》第 32 期。

叶光辉，1992，《孝道认知的类型、发展及其相关因素》，博士学位论文，台湾大学心理学研究所。

叶光辉、杨国枢，2009，《中国人的孝道：心理学的分析》，重庆大学出版社。

叶光辉，1997，《台湾民众之孝道观念的变迁情形》，载张笠云等主编《九十年代的台湾社会：社会变迁基本调查研究系列二：下》，"中央研究院"社会学研究所。

叶光辉，1998，《孝道概念的心理学探讨：双层次孝道认知特征的发展历程》，《本土心理学刊》第 9 期。

叶光辉，2009，《亲子互动的困境与冲突及其因应方式：孝道观点的探讨》，载叶光辉、杨国枢主编《中国人的孝道：心理学的分析》，重庆大学出版社。

伊庆春，2009，《回应〈华人孝道双元模型研究的回顾与前瞻〉》，《本土心理学研究》第 32 期。

张坤、张文新，2005，《孝道的心理学研究现状》，《心理学探新》第 1 期。

周晓虹，2015，《文化反哺：变迁社会中的代际革命》，商务印书馆。

钟晓慧、何式凝，2014，《协商式亲密关系：独生子女父母对家庭关系和孝道的期待》，《开放时代》第 1 期。

Kohlberg L.（1976）. *Moral stages and moralization*：*A cognitive-developmental approach*，Moral development and behavior：Theory，research and social issues.

Dykstra，Pearl A.，& Fokkema，Tineke.（2011）. Relationships between parents and their adult children：A West European typology of late-life families，*AGEING & SOCIETY*，

31（4）：545 – 569.

Yan, Y. X. （2016）. Intergenerational Intimacy and Descending Familism in Rural North China. *American Anthropologist*, 118 （2）：244 – 257.

Yan, Y. X. （2017）. Intergenerational Relatedness and Neo-Familism in Contemporary China. Keynote Speech at the 6th Sino-Nordic gender and Women's Studies Conference：Age, Agency and Ambiguity, Oslo, Norway, Aug. 26 – 30.

《中国社会心理学评论》 第 21 辑
第 115~132 页
© SSAP，2021

父母控制对高中生亲社会行为的影响：情绪调节策略的中介作用*

张彦彦　董晓杰　王虹予**

摘　要： 家庭环境对个体亲社会行为的发展具有重要影响，其中父母控制是指父母在教养活动中用以控制、管理子女的较为稳定的行为方式，可分为心理控制和行为控制两个方面（Barber，Olsen，& Shagle，1994）。已有研究普遍认为心理控制是一种消极的控制方式，而行为控制在某些情况下具有一定的积极作用。本研究探讨了父母控制对高中生亲社会行为的双重效应，以及个体的情绪调节策略在上述关系中的中介作用。研究随机选取了 342 名学生进行问卷调查。结果表明，父母控制在预测子女亲社会行为时存在着双重效应。心理控制会抑制亲社会行为的发生，而行为控制则可以增强个体的亲社会倾向，且积极的情绪调节策略（认知重评）在行为控制与亲社会行为之间发挥了部分中介作用。

关键词： 父母控制　情绪调节　亲社会行为　中介效应

一　引言

高中阶段是个体社会行为趋向成熟的重要时期，青少年经过社会化的

---

* 本研究得到了教育部人文社会科学研究一般项目（20YJC190029）支持。本文曾以《父母控制对高中生亲社会行为的影响：情绪调节的中介作用》为题，收录于《中国心理学会第二十二届全国心理学学术会议摘要集》，2019。
** 张彦彦，吉林大学哲学社会学院心理学系教授，博士生导师，通讯作者，E-mail：zhangyanyan@ jlu. edu. cn；董晓杰，吉林大学哲学社会学院硕士研究生；王虹予，吉林大学哲学社会学院博士研究生。

过程形成了较为稳定的人生观和世界观。亲社会行为的发展是青少年社会化的重要结果和体现。青少年经历着生理、心理和社会环境的巨大变化，亲社会行为的良好发展可以为其成年后建立良好人际关系奠定基础，有助于帮助个体适应社会、自我完善和自我成长。已有研究表明，亲社会行为水平较高的青少年幸福感更高、心理更健康，同时也有着更积极的情绪、更强的人际信任感以及更高的自尊水平（Gilman，2001；Rotenberg et al.，2005）。此外，亲社会行为可以促进人际关系的发展和改善，使青少年感知到更多来自家庭、同伴的社会支持，进而采用更为有效和积极的方式应对自身产生的焦虑、孤独等负性情绪。

（一）亲社会行为及影响因素

美国心理学家 Carlo（2002）将亲社会行为（prosocial behavior）定义为"社会中的个体在与社会中他人交往的情境中有意识地做出对他人有益的行为"。亲社会行为与利他行为在概念上有所不同。利他行为强调纯粹的、对别人有好处而对自身没有明显益处的行为，而亲社会行为则强调个体行为动机和外在表现的多样化，因此在概念上的外延更为广泛（寇彧、洪慧芳、谭晨、李磊，2007）。亲社会行为不仅是一种行为上的表现，而且是认知、情感和行为的综合体。对于处在青少年时期的高中生而言，随着认知能力的不断提高，亲社会的态度和行为也会随着年龄的增长而发生变化（张铭迪、刘文，2012）。我国学者寇彧等（2006）对具有本土代表性的青少年群体进行了访谈，通过内容分析提出了中国文化背景下青少年群体亲社会行为的定义："人们在社会中与他人交往时所表现出的积极友好的行为，其特点是使他人乃至整个群体获益，并且能够促成交往双方的和谐关系。"研究者进一步以中国文化为背景，编制了适合测评我国青少年群体的"青少年亲社会行为量表"，并开展了一系列实证性的验证研究（张梦圆、杨莹、寇彧，2015；杨莹、张梦圆、寇彧，2016）。

亲社会行为受到个体因素和环境因素的共同影响。在个体因素方面，近期研究发现，心理韧性（resilience）可以提高青少年"问题群体"（如抑郁或存在行为问题）的亲社会行为水平（Ungar & Hadfield，2019）。Ferguson 等（2019）对"有价"（costly）亲社会行为（如向慈善机构捐款）和"无价"（costless）亲社会行为（如捐献器官）做了区分，并发现"礼貌"（politeness）和"同情心"（compassion）的特质与"有价"亲社会行为相关，而"智力"（intellect）则与"无价"亲社会行为相关。此外，Guo 等（2018）的研究发现，害羞特质会降低个体的网络亲社会行为。

另一方面，由于青少年时期的行为发展以及社会化过程主要是在家庭中进行的，所以家庭作为重要的环境因素会对个体的亲社会行为产生影响。家庭因素包含的内容较为广泛，亲子沟通、父母教养方式、父母的价值观等都会影响个体的亲社会行为。Putnick 等（2018）研究了来自 9 个国家的 1178 个家庭，发现在控制了父母年龄和教育水平之后，父母接纳（parental acceptance）可以显著地提高子女的亲社会行为。Ngai 等（2018）对 1988 名中国香港地区的青少年及他们父母的教养方式进行了调查，结果表明父母的关心、自主和过度保护对子女的亲社会行为有不同程度的正向预测作用，而父母的忽视对亲社会行为存在负向预测作用。

（二）父母控制对亲社会行为的影响

父母控制指的是父母在教养活动中经常用以控制和管理子女的、较为稳定的行为方式（Barber，1992；杨慧芳、刘金花，1997）。父母控制是父母对孩子实施教养活动的重要方面，在儿童的成长过程中，父母采用不同的控制方式，会对儿童的人格形成、情绪管理、社会性行为的发展等产生深远的影响。

Barber 等（1994）以"控制点"理论为依据，根据父母对子女的心理和外部行为两个方面的不同侧重，将父母控制分为心理控制和行为控制模式。心理控制是指父母试图侵扰孩子的内心，控制孩子的心理和情绪，抑制或妨碍其独立性的行为意图，包括"权力专断"、"引发内疚感"和"爱的撤回"等形式。这些形式会阻碍孩子独立能力的形成以及健康的自我意识和同一性的发展。行为控制是指父母试图控制孩子在物质世界中的活动，通过施加规范、限制以及主动询问和观察等方式来管理和监督子女的行为，主要包括"主动询问"和"限定管束"等形式。

心理控制主要是父母对子女的感觉和想法的管理，而行为控制主要是父母对子女行为的指导和监控（Grolnick & Pomerantz，2009）。已有研究发现，父母心理控制和行为控制对儿童青少年发展具有不同的影响。其中多数研究表明心理控制是一种消极的控制方式，使儿童无法发展独立性和自主性，较高水平的父母心理控制可能会导致较高水平的内化和外化问题行为。Barber（1996）发现心理控制程度与青少年的抑郁倾向呈显著正相关。我国学者李丹黎等（2012）发现父母心理控制与初中生的攻击和社会退缩均呈正相关，心理控制对攻击和社会退缩具有正向预测作用。高鑫等（2016）发现父母的心理控制会对儿童的行为，以及自主性等一系列的心理社会功能产生消极影响。

相对而言，行为控制是一种较为积极的控制方式，父母通过对儿童外在行为的管理使儿童形成合乎社会要求的行为规范，且这种行为规范的习得不需以对儿童的心理世界施加压力为前提。一些研究证实了父母的行为控制可以促进子女养成健康的习惯。例如，父母的积极强化和监控与儿童形成健康的饮食习惯及运动习惯息息相关（Arredondo et al.，2006）。此外，父母的行为控制也可能减少子女的消极社会行为并增加积极的社会行为。行为控制与青少年的反社会行为倾向和危险的性行为呈负相关（Barber，1996；Weber-Shifrin，2003）。父母的监督可以减少子女成年后的危险驾驶行为和"路怒症"（Hartos，Eitel，& Simons-Morton，2002）。Wang 等（2007）发现，父母的心理控制会引发青少年的心理及情绪困扰并增加消极的自我评价，而行为控制则能产生一些积极的社会行为结果（如学习能力的提高和违纪行为的减少）。然而，过多的行为控制也可能导致儿童更多的情绪障碍（张轶杰、康红英、陈蛟，2009）。Qin 等人（2009）通过对中国和美国被试进行追踪研究发现，随着儿童进入青少年时期，父母对儿童的过度干涉会影响他们随后的情绪功能。

在父母控制对亲社会行为的影响方面，现有研究多关注于心理控制对亲社会行为的负面影响，而对行为控制的研究很少。Silk 等（2003）发现父母较多的心理控制和较少的自主性支持可以负向预测孩子的亲社会行为。Rueth 等（2017）通过纵向研究证实了上述关系，并发现父母较多的心理控制和较少的自主性支持在孩子愤怒的情绪调节障碍方面发挥了进一步的中介作用。鉴于学者对行为控制的研究存在不一致的结论，本研究尝试探讨父母控制对青少年亲社会行为的双重效应，并假设心理控制会降低亲社会行为倾向而行为控制可能对亲社会行为有正向预测作用。

（三） 情绪调节策略对亲社会行为的影响

情绪调节是指个体监控、评估和修正情绪反应的内在与外在过程（Thompson，1991）。这一概念又可进一步分为"情绪调节能力"和"情绪调节策略"两个方面。其中，情绪调节能力是指个体抑制、增强、保持和修正情绪唤醒，以实现个人目标的能力（Eisenberg & Moore，1997）；情绪调节策略是认知过程，指个体为达到情绪平衡状态，对情绪进行有效调节，使个体适宜环境和社会需要的一种重要手段（刘志军、白学军、刘旭，2009）。

情绪调节对个体产生何种情绪、何时产生情绪以及如何体验和表达这些情绪都产生着重要的影响。在情绪调节的过程中，个体首先会对自身情绪反应状态进行体察与评估，然后根据不同的情绪调节目的采取相应的情绪调节策略。认知重评和表达抑制是降低情绪反应时最常用且最有价值的策略（Gross，2002）。认知重评是指个体通过改变对情绪事件的理解和认识，使自己能够以一种更为积极的方式去理解负性情绪事件，或是通过对情绪事件进行"合理化"的方法来调节情绪，是先行关注的情绪调节策略。而表达抑制是指个体抑制将要发生或正在发生的情绪表达行为，是反应关注的情绪调节策略。

不同类型的情绪调节策略会对个体的社会行为产生不同影响。表达抑制会分散注意并掩盖重要的社会互动信息，因此会对人际沟通和互动产生消极影响；而认知重评可以降低负情绪的心理体验与行为表达，增强正情绪的心理体验和行为表达，因此，会对人际沟通和互动产生积极的影响（王振宏、郭德俊，2003）。大量研究发现，情绪调节策略是影响亲社会行为的诸多因素发生作用的心理机制。Hipson 等（2019）发现害羞会影响亲社会行为，而主动的情绪调节在上述关系中存在中介效应。此外，情绪调节能力也会对亲社会行为产生正向预测作用（Hein，Röder，& Fingerle，2018）。

（四）父母控制、情绪调节策略和亲社会行为三者的关系

基于 Morris 等（2007）提出的三维假设模型，家庭环境中的观察学习、教养方式和家庭情绪氛围在不同程度上会对儿童的情绪调节产生影响。因此，父母控制会影响青少年的情绪调节策略。Kliewer 等（2008）发现，父母接受与儿童的积极进取和寻求帮助的情绪调节策略有密切联系。我国学者贾海艳和方平（2004）发现，良好的父母教养方式（情感温暖、理解）可以促使青少年较多地使用成熟型的情绪调节策略（求助和解决问题）；父母对孩子的过度干涉、保护等则会导致青少年较多地使用不成熟型的情绪调节策略（自责和幻想）。此外，父母的心理控制可以正向预测子女情绪调节中的表达抑制策略（赖雪芬等，2014）。

近期研究发现，父母控制不但会对情绪调节产生直接影响，还会通过影响情绪调节进一步影响到个体的亲社会行为水平。例如，Rueth 等（2017）的研究表明，父母的心理控制可以负向预测子女的亲社会行为，而对于愤怒情绪的调节不良则发挥了进一步的中介作用。Goger 等（2020）的研究则发现父母的心理控制水平越高，个体的焦虑水平也越高，情绪调节能力水平越低，而自我报告的情绪调节困难在心理控制和焦虑水平间起到部分中介作用。因此，本研究尝试将情绪调节策略作为中介变量，尝试

建立父母控制、情绪调节策略和亲社会行为三者间的中介模型,并探究父母控制中的心理控制和行为控制在影响亲社会行为方面的不同作用。

具体而言,本研究提出如下假设。

假设 1:父母控制会影响青少年的亲社会行为。其中,心理控制会减少亲社会行为,而行为控制可以增加亲社会行为。

假设 2:情绪调节策略会影响青少年的亲社会行为。其中,认知重评可以增加亲社会行为,而表达抑制会减少亲社会行为。

假设 3:父母控制会影响青少年的情绪调节策略。其中,心理控制会减少认知重评并增加表达抑制;行为控制会增加认知重评并减少表达抑制。

假设 4:情绪调节策略在父母控制与亲社会行为间存在中介效应。具体而言,行为控制可以通过增加认知重评或减少表达抑制进而增加亲社会行为,而心理控制可以通过减少认知重评或增加表达抑制进而减少亲社会行为。

二 研究方法

(一) 被试

为了增加样本代表性,提高研究结果的外部效度,本研究选取了辽宁省两所不同类型的高中(一所为普通高中,一所为职业技术高中)三个年级的学生为调查对象,共发放问卷 400 份,回收有效问卷 342 份,回收率 86%。其中男生 161 人,所占比例为 47.10%;普通高中学生 158 人,所占比例为 46.2%;高一年级 154 人,所占比例为 45%,高二年级 91 人,所占比例为 26.6%,高三年级 97 人,所占比例为 28.4%。被试的平均年龄为 $M = 17.05$ ($SD = 1.01$)。

(二) 测量工具

对父母控制的测量采用 Wang 等(2007)编制的"父母控制问卷"的中文版。主要包括心理控制和行为控制两个维度。其中,心理控制包括 18 个题目,主要测量父母在引发内疚感、爱的撤回和权力专断三个方面的行为;行为控制包括 16 个题目,主要测量父母在主动询问和限定管束两个方面的行为。问卷采用 5 点计分,得分越高代表父母对子女心理控制和行为控制的水平越高。

对情绪调节策略的测量采用 Gross 的"情绪调节问卷"(emotion regulation questionnaire，ERQ）中文修订版（王力等，2007）。修订后的问卷共14 个题目，分为认知重评和表达抑制两个维度，每个维度各 7 个题目。采用 7 点计分，得分越高表示越倾向于使用某种情绪调节策略。

对青少年亲社会行为的测量采用寇彧课题组的"青少年亲社会行为量表"（prosocial behavior scale for adolescent，PBSA）。该量表包括四个维度：利他性、遵规 - 公益性、关系性和特质性。以此四维度为基础，经过两次修订，最终量表包括 15 个题目，采用 7 点计分，得分越高表明个体在该维度上亲社会行为的表现水平越高。[①]

（三） 数据处理

使用 SPSS 23.0 对收集的数据进行描述性统计、独立样本 T 检验、单因素方差分析、相关分析和回归分析，并采用 Bootstrap 方法对中介效应进行检验。

三　结果

（一） 共同方法偏差检验

鉴于本研究采用问卷调查的方法收集数据，可能会出现共同方法偏差，本研究采用 Harman 单因素检验法来检验共同方法偏差。主成分因子分析总共得出了 3 个因子，解释了总变异量的 81.80%，其中，第 1 个因子解释了总变异量的 31.70%，且析出的 3 个因子中没有单个因子解释40% 以上的变异量。由此可以得出本研究不存在严重的共同方法偏差。

（二） 量表信度及效度检验

内部一致性信度检验结果表明，"父母控制问卷"、"情绪调节问卷"和"青少年亲社会行为量表"在总体及子维度上的信度均良好（见表 1）。

表 1　各量表及其子维度的信度检验结果

	Alpha	项数
父母控制总分	0.90	34
父母心理控制	0.91	18
引发内疚感	0.86	6

---

① 感谢寇彧课题组提供的最新修订版问卷，请联系原作者获取问卷。

续表

	Alpha	项数
爱的撤回	0.86	6
权力专断	0.84	6
父母行为控制	0.89	16
主动询问	0.83	8
限定管束	0.87	8
情绪调节策略总分	0.86	14
认知重评	0.86	7
表达抑制	0.78	7
亲社会行为总分	0.89	15
利他性	0.71	4
遵规 – 公益性	0.75	5
关系性	0.70	3
特质性	0.66	3

同时，采用验证性因素分析对三个量表分别进行效度分析。KMO 值分别为 0.92、0.88 和 0.89，Bartlett 球形度检验显著性均为 0.000，表明研究样本适合做因素分析。通过主成分因子分析提取公因子，在固定因子数量后，采用最大方差法进行因素旋转，得到各项目的因子载荷均在 0.4 以上，累计可解释方差分别为 47%、51% 和 40%。结果说明三个量表的效度均良好。

（三）父母控制、情绪调节策略和亲社会行为的性别差异

对父母控制、情绪调节策略和亲社会行为的总体均值和标准差进行描述统计后，对各变量进行独立样本 T 检验，比较它们在性别上的差异（见表 2）。

结果表明，青少年总体亲社会水平较高（$M = 5.18$，$SD = 0.84$）。父母心理控制存在显著的性别差异（$t = 3.97$，$p < 0.001$）。相比于女生，父母对男生更多采用心理控制。但在父母行为控制及其各维度不存在显著的性别差异。在情绪调节策略方面，男生比女生更多地采用认知重评和表达抑制（$t_{重评} = 2.38$，$p = 0.02$；$t_{抑制} = 5.09$，$p < 0.001$）。此外，男生和女生在亲社会行为方面不存在显著差异。

表2　各变量的总体均值、标准差及性别差异检验

	总体均值		男性		女性		t	95% CI
	M	SD	M	SD	M	SD		
心理控制	2.44	0.71	2.60	0.70	2.30	0.70	3.97***	[0.15, 0.45]
行为控制	3.08	0.72	3.09	0.71	3.07	0.73	0.23	[−0.14, 0.17]
认知重评	4.69	1.08	4.84	1.13	4.56	1.02	2.38*	[0.04, 0.51]
表达抑制	4.07	1.05	4.37	1.06	3.81	0.98	5.09***	[0.34, 0.78]
亲社会行为	5.18	0.84	5.14	0.92	5.21	0.76	−0.75	[−0.25, 0.11]

注：* $p < 0.05$，** $p < 0.01$，*** $p < 0.001$。

（四）相关分析

对父母控制的两个维度（心理控制和行为控制）、情绪调节策略的两个维度（认知重评和表达抑制）与亲社会行为进行相关分析（见表3）。结果表明，与假设1一致，亲社会行为与父母控制存在显著相关。其中，心理控制与亲社会行为之间存在显著的负相关（$r = −0.12$，$p = 0.02$），即父母对高中生的心理控制程度越高，高中生的亲社会行为水平就越低；行为控制与亲社会行为之间存在显著的正相关（$r = 0.38$，$p < 0.001$），即父母对高中生的教育更多地采用行为控制方式，高中生的亲社会行为总体水平就会越高。此外，在行为控制维度上将数据拆分为前27%的低分组（行为控制适度组）和后27%的高分组（行为控制过度组），结果发现对于两组而言均存在行为控制与亲社会行为的正相关（$r_{低分} = 0.21$，$p < 0.001$；$r_{高分} = 0.39$，$p < 0.001$）。

表3　心理控制、情绪调节策略与亲社会行为之间的相关关系分析

	亲社会行为	心理控制	行为控制	认知重评	表达抑制
亲社会行为	1				
心理控制	−0.12*	1			
行为控制	0.38***	0.20***	1		
认知重评	0.39***	0.02	0.21***	1	
表达抑制	0.05	0.21***	0.17**	0.50***	1

注：* $p < 0.05$，** $p < 0.01$，*** $p < 0.001$。

另一方面，与假设2部分一致，亲社会行为与情绪调节策略中的认知重评维度呈显著正相关（$r = 0.39$，$p < 0.001$），但亲社会行为与情绪调节策略中的表达抑制维度之间不存在显著相关（$r = 0.05$，$p = 0.35$）。

　　与假设 3 部分一致，父母控制与情绪调节策略存在相关性。其中，心理控制与表达抑制存在显著正相关（$r = 0.21$，$p < 0.001$），即父母对高中生的教育更多地倾向于采用心理控制的方式，个体就越倾向于使用表达抑制的情绪调节方式对自己的情绪进行调节。心理控制与认知重评之间不存在显著相关（$r = 0.02$，$p = 0.77$）。另外，行为控制与情绪调节策略中的认知重评维度和表达抑制维度之间均存在显著正相关（$r_{重评} = 0.21$，$p < 0.001$；$r_{抑制} = 0.17$，$p = 0.002$），即父母对高中生更多采用行为控制的方式，一方面会使子女倾向于选择认知重评的情绪调节策略，但同时也会使他们更倾向于选择表达抑制的情绪调节策略。

（五）回归分析

　　在相关分析结果的基础上进一步做回归分析。以亲社会行为为因变量，以心理控制、行为控制、认知重评和表达抑制为自变量进行回归，结果表明。首先，心理控制和行为控制都可以显著地预测亲社会行为，但作用相反（$t_{心理} = -3.38$，$p = 0.001$；$t_{行为} = 7.57$，$p < 0.001$）。上述结果与假设 1 一致，即心理控制负向预测亲社会行为，而行为控制对亲社会行为有正向预测作用。其次，认知重评对亲社会行为有正向预测作用（$t = 7.55$，$p < 0.001$），而表达抑制可以负向预测亲社会行为（$t = -3.27$，$p = 0.001$），这与假设 2 一致（见表 4）。

表 4　父母控制和情绪调节策略对亲社会行为影响的回归分析（$N = 342$）

	B	SE	β	t	95% CI
心理控制	-0.19	0.06	-0.16	-3.38 **	[-0.30, -0.08]
行为控制	0.42	0.06	0.36	7.57 ***	[0.31, 0.53]
认知重评	0.32	0.04	0.40	7.55 ***	[0.23, 0.40]
表达抑制	-0.14	0.04	-0.18	-3.27 **	[-0.23, -0.06]
R^2			0.30		
调整后的 R^2			0.30		

注：* $p < 0.05$，** $p < 0.01$，*** $p < 0.001$。

　　最后，分别以认知重评和表达抑制为因变量，以心理控制和行为控制为自变量进行回归，结果表明。心理控制可以正向预测表达抑制但不能预测认知重评（$t_{重评} = -0.47$，$p = 0.64$；$t_{抑制} = 3.50$，$p < 0.01$）；而行为控制则对认知重评和表达抑制都有正向预测作用（$t_{重评} = 3.93$，$p < 0.001$；

$t_{抑制} = 2.43$，$p = 0.02$），这与假设 3 部分一致（见表 5、表 6）。

表 5　父母控制对认知重评的回归分析（$N = 342$）

	B	SE	β	t	95% CI
心理控制	-0.04	0.08	-0.03	-0.47	[-0.20, 0.12]
行为控制	0.32	0.08	0.21	3.93***	[0.16, 0.48]
R^2			0.04		
调整后的 R^2			0.04		

注：* $p < 0.05$，** $p < 0.01$，*** $p < 0.001$。

表 6　父母控制对表达抑制的回归分析（$N = 342$）

	B	SE	β	t	95% CI
心理控制	0.28	0.08	0.19	3.50**	[0.12, 0.43]
行为控制	0.19	0.08	0.13	2.43	[0.04, 0.35]
R^2			0.06		
调整后的 R^2			0.06		

注：* $p < 0.05$，** $p < 0.01$，*** $p < 0.001$。

（六）中介效应检验

鉴于传统中介效应检验的方法（温忠麟等，2004）存在分析不够深入，未能明晰复杂中介效应等问题（陈瑞等，2013），本研究采用 Preacher 和 Hayes（2004）提出的 Bootstrap 方法对假设 4 中的四种可能中介路径进行检验。采用 Process 插件中的模型 4 进行中介效应检验，使用 Bootstrap 方法选取 95% 置信区间对样本进行重复抽样 5000 次，结果表明，仅有当认知重评作为行为控制影响亲社会行为的中介变量时，置信区间不包含 0（LLCI = 0.03、ULCI = 0.14），这说明认知重评的间接效应显著，但间接效应仅占总效应量的 18%。与假设 4 部分一致，认知重评在父母的行为控制对高中生亲社会行为的影响中存在部分中介作用（见表 7 和图 1）。

表 7　认知重评在行为控制与亲社会行为中的中介效应检验

中介路径	效应值（effect）	标准误（SE）	区间下限（BootLLCI）	区间上限（BootULCI）
直接效应	0.37	0.06	0.26	0.48
间接效应	0.08	0.03	0.03	0.14

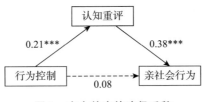

图 1　中介效应的路径系数

四　讨论

（一）父母控制和情绪调节策略对亲社会行为的影响

本研究主要考察了父母控制和情绪调节策略对于高中生亲社会行为的影响以及作用机制。研究结果表明，高中生的亲社会行为与父母控制有关，但不同的控制方式对于亲社会行为的作用是相反的。具体而言，父母的心理控制可以负向预测高中生的亲社会行为。与以往大量研究的结果一致，心理控制的消极作用会导致青少年产生各种内化和外化问题（Bean，2006）。父母通过引发内疚感、爱的撤回和权力专断等心理控制的方式侵扰了孩子的内心世界，试图控制孩子的心理和情绪，可能会使其产生内疚、自卑等情绪体验，此时青少年往往更倾向于关注自身和进行自我保护，而忽视了周围的人和事，甚至表现出敌意。

然而，行为控制可以正向预测亲社会行为，即父母对子女的行为控制程度越高，子女的亲社会倾向越强。与心理控制的影响不同，父母的行为控制能够减少外化问题行为并增加孩子的积极行为（Wang，Pomerantz，& chen，2007）。父母通过主动询问和限定管束，在对孩子的行为施以规则的同时，也在一定程度上给予了他们自主空间，进而促使个体表现出较强的亲社会倾向。本研究结果表明，在亲社会行为方面，父母控制存在着"双重效应"。相对心理控制而言，父母对子女行为的监督具有积极的作用。

在情绪调节策略方面，与假设一致，本研究发现情绪调节策略中的认知重评可以正向预测亲社会行为，即个体越善于使用认知重评策略对自己的情绪进行调节，其亲社会行为水平越高。同时，表达抑制对亲社会行为有负向预测作用，即个体越倾向于抑制自己的情绪表达，其亲社会行为水平越低。已有研究发现，情绪调节策略会对个体的生理、心理和行为产生不同程度的影响（黄敏儿、郭德俊，2002）。因此，认知重评可能通过增加积极的人际交流和互动，进而提高亲社会行为；而表达抑制可能分散了注意并掩盖重要的社会互动信息，因此会对人际沟通和互动产生消极影响（王振宏、郭德俊，2003）。然而，一些研究也发现，由于表达抑制是对情绪的短暂控制，相对认知重评而言，它影响亲社会行为的长期效果不佳（胡金萍、种道汉，2019），因此未来可采用纵向研究对两种不同情绪策略的作用效果展开进一步探究。

（二）情绪调节策略的中介作用

本研究发现情绪调节策略中的认知重评维度在父母行为控制与亲社会行为之间存在部分中介效应，即父母的行为控制提高了个体采用认知重评情绪调节策略的倾向，进而表现出亲社会行为。当个体进入青少年时期后，自主性需求增强，此时父母就需要在给予自由与施以监督之间找到平衡，即父母对子女的行为进行约束和控制，同时给予他们心理上一些空间和自由。父母进行及时有效的指导与监督，可能会促使孩子学会选择更为积极和成熟的情绪调节策略，进而提高他们表现出亲社会的行为倾向，逐渐完善社会化过程。然而，本研究并未发现心理控制、情绪调节与亲社会行为的中介模型，这可能是由于研究中父母心理控制的水平总体较低（$M = 2.44$）导致出现了"地板效应"。同时，个体表现出来的行为问题又可以进一步细分为内化问题和外化问题两类，而以往研究发现父母的心理控制多与儿童和青少年的内化问题有关，如焦虑、抑郁和低自尊（Settipani, O'Neil, Podell, Beidas, & Kendall, 2013; Bireda & von Krosigk, 2015）。鉴于本研究考察的亲社会行为属于外化行为，这或许可以部分解释中介效应不显著这一结果。

（三）父母控制、情绪调节策略和亲社会行为的性别差异

本研究发现高中生的亲社会行为整体水平较高，这说明高中阶段的青少年群体与社会的联系逐渐紧密，亲社会行为被认为是青少年社会化过程中的一个重要部分。在父母控制的心理控制方面，男生比女生报告了更多的父母心理控制，这与前人研究结果一致（Barber, 2002）。在情绪调节策略方面，男生比女生更倾向于使用表达抑制，这也与前人研究结果一致（Cabello et al., 2013; Flynn et al., 2010）。但本研究中的男生比女生更倾向于使用认知重评的情绪调节策略。这一结果是否受到了文化因素的影响仍有待进一步检验。此外，由于本研究被试同质性较强，未能发现其他人口学变量（如年龄、家庭结构等）对于父母控制、情绪调节策略以及亲社

会行为的影响。近期采用生命史视角的研究者发现，早年生活压力（如青少年时期的家庭社会经济地位）与较低的亲社会水平有关（Wu，Guo，Gao，& Kou，2020），因此，扩大样本异质性或许会为回答上述问题提供更多证据。

（四）研究不足与展望

以往研究侧重于考量父母控制中的心理控制对子女心理健康及社会行为的消极影响，而对行为控制的作用存在着不一致的结论。本研究一方面验证了心理控制在亲社会行为领域中同样存在着消极作用，另一方面探讨并发现了父母的行为控制对青少年的亲社会行为起到了促进作用。但值得注意的是，行为控制是否适度可能会调节这种积极作用，即过度的行为控制可能会降低亲社会行为。本研究将行为控制拆分为高、低两组，但结果表明对于高分和低分组均存在着行为控制与亲社会行为的正相关。这与假设并不一致，鉴于本研究中测量的是子女感受到的父母行为控制程度的高低，而这种行为控制是否因"过度"而成为压力和心理负担则需要进一步考量。因此，在未来研究中应考虑在测量父母的行为控制程度之外，同时测量子女主观感受到的行为控制"适度与否"，并将其作为调节变量，进一步探讨父母控制与青少年亲社会行为的关系，这或可为化解前人研究中的矛盾提供一定的启示。

另外，本研究结论的外部效度受到了样本量、样本代表性和研究方法的局限，未来研究应考虑增加样本量并可尝试通过纵向研究考察变量间因果关系。同时，虽然本研究所采用的测量工具结合了本土文化背景的优势，但通过问卷法来测量亲社会行为可能会受到社会赞许性的影响。未来研究应考虑通过实验法、观察法等多种方法来测量亲社会行为，并与问卷调查的结果进行比较。

最后，文化环境对亲社会行为的作用已逐渐引起社会心理学界的关注。Chernyak 等（2018）研究了赞比亚儿童的亲社会行为，并验证了个体特质（儿童的认知能力）和家庭环境因素（母亲对于村子里存在"不公平"现象的态度）都会影响子女的亲社会行为。Streit 等（2019）的最新研究调查了 381 名拉丁美裔的美国青少年，结果表明种族社会化可以通过影响种族认同和文化价值观进而影响青少年的亲社会行为。因此，未来研究或可考虑进行跨文化比较，检验现有研究结果的文化差异。

参考文献

陈瑞、郑毓煌、刘文静，2013，《中介效应分析：原理、程序、Bootstrap 方法及其应用》，《营销科学学报》第 4 期。

高鑫、邢淑芬、赵军燕，2016，《父母的心理控制与儿童心理社会功能的关系》，《心理科学进展》第 11 期。

胡金萍、种道汉，2019，《亲子亲合与青少年亲社会倾向的关系：自我同情与情绪调节策略的中介作用》，《中国特殊教育》第 12 期，第 89 - 96 页。

黄敏儿、郭德俊，2002，《原因调节和反应调节的情绪变化过程》，《心理学报》第 4 期。

贾海艳、方平，2004，《青少年情绪调节策略和父母教养方式的关系》，《心理科学》第 5 期。

寇彧、洪慧芳、谭晨、李磊，2007，《青少年亲社会倾向量表的修订》，《心理发展与教育》第 1 期。

寇彧，2006，《青少年亲社会行为的概念表征研究》，《社会学研究》第 5 期。

赖雪芬、王艳辉、王媛媛、张卫、杨庆平，2014，《父母控制与青少年网络成瘾—情绪调节的中介作用》，《中国临床心理学杂志》第 3 期。

李丹黎、张卫、李董平、王艳辉，2012，《父母行为控制、心理控制与青少年早期攻击和社会退缩的关系》，《心理发展与教育》第 2 期。

刘志军、白学军、刘旭，2009，《初中生情绪调节策略与行为适应不良的关系》，《心理研究》第 5 期。

王力、柳恒超、李中权、杜卫，2007，《情绪调节问卷中文版的信效度研究》，《中国健康心理学杂志》第 6 期。

王振宏、郭德俊，2003，《Gross 情绪调节过程与策略研究述评》，《心理科学进展》第 6 期。

温忠麟、张雷、侯杰泰、刘红云，2004，《中介效应检验程序及其应用》，《心理学报》第 5 期。

杨慧芳、刘金花，1997，《西方父母控制研究简介》，《心理科学》第 3 期，第 278 - 279 页。

杨莹、张梦圆、寇彧，2016，《青少年亲社会行为量表的编制与在验证》，《中国社会心理学评论》第 10 期。

张梦圆、杨莹、寇彧，2015，《青少年的亲社会行为及其发展》，《青年研究》第 4 期。

张铭迪、刘文，2012，《青少年初期亲社会行为的影响因素》，《社会心理科学》第 8 期。

张轶杰、康红英、陈蛟，2009，《情绪障碍儿童行为与父母教育子女方式的关系》，《中国健康心理学杂志》第 2 期。

Arredondo, E. M., Elder, J. P., Ayala, G. X., Campbell, N., Baquero, B., & Duerksen, S. (2006). Is parenting style related to children's healthy eating and physical activity in Latino families? *Health Education Research*, 21 (6), 862 - 871.

Barber, B. K., Olsen, J. E., & Shagle, S. C. (1994). Associations between parental psychological and behavioral control and youth internalized and externalized behaviors. *Child Development*, 65, 1120 – 1136.

Barber, B. K. (1996). Parental psychological control: Revisiting a neglected construct. *Child Development*, 67, 3296 – 3319.

Barber, B. K. (2002). Reintroducing parental psychological control. *In B. K. Barber* (eds.), *Intrusive parenting: How psychological control affects children and adolescents.*

Barber, Brian K. (1992). Family, personality, and adolescent problem behaviors. *Journal of Marriage and Family*, 54 (1), 69 – 79.

Bean, R. A. (2006). Parental support, behavioral control, and psychological control among African American youth: The relationships to academic grades, delinquency, and depression. *Journal of Family Issues*, 27 (10), 1335 – 1355.

Bireda, A. D., & von Krosigk, B. (2015). Perceived maternal and paternal psychological control by Ethiopian adolescents. *Journal of Psychology in Africa*, 25 (1), 1 – 5.

Cabello, R., Salguero, J. M., Fernández-Berrocal, P., & Gross, J. J. (2013). A Spanish adaptation of the emotion regulation questionnaire. *European Journal of Psychological Assessment*, 29 (4), 234 – 240.

Carlo, G., & Randall, B. A. (2002). The development of a measure of prosocial behaviors for late adolescents. *Journal of Youth and Adolescence*, 31 (1), 31 – 44.

Chernyak, N., Harvey, T., Tarullo, A. R., Rockers, P. C., & Blake, P. R. (2018). Varieties of young children's prosocial behavior in Zambia: The role of cognitive ability, wealth, and inequality beliefs. *Frontiers in Psychology*, 9, Article 2209.

Eisenberg, N., & Moore, B. S. (1997). Emotional regulation and development. *Motivation and Emotion*, 21, 1 – 6.

Ferguson, E., Zhao, K., O'Carroll, R. E., & Smillie, L. D. (2019). Costless and costly prosociality: Correspondence among personality traits, economic preferences, and real-world prosociality. *Social Psychological and Personality Science*, 10 (4), 461 – 471.

Flynn, J. J., Hollenstein, T., & Mackey, A. (2010). The effect of suppressing and not accepting emotions on depressive symptoms: Is expression suppression different for men and women? *Personality and Individual Differences*, 49, 582 – 586.

Gilman, R. (2001). The relationship between life satisfaction, social interest, and frequency of extracurricular activities among adolescent students. *Journal of Youth and Adolescence*, 30 (6), 749 – 767.

Goger, P., Rozenman, M., & Gonzalez, A. (2020). The association between current maternal psychological control, anxiety symptoms, and emotional regulatory processes in emerging adults, *Journal of Behavior Therapy and Experimental Psychiatry*, 68, Article 101563.

Grolnick, W. S., & Pomerantz, E. M. (2009). Issues and challenges in studying parental control: Toward a new conceptualization. *Child Development Perspectives*, 2, 165 – 171.

Gross, J. J. (2002). Emotion regulation: Affective, cognitive, and social consequences. *Psychophysiology*, 39, 281 – 291.

Gross, J. J., & John, O. P. (2003). Individual differences in two emotion regulation processes：Implications for affect，relationships，and wellbeing. *Journal of Personality and Social Psychology*，85（2），348 – 362.

Guo，Q.，Sun，P.，& Li，L.（2018）. Shyness and onlineprosocialbehavior：A study on multiple mediation mechanisms. *Computers in HumanBehavior*，86，1 – 8.

Hartos，J.，Eitel，P.，& Simons-Morton，B.（2002）. Parenting practices and adolescent risky driving：A three-month prospective study. *Health Education & Behavior*，29（2），194 – 206.

Hein，S.，Röder，M.，& Fingerle，M.（2018）. The role ofemotionregulationin situational empathy-related responding and prosocial behaviour in the presence of negative affect. *International Journal of Psychology*，53（6），477 – 485.

Hipson，W. E.，Coplan，R. J.，& Séguin，D. G.（2019）. Active emotion regulation mediates links between shyness and social adjustment in preschool. *SocialDevelopment*. 28（4），893 – 907.

Kliewer，W.，Fernow，M. D.，& Miller，P. A.（1996）. Coping socialization in middle childhood：Regulation，and paternal influences. *Child Development*，67，2339 – 2357.

Morris，A. S.，Silk，J. S.，& Steinberg，L.（2007）. The role of family context in the development of emotion regulation. *Social Development*，16（2），361 – 388.

Ngai，S. S.，Xie，L.，Ng，Y.，& Ngai，H.（2018）. The effects of parenting behavior on prosocial behavior of Chinese adolescents in Hong Kong. *Children and Youth Services Review*，87，154 – 162.

Preacher，K. J.，& Hayes，A. F.（2004）. SPSS and SAS procedures for estimating indirect effects in simple mediation models. *Behavior Research Methods，Instruments，and Computers*，36（4），717 – 731.

Putnick，D. L.，Bornstein，M. H.，Lansford，J. E.，Chang，L.，et. al.，（2018）. Parental acceptance-rejection and child prosocial behavior：Developmental transactions across the transition to adolescence in nine countries，mothers and fathers，and girls and boys. *Developmental Psychology*，54（10），1881 – 1890.

Qin，L.，Pomerantz，E. M.，& Wang，Q.（2009）. Are gains in decision-making autonomy during early adolescence beneficial for emotional functioning? The case of the United States and China. *Child Development*，80，1705 – 1721.

Rotenberg，K. J. et al.（2005）. Construction and validation of a children's interpersonal trust belief scale. *British Journal of Developmental Psychology*，23（2），271 – 293.

Rueth，J. E.，Otterpohl，N.，& Wild，E.（2017）. Influence of parenting behavior on psychosocial adjustment in early adolescence：Mediated by anger regulation and moderated by gender. *Social Development*，26（1），40 – 58.

Settipani，C. A.，O'Neil，K. A.，Podell，J. L.，Beidas，R. S.，& Kendall，P. C.（2013）. Youth anxiety and parent factors over time：Directionality of change among youth treated for anxiety. *Journal of Clinical Child & Adolescent Psychology*，42（1），9 – 21.

Silk，J. S.，Morris，A. S.，Kanaya，T.，& Steinberg，L.（2003）. Psychological control and autonomy granting：Opposite ends of a continuum or distinct constructs? *Journal of Research on Adolescence*，13，113 – 128.

Streit, C. , Carlo, G. , & Killoren, S. E. （2019）. Ethnic socialization, identity, and values associated with U. S. Latino/a young adults' prosocial behaviors. *Cultural Diversity and Ethnic Minority Psychology*, 26 （1）: 102 – 111.

Thompson, R. A. （1991）. Emotional regulation and emotional development. *Educational Psychology Review*, 3, 269 – 307.

Ungar, M. , & Hadfield, K. （2019）. The differential impact of environment and resilience on youth outcomes. *Canadian Journal of Behavioural Science*, 51 （2）, 135 – 146.

Wang, Q, Pomerantz, E. M. , & Chen, H. C. （2007）. The role of parents' control in early adolescents' psychological functioning: A longitudinal investigation in the United States and China. *Child Development*, 78, 1592 – 1610.

Weber-Shifrin, E. M. （2003）. Parental monitoring and risky sex: The impact of parental efficacy and perceived parental attitudes. *Dissertation Abstracts International: Section B: The Sciences and Engineering*, 64 （4-B）, 1919.

Wu, J. , Guo, Z. , Gao, X. , & Kou, Y. （2020）. The relations between early-life stress and risk, time, and prosocial preferences in adulthood: A meta-analytic review. *E-volution and Human Behavior*, 41 （6）, 557 – 572,

《中国社会心理学评论》 第 21 辑
第 133～152 页
© SSAP，2021

素食动机、行为反馈与应对策略初探：一项质性研究[*]

刘潇肖　蔡崧吟　宋璐阳　曾雅丽[**]

摘　要： 随着生态环境日渐恶化，人们对保护环境与动物的意识日渐增强，素食成为一种饮食与文化潮流席卷全球。个体的饮食行为深受社会文化影响，然而目前关于素食心理的研究仍集中在西方情境，我国本土情境下的素食心理亟待关注。本研究旨在考察个体成为素食者的动机、素食后内在与外在反馈及应对策略，采用扎根理论的研究路径，对 23 位不同类型的素食者进行深度访谈。通过编码分析，结果发现：（1）除了健康、动物与环境保护等常见的自利、利他型动机外，我国素食者的动机还体现了生命成长、报恩等具有文化特异性的生命观与因果观；（2）受访者在素食后的内在反馈体现为积极和消极的身心变化，积极心理反应包括情绪平稳、注意力更集中、生命品质与自控力提升等，积极身体反应包括睡眠改善、体质增强等；消极变化主要体现在身体的短期不适（口腔溃疡、贫血等）；（3）素食者面临的外在反馈包括社会压力（如亲友的质疑、劝阻等），以及积极（自控力强）和消极（营养不均衡、柔弱、贫乏等）的刻板印象。素食者采取掩饰素食偏好、影响他人、寻求内群体社会支持等行为应对策略。未来研究有待进一步关注本土情境下素食者面临的社会压力与道德困境。本研究对素食的道德面向及文化影响，以及素食产业的发展提供了启示。

关键词： 素食动机　素食认同感　饮食选择　扎根理论　道德基础理论

---

[*]　本研究得到福建省自然科学基金计划资助项目资助（项目编号：2020J05013）。

[**]　刘潇肖，厦门大学管理学院企业管理系副教授，通讯作者，E-mail：liuxx624@xmu.edu.cn；蔡崧吟，厦门大学管理学院企业管理系硕士研究生；宋璐阳，清华大学经济管理学院市场营销系博士研究生；曾雅丽，兰州大学管理学院工商管理系硕士研究生。

一 问题提出

人类的饮食行为涉及生物、心理、文化等复杂系统（Rozin，1996），深受社会规范、宗教等文化因素与生态环境因素的影响（Rosenfeld，2018）。饮食作为个体与环境进行能量交换的基本方式，对个体的生理、心理具有重要影响。我国是肉类消费大国，由于肉类生产依赖大规模工业化养殖，其负面影响日渐凸显。根据联合国粮食及农业组织发布的报告，早在 2005 年，全球畜牧业供应链的 CO_2 排放占温室气体排放总量的比例为 14.5%，甲烷占排放总量的比例约为 44%，成为温室气体的第一大来源（FAO，2006）。此外，大规模工业化养殖往往通过大量使用抗生素、激素以降低病死率及缩短动物的生长周期，这些物质残留在肉类中，并通过饮食进入人体，同时，也加剧了水源污染（Zhang et al.，2015）。此外，养殖场中的动物生存状态也引发了动物保护组织的密切关注（李桂芹，2009）。在生态环境日渐恶化、对保护环境与动物的意识日渐高涨的背景下，素食引起民众、企业、公共部门、NGO 等广泛关注。《经济学人》杂志将 2019 年称为"素食之年"。人造肉、人造蛋、植物奶已然进入消费者的视野。基于此，理解素食心理，对民众了解有益于个体健康与环境可持续发展的饮食方式具有重要的现实意义。

以往关于素食心理的研究大多在西方情境下展开，主要涵盖个体层面的认知、情感、动机、素食者认同感，人际层面对素食者的社会压力等，以及群际层面关于素食者的刻板印象、群际态度等（Rosenfeld，2018；Ruby，2012；刘潇肖、田启瑞、曾雅丽，2019；韩雨芳等，2020）。目前，相关研究对中国本土情境下的个体素食心理关注较少，其中多数研究又侧重于营养与医学（例如，毛绚霞等，2015）。在我国社会文化背景下，个体选择素食这一饮食模式的动机有哪些？素食后经历了怎么样的身心变化？个体成为素食者后的心理过程及其内在机制有哪些？本研究通过对 23 位不同类型的素食者进行深度访谈，采取扎根理论的研究路径，对以上问题进行探索。

二 文献回顾

（一）素食的界定

首先，对素食的界定与共识至关重要。很多人对素食尚缺乏清晰的认识。有研究回顾了素食者的划分依据和类别（刘潇肖、田启瑞、曾雅丽，2019）。首先，依照摄取动物类食物由高到低的程度，素食者可分为鱼素者（pescetarian，仍吃鱼肉、海鲜）[①]蛋奶素者（仍吃蛋奶制品）、奶素者（仍吃奶制品）以及全素食者（vegan，音译为"维根"，也称为严格素食者、全素食者）。其次，依照素食的频率，素食者中包括弹性素食者（flexitarian）或半素食者（semi-vegetarian），这类群体的饮食来源以素食为主，但仍然不同程度地摄取动物类食物。

在我国，素食文化深受儒释道传统的综合影响，体现了文化特异性（Tseng，2018）。与西方情境很重要的区别在于素食的范围排除了五种刺激性的蔬菜（又称五辛[②]，包括大蒜、革葱、韭葱、兰葱、兴蕖）、酒及含有酒精的食品（如酒酿、料酒）（鲁永超、潘东潮，2014）。五辛被视为能刺激欲望，扰动情绪，不利于修行的食物。饮酒会令心散乱，容易引发行为、语言、意念上的错误，触犯戒律。原始佛教、南传佛教以及东传到日本的佛教并未严格要求出家人吃素，而是根据佛教的《律藏》禁止吃"三不净肉"，即不能吃亲眼看到、亲耳听到、为了自己想吃才杀的动物（林清凉，2012）。汉传佛教素食传统的制度化可追溯到笃信佛教的梁武帝萧衍。佛经《涅槃经》和《梵网经》的翻译与传播成为梁武帝要求出家僧人全面断肉食素的理论来源（涂宗呈，2005）。公元511年，梁武帝颁布了由他本人撰写的《断酒肉文》，令所有出家人不得饮酒食肉，并要求用蔬菜替代动物来祭祀宗庙（涂宗呈，2005）。随后，僧侣在饮食上完全素食逐渐成为普遍现象，最迟在隋到唐初这段时期，素食已成为佛教僧人必须遵守的规定（涂宗呈，2005）。佛教僧侣不但自身奉行素食，也将素食理念推广到民间，并渗透到诸如祭祀、斋戒等活动（涂宗呈，2011）。

（二）素食的动机

人们成为素食者往往是后天的主动选择，素食后的受益者可分为自利型、利他型、混合型（刘潇肖、田启瑞、曾雅丽，2019）。第一，自利型素食动机主要基于健康、减肥、口感偏好、省钱等因素（Hoffman et al.，2013；de Boer，schösler，& Aiking，2017；Forestell，Spaeth，& kane，2012）。对食品价格的敏感程度也成为人们选择少吃肉、多吃植物类食物

[①]　Pesce在意大利语中是指"鱼"，"鱼素"在中文语境下较少使用。
[②]　由于翻译术语不统一，不同佛教典籍关于五辛的列举略有出入，在我国主要指葱、蒜、韭菜、小根蒜、洋葱，不包括辣椒、生姜和香菜。

的原因（de Jonge et al.，2015）。第二，利他型素食动机基于关心动物权益以及环境保护（Fox & Ward，2008），认为大规模工业化饲养动物以供人类食用有违道德规范（de Jonge et al.，2015）。第三，混合型素食动机涵盖以上两种因素。例如，在荷兰开展的研究发现，人们选择素食是出于对食物口感的要求与对动物福利的顾虑（de Boer，Schösler，& Aiking，2017）。可见，素食动机具有多元化、动态性的特征。在我国，尚缺乏对个体素食动机的探究。

（三）影响个体素食的因素

个体素食行为的持久性主要受个体因素、人际因素、环境资源与文化因素的影响（Jabs，Devine，& Sobal，1998）。在个体层面，对动物福利的关注、相信素食有助于保持体重以及具有素食烹饪技巧会促进食素的持久性。出于道德因素开始素食的个体能更持久地吃素（Radnitz，Beezhold，& Dimatteo，2015）。人际因素主要包括是否有素食的朋友、是否加入了素食团体以及家人的支持等。环境资源与文化因素包括素食食材的可得性和素食烹饪的可行性等（刘潇肖、田启瑞、曾雅丽，2019）。

同时，个体的素食心理与社会文化也息息相关，饮食传统尤其是饮食禁忌深受宗教与社会文化的影响（Rozin，1996；Rosenfeld，2018）。在我国，素食具有丰富的文化内涵与历史渊源。除佛教外，儒家思想和道教也深刻影响了中国的素食主义（Tseng，2018；邓永芳、刘国和，2020）。儒家思想认为素食是避免残忍对待动物的一种方式。例如，儒家关于"仁爱""敬天""孝顺"的伦理传统蕴含着对动物权利的关怀，"君子远庖厨""见其生，不忍见其死；闻其声，不忍食其肉"的思想由来已久，在《礼记》《论语》《墨子》中都有提及（鲁永超、潘东潮，2014）。道教提倡修炼身心，与自然界和谐相处，并形成了素食、节食、淡食的饮食观（王青青等，2020），在相关戒律中也提倡不杀生、不饮酒。儒家与道教思想对中国的素食文化也产生了深远影响（涂宗呈，2005）。

鉴于国内外学者对我国本土情境下素食心理的研究尚处在相对空白的状态，本文着重考察我国社会文化因素对个体素食的影响。此外，以往研究大多聚焦于素食者与肉食者，以及不同类型的素食者在人格、价值观等方面的个体差异（Ruby，2012；刘潇肖、田启瑞、曾雅丽，2019），对个体素食后的身心变化及其对素食行为的影响缺乏关注。因此，本文致力于探索中国本土情境下素食者动机、素食心理过程与影响因素。

三　研究方法

由于个体的素食心理往往涉及独特且丰富的内心体验和长期的心理过程，且国内既有文献对素食心理的实证研究非常少，因此本研究通过深度访谈收集资料，采用扎根理论的研究路径分析资料。

（一）研究取样

按照质性研究的"目的性抽样"原则，研究之初未拟定访谈人数，以"资料饱和"的方式确定访谈数据收集的结束，即访谈内容涉及类别间的稳定一致性、理论变异与饱和，以及理论的深入性时，则停止访谈。本研究采用滚雪球的抽样方式，选取不同年龄段、不同职业的素食受访者，参与的前提是受访者自发地、刻意地开始并保持素食的饮食习惯。最终共邀请 23 名不同类型的素食者参与访谈（见表 1），其中全素食者占 65%，蛋奶素者占 26%，弹性素食者占 9%（以素食为主但并未严格拒绝肉食），男性占 35%，"70 后""80 后"各占 35%，包括在校大学生、工作人士、素食餐饮从业者等。在宗教信仰方面，56% 的受访者无宗教信仰、35% 为佛教徒、9% 为基督教徒。

表 1　受访者信息

序号	性别	出生年代	素食类型	开始素食的时间	职业（行业）	宗教信仰
1	男	1990	蛋奶素	2015	MBA 学生	佛教
2	男	1999	全素	2017	本科生	无
3	男	1985	全素	2016	营销主管	基督教
4	女	1999	蛋奶素	2017	本科生	无
5	男	1983	蛋奶素	2003	博士生	佛教
6	女	1970 后	全素	1996	素食小吃店主	佛教
7	男	1970 后	全素	2003	素食小吃店主	无
8	女	1960 后	全素	2009	素食餐厅店主	佛教
9	男	1986	全素	2015	公司职员	无
10	女	1977	蛋奶素	2013	企业主（外贸）	佛教
11	女	1980 后	全素	2012	教育业	佛教
12	男	1985	全素	2014	企业主（旅游）	无
13	女	1990	全素	2009	素食餐厅员工	无

续表

序号	性别	出生年代	素食类型	开始素食的时间	职业（行业）	宗教信仰
14	女	1990	弹性素	2010	公司职员	佛教
15	女	1970 后	蛋奶素	2019	家庭主妇	佛教
16	女	1970 后	全素	2013	公司职员	无
17	女	1970 后	全素	2015	茶叶经营者	无
18	女	2011	奶素	2014	小学生	无
19	女	1985 后	全素	2016	公司职员	无
20	男	1985 后	弹性素	2010	教育业	基督教
21	女	1985 后	全素	2015	家庭主妇	无
22	女	1970 后	全素	2015	瑜伽教练	无
23	男	1973	全素	2018	企业主（互联网）	无

（二）访谈数据收集

在正式访谈之前，根据研究目的，查阅相关文献，初步确立访谈内容并对 4 名访谈对象进行预访谈，为正式访谈提纲的设计奠定基础。预访谈对象为某高校素食文化学生社团 4 名筹委会成员。在预访谈后对访谈内容进行修改，形成正式访谈提纲：（1）个体素食的基本信息（素食类型、严格程度、时长）与动机；（2）素食的心理过程与身心变化（对素食的认知、素食后身体与心理变化）；（3）素食后感受到的外在反馈（支持、压力）；（4）应对策略。正式访谈时以访谈提纲为基础，根据谈及内容适当追问与调整。访谈前出具知情同意书，介绍访谈目的和保密原则。

为提升资料收集的信度，访谈由具有丰富质性研究经验的研究者主导。在预访谈后，检验访谈内容和提纲。正式访谈时间每人约为 20～60 分钟，征得被访者同意后对访谈进行录音。访谈结束后立即整理访谈资料。所有访谈录音全部转录成文字材料。

（三）访谈资料分析

根据访谈录音，逐字转录形成了 9 万多字的访谈文本，由本文合作者进行不同层次的编码（Strauss & Corbin，1990）：在开放式编码阶段，反复阅读原始资料，秉持完全开放的态度，对文本进行逐行编码，而后不断比较、修改，初步产生 131 个初级编码；在关联式编码阶段，将初级编码中相同或相近的编码组成一组，产生概念，使这些概念有最大的内部同质性和外部异质性，形成了 23 个聚焦编码，并建构各概念之间的联系；在轴心编码阶段，通过系统分析已发现的概念，提炼 4 个"核心范畴"（见表 2）。

表 2　访谈资料编码

轴心编码	聚焦编码	初级编码（举例）
素食动机	健康	营养、养生、改善身体状态、有害化学物质含量小、心理健康
	个人成长	突破精神层面、解决困难、生命周期转变需要、需求层次提高
	积累善业功德	善心得善报、积累功德
	饮食体验	素食口感好、好吃、清淡解腻、比肉类易满足、有趣
	动物保护	爱护动物、慈悲心、动物权利保护、发愿、肉食残忍
	环境保护	减轻环境负担、养殖业浪费水、对世界做贡献、温室气体减排
	为亲人积福	尽孝、追思逝者
内在反馈	情绪	情绪更平稳、更平和、心情愉悦、负面情绪少了
	注意力	注意力更集中、唤醒水平更高、更敏锐
	物欲降低	断舍离、不爱逛街了
	自控力提升	改变不良生活习惯、戒烟、戒酒成功、自律
	生命品质提升	人格培养、生命证成、心理历程转变、系统升级
	积极身体反应	体质增强、睡眠改善、味觉更敏感、身体轻松
	消极身体反应	手脚容易冰凉、口腔溃疡、牙龈出血、缺铁性贫血
外在反馈	积极刻板印象	不简单、很难坚持、瑜伽、文化、禅修、圣人才吃
	消极刻板印象	营养不均衡、吃亏、受打击、贫乏、柔弱
	人际压力	家人吃素较少、担心破坏夫妻关系、怕被曲解、添麻烦
	人际支持	家人吃素、朋友尊重、善友护持
应对策略	提升素食品质	主动了解营养学知识、掌握做饭技能、素食丰富度升级
	寻求内群体社会支持	主动寻找素食伙伴、加入素食团体、寻求归属感、组织素食活动
	掩饰	避免社交场合尴尬、隐瞒、把夹来的肉藏起来、称病
	塑造反刻板印象	身体力行展示素食的好处、注意言行举止、身心强健
	影响他人	与他人分享、向餐馆建议反馈、传播素食文化、带动同事素食

对于质性研究的信度评估，不同研究者对相同文本的编码一致性是体现信度的重要指标（徐建平、张厚粲，2005）。本研究在编码过程中，由三位合作者独立完成编码，检视编码所发展出来的各项概念、范畴用以分析其他访谈内容或受访者资料的适用性。再对编码结果进行对照，讨论不

一致的内容，直至达成共识。

为了检验质性数据分析的效度，本研究采用原始资料检验法，基于原始资料提取概念，能随时找到原始资料支撑概念及模型（陈向明，1996）。例如，结果中的"有趣""发愿"等初级编码来自受访者的原话；"个人成长""为亲人积福"等聚焦编码来自对初级编码的概念化提炼，在素食心理学相关文献中已提及的内容则采用已有的概念，例如"健康""动物保护"等；"应对策略"等轴心编码来自对原始资料及聚焦编码的理论化抽象。

（四）模型建构

本研究采用自下而上的扎根理论研究路径，基于原始资料，通过归纳分析，从事实资料中逐步提取概念，形成概念之间的关系，并建构理论模型（见图 1，详见结果部分）。首先，在三级编码的基础上，发现不同核心类属之间的关系，即内在与外在反馈对个体素食模式具有动态影响。其次，发现内在反馈对个体素食模式的影响取决于个体素食的动机，提出模

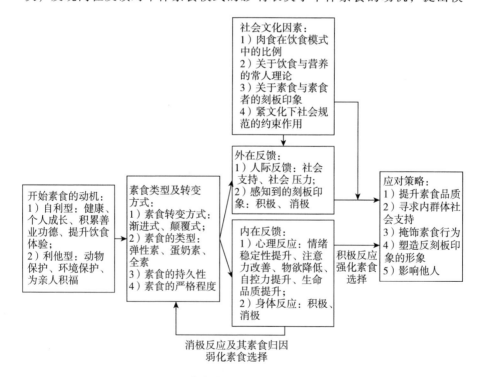

图 1　素食的心理过程与应对策略

型的调节因素。最后，将初步建立的框架放回到原始资料中，汇总模型检验者的反馈意见，若反馈与分析结果不一致，则返回到原始资料，进行个案间的持续比较和反思。在资料与理论之间迭代对比，调整模型中各因素之间的作用方式。最终，整合不同检验者基于不同视角和层面的分析来提高模型建构的有效性。

四　结　果

（一）素食动机与影响因素

通过编码分析，本文主要发现了自利型与利他型动机两类动机（见表3）。其中，自利型动机包含健康意识（如减肥、减轻身体负担）、个人成长、积累善业功德、提升饮食体验等。利他型动机包含动物保护、环境保护、为亲人积福等。

在影响个体开始并持续素食的因素方面，受访者提到了受宗教影响（不杀生）、地区饮食习惯等文化因素。受访者往往能清晰地回忆起开始素食的时间、缘由等关键要素，将影响自己开始素食的人、群体、事件称为"机缘"（受访者5、6、9、10、11、12、16、19、23）。

> 有一天，在社交平台看到朋友分享的卡通画，说人吃素不是为了时尚或减肥，而是如果人不吃肉，不会死；如果人吃肉，动物就会死。配图是绿草地上的小羊、小白兔。看到这个忽然特别触动，那天中午去食堂，看到挂着的烤鸡、烤鸭就完全没有胃口了，一点儿也不想吃肉了。（受访者11）
>
> 榜样的作用和父母饮食方式的影响很大。
>
> 有位做培训的年轻前辈是全素食者，我在去听他上课前吃了一周的素食……后来在他的带领下也开始吃"干净素"（全素）了。（受访者9）
>
> 到我20岁读大二时遇到善友嘛，感觉他们磁场特别好，无论是自身的言行还是家庭都照顾得特别好，很向往成为他们那样的状态，所以开始跟着他们吃素。（受访者5）
>
> 父母是全素食者，高考前我忽然也想尝试一下。（受访者2）

表 3　基于自利型与利他型动机的素食者心理与行为对比

主要方面	自利型	利他型
素食动机	健康、提升饮食体验、个人成长、积累善业功德等	动物保护、环境保护、为亲人积福等
动机举例	"你今天吃的这个动物，其实哪一天它们也会吃你，因为这个世界是一个轮回的……你发出的是善意，这个善也会回到你的身上。"（受访者8） "之前在工作上遇到各种挫折，临近30岁，感觉自己内在需要升级，当时也不知道要从哪里改变，只是觉得需要一些深层的改造。"（受访者9）	"我们是人，也是生命，为什么要伤害动物？我看到外面的小狗小猫都很可怜，在外面总是蹲着叫，要食物，而且很多动物、植物会突然死掉，你不觉得很心疼吗？你不觉得世界很糟糕吗？"（受访者18） "最开始是因为父亲病重，当时我还不到20岁，不知道能做些什么才救了父亲，就开始发愿吃素，希望能缓解病情。"（受访者6） "父亲的突然去世让我无法接受。开始对生命有一些探索……有一句话是吃素放生，是对逝者最好的尊重。"（受访者21）
素食转变方式	渐进式为主。主要关注转变为素食的好处和障碍，倾向于逐渐从饮食中减少肉类摄入	颠覆式为主。主要出于伦理、道德上的考量，倾向于突然转变为素食/全素食的饮食方式
素食严格程度	较宽松，多为蛋奶素、弹性素	更严格，多为全素
关注点	内部关注点。关注素食对个人带来的身心健康、能量感、生命品质的提升	外部关注点。关注他人的福报、动物福利、环境等，其次考虑自己的健康和幸福
素食后的身心变化	均存在一定的积极与消极身心变化	
对消极身体反应的归因	出于健康目的的素食者倾向于归因为素食行为，从而调整为弹性素食者	倾向于找到无肉的解决方案，保持素食

（二）素食转变方式

研究发现两类素食转变方式，一类是渐进式的，随着开始尝试素食，慢慢地不吃鱼、蛋奶等。

> 一开始吃素偶尔还会想吃海鲜，后来慢慢会觉得鱼、海鲜也很腥，再后来吃鸡蛋、牛奶也觉得腥……既然我不再享受那个味道，也就没必要逼着自己再吃了，慢慢就变成全素食者了。（受访者11）

另一类是颠覆式的，从无肉不欢直接转变为全素，也被一些受访者称为"干净素"。

当时觉得自己要像那位年轻的前辈那样（的生命状态），于是第二天就开始吃干净素了。（受访者9）

全素食者体现了极强的自律和对全素的严格要求。

出差没得吃（全素），会和饭店老板好好沟通，请他们用干净的厨具，清水煮。如果不方便，酱油拌饭也是吃过的。后来就自己准备一些营养代餐，在外面没有素食吃的时候也要吃得健康。（受访者9）

刚开始吃素时也不懂食堂哪些能吃，就吃了一个月腐乳配白饭。（受访者6）

（三）内在反馈

开始素食后，所有受访者都表示体验到不同程度、不同类型的身心变化。

1. 心理反应

心理反应体现在情绪、注意力、生命品质与自控力提升、物欲降低等方面。很多受访者表示素食后自己的情绪更平稳，生命状态更清净。

素食前经常发脾气，觉得以前的生活很吓人，动不动就鸡飞狗跳，对孩子吼。吃素以后慢慢地去尊重他们，从食物改变开始，慢慢去改变自己的脾气。（受访者21）

真正开始吃干净素让自己保持一个清净的状态。（受访者9）

有受访者表示素食之后注意力更集中，唤醒水平提高。

因为是学建筑设计的，都要上物理课，之前很容易犯困，开始素食后居然发现上物理课不会犯困了。（受访者4）

我会觉得开始吃素后比以前头脑清楚很多。（受访者5）

自控力提升体现在改变不良生活习惯上。

吃全素后烟也戒掉了，以前抽得也不多，但很奇怪，总是戒不掉。（受访者9）

因为自己开公司，总要应酬，以前每周都有好几天会喝多，身体很难受，心里面也懊恼，但总也改不了。后来开始吃全素，慢慢酒也不喝了，彻底戒掉了！（受访者 23）

有受访者表示素食之后感受到生命品质提升了。

当吃素变成你内在的一个……一个生命，一开始是坚持，到后来就是觉得是组成你生命的一部分的时候，然后那个东西是……那个自信的东西，它是很……像是磐石一样，它会一层一层帮你打造你的……你这个人是到底怎样的。（受访者 5）

更清晰地了解自己，（往）大一点（说）的话也更了解生命了。（受访者 22）

2. 身体反应

身体反应包括积极与消极两方面。积极反应包括睡眠改善、体质增强、味觉更敏感、改变不良生活习惯等。

我吃素第一周就是从来没有过那么好的睡眠，整个人感觉很清明……我原来体质很差，每两三周就会去看病，喉咙痛、发烧感冒。吃素这三年我就基本上没去过医院，整个身体状态更好了。（受访者 9）

味觉更敏感了，青菜蒸一下会觉得很甜美，再吃鱼或者其他沾到肉的（菜）觉得很腥、很恶心。（受访者 11）

消极反应体现在有的受访者会出现容易饿、口腔溃疡（以男性为主）、手脚容易冰凉（以女性为主）、牙龈出血等现象。

（四）外在反馈

尽管有一些人际支持，如家人和朋友的理解，但大多数受访者表示在素食后感受到人际压力，主要来自朋友、家人的不理解及劝阻，在节假日和重要的社交场合尤为明显。

我刚决定吃素的当天晚上是同学的婚礼，结果桌上没有一样是我可以吃的，只有一样东西，白开水，我就喝白开水，然后同学说，哎你吃啊，没事……另一个同学要跟我打赌，说我吃（素）不过一年，我跟他说我为什么要给你打赌，我这个吃素是很自然的，没必要跟你打赌。跟你打赌，我已经输了。（受访者9）

此外，受访者大多感受到外界对素食与素食者的消极刻板印象，如"吃素是吃亏""人生没有乐趣""没营养"，素食者"软弱无力""营养不良"，外界经常将吃素与消极遁世（"想不开""受刺激"）相联系。积极刻板印象包括认为素食者"不简单""自制力强"，认为素食带有"瑜伽、文化等色彩"。

（五）素食者的应对策略

1. 对内在反馈的应对策略

个体对素食后的身心反馈进行归因，不断调整自身的素食行为。将消极反应归因于吃素，则降低个体食素的持久性。

我一个朋友吃了十几年的素，到老的时候不得不去吃一点荤的，要不然他会担心血管太硬、骨头太松，就是体检以后出现这个担忧和变化……其实我婆婆就骨质疏松，非常严重，她其实都是吃荤的，一直都是。（受访者10）

身体反应对素食模式的影响取决于个体开始素食的动机及强度。出于伦理动机（如动物保护）开始素食的个体即便身体出现消极反应，也会找到无肉的解决方案，保持素食。

有段时间总是觉得很累，一开始以为经常出差太累，后来验血发现是缺铁性贫血，这对女生来说是很容易出现的状况。医生知道我是素食，也很理解我，开了补铁的营养剂，每天一粒，吃一个月就完全恢复正常了。这样也挺好，不用吃肉也能解决问题。吃素时间长了的确是吃不回去，闻到肉都觉得太腥了。（受访者11）

出于健康动机开始素食的个体，当素食后身体出现负面信号时，会倾向于归因于素食，进而调整为弹性素食。

我开始吃素是为了减肥健身，的确有成效，但有时会口腔溃疡，

所以还会再吃一些肉吧。对我而言养生比较重要。（受访者20）

2. 对外在反馈的应对策略

对于人际压力，受访者会采取各种应对策略。

（1）寻求内群体社会支持，建立素食群体归属感，"找到组织""找到小伙伴太重要了"。通过素食群体分享营养学知识、素食搭配、素食餐馆等。

（2）以掩饰来避免人际冲突与社交场合的尴尬。

我先生很担心我吃素，每次出去吃饭，他都提议去吃牛肉火锅之类的，也会夹一些（肉）给我。我怕他担心、闹脾气，也闭着眼睛勉强吃一点，或者把他夹给我的鱼、肉之类的偷偷埋在饭里。（受访者10）

春节大家在吃大鱼大肉的时候我会说肠胃不好，刚开始没告诉家人我吃素，怕他们担心。（受访者6）

回老家吃饭，父母会夹一些鱼、肉或者蛋，说你吃素没关系，这些还是要吃的，我就趁他们不注意把这些藏在纸巾里，肯定不会吃，但也不想和父母对立。（受访者7）

（3）塑造反刻板印象的形象。

注重营养和运动，让别人感受到素食者是很强健的。例如，出去骑车，风很大，他们都骑不动了，说你一个吃素的还骑这么快。（受访者11）

（4）影响他人。

刚吃全素那年春节回家，家人很反对我吃素，担心我找不到对象。我做了一桌素年夜饭。母亲第二天早上很生气，冲到我房间说"忠孝难两全，吃素是忠，但吃素是不听父母的话，就是不孝。你是要忠还是要孝？"我当时很震惊……在家就多做家务……后来母亲也吃全素了。（受访者9）

作为营销经理，接待客户时会提出请客人品尝素食，其实客户往往身体负担比较重，吃素反而会惊艳到他们，会觉得素食也很好吃……和同事吃饭他们会主动说一起去吃素。（受访者3）

五　讨论

以往研究曾呼吁在西方文化以外的情境开展素食心理研究（Ruby，2012）。素食不仅是个体的饮食模式，也深受社会规范、宗教等社会文化因素影响（Rosenfeld，2018）。通过对23位不同类型的素食者进行深度访谈，本研究发现在中国文化情境下，素食者开始素食的动机、面临的社会压力与应对策略等方面都体现了文化特异性，丰富了现有的素食心理学文献。

（一）素食的文化内涵：生命观与因果观

在西方情境下，素食往往表达了个体的意识形态，并受女性主义兴起的影响（福克斯，2015），以健康和伦理为主要动机，侧重于饮食行为对环境、动物福利的影响（Rosenfeld，2018）。韩雨芳等（2020）通过文献综述，提炼了健康关注、文化规范和道德关怀三方面素食动机。本研究发现，在我国本土情境下，素食者除了上述动机，还体现出独特的生命观与因果观。生命观体现在素食被视为生命成长的一种实现方式，关乎"生命证成""人格养成"，有助于提升内省力。因果观受佛教思想的影响，素食者将素食与因果、慈悲相关联。例如，受访者提到为病中的亲人康复而发愿吃素，以及通过素食积累善业功德、追思逝者。佛教徒以及无宗教信仰的受访者都提及肉食杀生的过患与素食护生的功德，虽然这一动机与西方文献中发现的伦理、道德关怀动机类似，都包含同情的成分，但其背后是以因果观为基础的，有本质上的不同。此外，几乎所有受访者都提及感知到将素食与佛教相关联的刻板印象，尤其是无宗教信仰的受访者提到，需要不断澄清自己吃素不是因为宗教信仰或是旁人经常推断的要出家。事实上，尽管佛教提倡素食，很多佛教徒是弹性素食者，尤其是在农历初一、十五坚持吃素，但是正如有受访者提到的，素食是佛教信仰的"非充分非必要条件"。

本研究也发现一些受访者吃素，甚至严格地践行全素与宗教信仰无关，这类受访者主张去宗教化，认为素食有助于净化生命、宁静内心、体现敬天爱人，通过吃"干净素"提升自己，进而影响他人，给社会带来正能量。国外研究发现，全素食者比蛋奶素者更重视自我决定与共享价值，对力量、成就、安全、一致性以及遵循传统的重视程度较低（Kessler et al.，2016）。后续有待扩大研究样本，进一步探究不同类型素食者的个体差异。

（二）素食与健康

对基于植物的饮食模式的质疑主要源于人们对素食与营养的认知。在本研究中，受访者大多表示，素食的营养价值与营养均衡性是他人和自身关注的重点。在素食与健康的关系上，有研究发现人们存在认识上的争议（Billig et al.，1988）。有研究运用修辞分析（rhetorical analysis）的方法，分析了有关素食主义的网站、网络论坛上的评论（Wilson，Weatherall，& Butler，2004），发现有人因为健康原因选择素食，坚持素食后也确实变得更健康了；也有研究发现，人们往往认为素食是缺乏营养的（Kildal & Syse，2017）。这体现出人们会以健康为理由，提升肉类或素食在膳食中的比例。

我国具有悠久、多样的饮食文化，"缺什么补什么"的常人理论深入人心，谈论食疗与养生甚至成为人际互动中不可或缺的话题。受访者表示自身或周围人对素食后身体的负面反应会出现归因偏差，如果素食后出现短期或慢性的身体不适，素食者本人和他人似乎更倾向将其归因于素食。事实上，肉食者也面临着慢性的身体问题，例如，缺钙、缺铁、慢性疾病等。一些弹性素食者提到有些医生也认为肉食更有营养，或者建议鱼类、蛋奶不可缺少。从营养学的角度出发，评价肉食与素食孰优孰劣已超出本文讨论的范围。素食与健康的关系取决于个体的身体健康状况、素食后个体对营养摄取的关注，以及素食的多样性搭配。

值得关注的是，素食对身心状态会产生一系列积极影响。以往研究通过问卷调查发现，素食者比肉食者报告了更低的抑郁、焦虑、愤怒和疲劳感（Beezhold，Johnston，& Daigle，2010），以及更高的主观幸福感（Agarwal et al.，2015）。在本研究中，素食者提到了素食后在情绪稳定性、注意力、自控力及身体状态等方面都有不同程度的改善，从而形成正面反馈，强化食素的持久性与严格性。一些素食多年的受访者也表示，"刚开始素食后的身心变化比较明显，后来身体就慢慢适应了"。后续有待开展实证研究，深入考察素食对身心状态的影响，尤其采用纵向追踪的问卷研究，考察个体开始素食后的身心变化，引用生理指标进行系统评估。也可采用干预性研究，使肉食者吃素，考察素食后不同阶段的健康指标变化。

（三）素食者的道德困境

世界几大宗教都有不同程度的饮食禁忌，认为食用某些肉类违背了动物权利、神性和纯洁性（Rozin，1996）。例如，早期的基督教严格要求信徒吃素（张晓卫，2005），维持严格素食主要目标是战胜肉体的邪恶，与动物受苦或尊敬其他物种并无关系（福克斯，2015）。在异端基督教运动中，素食主义扮演了中心角色，其中包括中世纪的保罗教派及清洁派，素食主义一再被引证为天主教谴责这些教派的理由之一（福克斯，2015）。

在中国情境下，由于汉字的丰富含义，在指代基于植物（plant-based）的饮食模式时会附加道德内涵。例如，全素（veganism）也被译为纯素，有些全素的受访者将其称为"干净素"。道德判断受具身效应影响（叶红燕、张凤华，2015）。根据概念隐喻理论，"纯"与"干净"赋予素食模式道德意义，进而会对肉食者造成道德威胁。一些受访者也提到，在传播素食、影响他人时要避免给人造成道德上的优越感与人际压力，避免造成素食者与肉食者的群际对立。

基于素食还是肉食的群体划分形成的张力在集体主义文化中尤为凸显。吃素不仅是个体的饮食选择，也面临着人际的关注与解读。有研究发现，有时人们选择肉食并不是因为喜欢吃肉，而是出于维护固有的饮食文化规范，拒绝改变文化习俗（Dhont & Hodson，2014）。从文化松 – 紧度来看（Gelfand et al.，2011；卢俊、陈浩、乐国安，2017），中国属于紧文化，社会规范对个体偏离规范的行为会产生较大压力。当社会规范倡导肉食，或是社会表征中存在对素食与素食者的负面刻板印象时，紧文化对素食者产生的影响尤为凸显。根据道德基础理论（Haidt，2007），尽管素食规避了对动物的伤害，但当个体违背所在群体的主流饮食模式时，则会造成内群体忠诚（ingroup loyalty）上的道德压力。受访者对外在压力的应对体现了价值序列的问题——既要遵循自身坚持素食的价值判断，又要遵从来自父母、伴侣等人际关系的压力与约束。价值序列的冲突可能会造成素食者"内心的纠结"，形成道德困境。例如，有受访者表示，刚开始食素后面临来自母亲的质疑，家人甚至提出到底是要忠（素食，不伤害动物）还是要孝（遵从父母的建议与饮食习惯而放弃素食）的迫选与考问。可见，在我国，素食者不仅面临素食营养健康方面的质疑，更承担着根深蒂固的社会压力与人际挑战，这是以往西方情境下开展的研究尚未发现的问题。当素食的饮食模式带来价值冲突与道德压力时，如何决定价值序列的优先性，如何化解道德困境，不仅是素食者要面临的问题，也值得后续开展深入研究。

六　结论与建议

　　本研究对素食心理、饮食与文化、道德心理学等研究与实践具有重要启示。通过深度访谈以及扎根理论的研究路径,本研究发现我国素食者在素食动机、影响因素等方面都体现了文化特异性,受到因果观、生命观的影响;素食者根据素食后的身心变化调整素食模式;由于偏离主流的饮食规范,素食偏好也为素食者带来了社会压力,甚至道德困境,素食者在面对外在人际反馈的过程中形成了应对个体、人际、群际层面的行为策略。在我国,高校、企业、医院等机构的食堂开设素食窗口的现象屡见不鲜,有些素食领导者将素食文化带入公司,通过素食传递"仁爱""敬天爱人"的管理思想。在零售与餐饮业,植物肉的概念受到追捧,素食产品推陈出新。然而,一些相关从业者对素食的界定忽略了本土特色,仍包含五辛、酒精成分,并缺乏对不同类型素食产品的分类体系,也缺乏第三方机构对产品成分与生产过程进行素食认证。对素食者而言,饮食上的不便也体现在参加旅行团的餐饮安排上,旅行社往往以地方特色菜肴吸引游客,但大多以肉食为主。近几年,我国旅游业也发展出素旅行,受到了素食者及其亲友的欢迎,并吸引了非素食者的参与 (Li et al., 2021)。未来研究亟待在不同情境下探讨素食心理,促进对环境与身心有益的饮食模式,增强公众对亲环境行为、保护动物的道德意识,并为素食营销、可持续消费、公共卫生等领域提供实践启示。

参考文献

陈向明,1996,《定性研究中的效度问题》,《教育研究》第 7 期,第 52 ~ 58 页。

邓永芳、刘国和,2020,《中国先秦时期的素食观》,《南京林业大学学报》(人文社会
　　科学版) 第 20 期,第 25 ~ 32 页。

福克斯,M. A,2015,《深层素食主义》,王瑞香译,北京:电子工业出版社。

韩雨芳、喻丰、杨沈龙、许丽颖、赵靓、丁晓军,2020,《素食行为动机及影响因素》,
　　《中国临床心理学杂志》第 28 期,第 636 ~ 641 页。

李桂芹,2009,《集约化畜禽养殖动物福利的研究与探讨》,微生物与环境卫生学硕士
　　论文,山东大学。

林清凉,2012,《中国汉传佛教素食观疑议略辨》,《法音》第 6 期,第 28 ~ 35 页。

刘潇肖、田启瑞、曾雅丽,2019,《素食的心理过程及影响因素》,《心理科学进展》
　　第 27 期,第 1320 ~ 1330 页。

卢俊、陈浩、乐国安,2017,《松 – 紧文化:跨文化心理学研究的新维度》,《心理科学

进展》第 25 期，第 887～902 页。

鲁永超、潘东潮，2014，《我行我素：中国素食研究》，武汉大学出版社。

毛绚霞、沈秀华、唐文静、赵烨、吴凡、朱珍妮、汤庆娅、蔡威，2015，《上海素食人群构成及素食者健康和饮食行为调查》，《卫生研究》第 44 期，第 237～241 页。

涂宗呈，2005，《我国中古的素食观》，历史学研究所硕士学位论文，台湾大学。

涂宗呈，2011，《足展诚敬，无累冥道——中国中古的素食祭祀》，《中国中古史研究：中国中国史青年学者联谊会会刊（第一卷）》。

王青青、张玉苹、王晓、曲永龙，2020，《素食在我国的发展及对素食者的合理建议》，《中华中医药杂志》第 35 期，第 684～686 页。

徐建平、张厚粲，2005，《质性研究中编码者信度的多种方法考察》，《心理科学》第 28 期，第 1430～1432 页。

叶红燕、张凤华，2015，《从具身视角看道德判断》，《心理科学进展》第 23 期，第 1480～1488 页。

张晓卫，2005，《早期基督徒与素食》，《宗教学研究》第 4 期。

Agarwal, U., Mishra, S., Xu, J., Levin, S., Gonzales, J., & Barnard, N. D. (2015). A multicenter randomized controlled trial of a nutrition intervention program in a multiethnic adultpopulation in the corporate setting reduces depression and anxiety and improves quality of life：The GEICO study. *American Journal of Health Promotion*, 29 (4), 245 – 254.

Beezhold, B. L., Johnston, C. S., & Daigle, D. R. (2010). Vegetarian diets are associated with healthy mood states：A cross-sectional study in seventh day adventist adults. *Nutrition Journal*, 9, 1 – 7.

Billig, M., Condor, S., Edwards, D., Gane, M., Middle-ton, D., & Radley, A. (1988). *Ideological dilemmas：A social psychology of everyday thinking.* London：Sage Publications.

de Boer, J., Schösler, H., & Aiking, H. (2017). Towards a reduced meat diet：Mindset and motivation of young vegetarians, low, medium and high meat-eaters. *Appetite*, 113, 387 – 397.

de Jonge, J., van der Lans, I. A., & van Trijp, H. C. (2015). Different shades of grey：Compromise products to encourage animal friendly consumption. *Food Quality and Preference*, 45, 87 – 99.

Dhont, K., & Hodson, G. (2014). Why do right-wing adherents engage in more animal exploitation and meat consumption? *Personality and Individual Differences*, 64, 12 – 17.

FAO. (2006). Livestock's long shadow. Environmental issues and options. Rome：Food and Agriculture Organisation.

Forestell, C. A., Spaeth, A. M., & Kane, S. A. (2012). To eat or not to eat red meat. A closer look at the relationship between restrained eating and vegetarianism in college females. *Appetite*, 58 (1), 319 – 325.

Fox, N., & Ward, K. (2008). Health, ethics and environment：A qualitative study of vegetarian motivations. *Appetite*, 50 (2 – 3), 422 – 429.

Gelfand, M. J. , Raver, J. L. , Nishii, L. , & Leslie, L. M. (2011). Differences between tight and loose cultures: A 33-nation study. *Science*, 332 (6033), 1100 – 1104.

Haidt, J. (2007). The new synthesis in moral psychology. *Science*, 316, 998 – 1002.

Hoffman, S. R. , Stallings, S. F. , Bessinger, R. C. , & Brooks, G. T. (2013). Differences between health and ethical vegetarians. Strength of conviction, nutrition knowledge, dietary restriction, and duration of adherence. *Appetite*, 65, 139 – 144.

Jabs, J. , Devine, C. M. , & Sobal, J. (1998). Model of the process of adopting vegetarian diets: Health vegetarians and ethical vegetarians. *Journal of Nutrition Education*, 30 (4), 196 – 202.

Kessler, C. S. , Holler, S. , Joy, S. , Dhruva, A. , Michalsen, A. , Dobos, G. , & Cramer, H. (2016). Personality profiles, values and empathy: Differences between lacto-ovo-vegetarians and vegans. *Complementary Medicine Research*, 23 (2), 95 – 102.

Kildal, C. L. , & Syse, K. L. (2017). Meat and masculinity in the Norwegian Armed Forces. *Appetite*, 112, 69 – 77.

Li, S. , Liu, X. X. , Cai, S. , & Scott, N. (2021). Vegan tours in China: Motivation and benefits. *International Journal of Tourism Research*, 23 (2): 238 – 252.

Radnitz, C. , Beezhold, B. , & DiMatteo, B. 2015. Investigation of life style choices of individuals following a vegan diet for health and ethical reasons. *Appetite*, 90, 31 – 36.

Rosenfeld, D. L. (2018). The psychology of vegetarianism: Recent advances and future directions. *Appetite*, 131, 125 – 138.

Rozin, P. (1996). Towards a psychology of food and eating: From motivation to module to model to marker, morality, meaning, and metaphor. *Current Directions in Psychological Science*, 5 (1), 18 – 24.

Ruby, M. B. (2012). Vegetarianism. A blossoming field of study. *Appetite*, 58 (1), 141 – 150.

Strauss, A. , & Corbin, J. (1990). *Basics of qualitative research: Grounded theory procedures and techniques*. Newbury Park: Sage.

Tseng, A. A. (2018). Five influential factors for Chinese Buddhists' vegetarianism. *Worldviews: Global Religions, Culture & Ecology*, 22 (2), 143 – 162.

Wilson, M. S. , Weatherall, A. , & Butler, C. (2004). A rhetorical approach to discussions about health and vegetarianism. *Journal of Health Psychology*, 9 (4), 567 – 581.

Zhang, Q. Q. , Ying, G. G. , Pan, C. G. , Liu, Y. S. , & Zhao, J. L. (2015). Comprehensive evaluation of antibiotics emission and fate in the river basins of china: Source analysis, multimedia modeling, and linkage to bacterial resistance. *Environmental Science & Technology*, 49 (11), 6772 – 6782.

《中国社会心理学评论》 第 21 辑

第 153～165 页

© SSAP，2021

道德声誉在第三方惩罚违规者行为认知中的作用[*]

王　博　毕重增[**]

摘　要： 第三方惩罚是指第三方通过付出一定的代价惩罚违规者的现象。基于声誉解释取向的高成本信号理论认为此惩罚会被旁观者解读为积极信号，表明发出者具备良好的品质。维护道德声誉促使第三方做出惩罚行为，而无所作为则会被解读为消极信号，遭受负面道德评价压力。通过三个研究发现，旁观者认为第三方惩罚执行者比不作为者具有更高的道德水平，第三方的道德声誉会改变旁观者对其惩罚行为道德的推断。这些结果表明，道德声誉、负面道德评价压力是促使第三方惩罚行为出现的重要机制。

关键词： 第三方惩罚　道德声誉　社会认知基本维度　道德判断　高成本信号理论

一　引言

第三方惩罚（third-party punishment，TPP）是指第三方通过付出一定的代价惩罚违规者的现象（Fehr & Fischbacher，2004）。第三方惩罚需要

---

[*]　本研究得到中央高校基本科研业务费专项资金创新团队项目（项目编号：SWU2009106）的资助。

[**]　王博，西南大学硕士，阿姆斯特丹自由大学在读博士，主要研究方向为大六人格模型与工作绩效；毕重增，西南大学教授，心理学与社会发展研究中心研究员，心理学部人格发展与社会适应实验室主持人，通讯作者，E-mail：beech@ swu. edu. cn。

第三方付出自身代价又没有显见的直接收益，获利者主要为其他群体成员，因此多数研究人员认为第三方惩罚是一种利他惩罚（Nelissen，2008）或道德惩罚（Kurzban，Descioli，& O'Brien，2007）。

远端解释路径认为第三方惩罚既有利于维护群体规范，保障合作行为的延续（Fehr & Fischbacher，2004；陈思静、何铨、马剑虹，2015），也可以威慑潜在的外来侵犯者（Delton & Krasnow，2017），维护族群的利益和稳定性。近端解释路径认为惩罚行为提升了第三方的声誉，长远收益使其获得适应性上的优势（Kurzban，Descioli，& O'Brien，2007）。其中，高成本信号理论（costly signaling theory，CST；Gintis，Smith，& Bowles，2001）认为第三方惩罚会使旁观者产生对第三方的积极印象，因为惩罚违规者需要付出时间等成本，面临被报复等风险，又没有明显的直接收益，旁观者会因此判断第三方具备注重公平、友好、慷慨（Nelissen，2008）、值得信赖（Jordan et al.，2016）等利他品质。通过人际传播，旁观者的评价转化为第三方的良好声誉（Falk & Fischbacher，2006），使其受到群体的青睐（Barclay，2006）。声誉提高了第三方的生存适应性，因而第三方惩罚也可被视为长远利益的理性趋近行为。Nelissen（2008）认为声誉对第三方惩罚的驱动是趋利和避害并存的，惩罚违规者既是为了建立良好的声誉，也是为了避免不作为被解读为消极的信号，使自身声誉受损，甚至遭受直接的惩罚（Henrich & Boyd，2001）。但由于先前的有关研究（如 Nelissen，2008）缺乏控制组，无法为此提供直接证据。

另外，虽然研究人员认为第三方惩罚是一种利他的道德行为（Gummerum et al.，2016；Kurzban，Descioli，& O'Brien，2007），但也有证据显示其具有利己性的一面。例如，Pedersen 等（2018）的研究发现，实验参与者会去惩罚给自己或自己在意的其他个体施加过伤害的人，但当受害者是陌生人时，虽然会报告一定程度的道德愤怒，却不会惩罚加害者。在 Kriss 等（2016）的实验中，惩罚的机会为随机赋予，实验参与者（第三方）可以选择谎报是否被赋予了惩罚机会，结果表明第三方报告惩罚违规者的比例（21.7%）显著小于概率（50%），而受害者（第二方）惩罚违规者的比例（68.6%）显著高于概率（50%），意味着第三方惩罚很有可能是源于负面社会评价的压力。所以，旁观者对于第三方的道德诉求也是第三方惩罚不可忽视的驱动因素（Kriss，Weber，& Xiao，2016）。

如果第三方惩罚是一种道德行为，与其关联的声誉就应是道德声誉，且不会与能力混淆。道德和能力构成了社会认知的两个基本维度（毕重增，2019；Wojciszke，2005），其中，道德声誉是道德判断的结果（Uhlmann，

Pizarro，& Diermeier，2015）。道德信息有利于人们选择更利他的合作伙伴（Cubitt et al.，2011；De Bruin & Van Lange，1999），或预先远离潜在的侵犯者，其在认知上具有优先性（Wojciszke，2005），并且能在可用信息有限的情况下快速完成识别（Goodwin，Piazza，& Rozin，2014）。道德认知的优先性和自动化使道德品质/声誉系统通常不会面临认知资源困扰（Santos，Santos，& Pacheco，2018；Sigmund，2012），人们能够轻松地对彼此行为的道德性进行判断和传播，由此起到道德品质/声誉对行为的引导作用。

道德对行为的引导体现在两方面：一是驱使个体追求高尚的行事作风；二是迫使个体避免被人视为道德败坏。Rand 等（2014）发现当人们面对时间压力时，会更多地按照直觉选择合作选项；Bear 和 Rand（2016）通过计算机仿真发现适应性最高的进化策略组合是首先依靠直觉选择合作的，而后依据搭档声誉或违规行为决定自己是否也违规。合作成为默认决策选项，可以让个体避免因偏差行为带来的声誉损失（Cubitt et al.，2011）。当面对违规者时，本应"置身事外"的第三方选择挺身而出，是受到道德直觉指引，即个体直觉自身负有惩罚违规者的道义（陈思静、马剑虹，2011）。

本文通过三个研究证明第三方惩罚是一种受到道德规范制约的道德行为，关联的名誉为道德名誉，惩罚违规者的第三方会被旁观者判断具备更高的道德水平，无视违规行为的第三方会被旁观者判断为道德水平较低。

二　研究一：第三方惩罚对独裁者博弈情境旁观者道德判断的影响

（一）研究方法

1. 研究对象

在校大学生 172 人，其中，男生 67 人、女生 105 人，年龄为 17～26 岁，平均年龄为 20.26 岁（$SD = 1.77$）。

2. 材料和程序

改编独裁者博弈任务情境材料描述三个角色及其行为，其中角色 A 负责将 20 元金钱在其和角色 B 之间进行任意金额的分配，分配结束后，角色 C 会获得 10 元金钱的支配权，可以选择使用自己的金钱减少任意角色的最终所得。惩罚组和不作为组的角色 A 做出不公平的金钱分配，惩罚组中的角色 C 对角色 A 进行了惩罚，不作为组中的角色 C 选择保留自己的全部金钱，控制组的角色 A 做出公平的金钱分配，而角色 C 保留全部金钱。

道德判断实验参与者判断第三方在五个典型的道德特质上的得分，包括值得信任、正直、注重公平、富有同情心和勇敢（Walker & Hennig，2004；Uhlmann, Pizarro, & Diermeier, 2015）。采用李克特 7 点计分，从"完全不符合"到"完全符合"，该工具的内部一致性克龙巴赫 α 系数为 0.90。

行为推断实验参与者需要推断当角色 C 处于角色 A 的位置时，会将 20 元中的多少分配给角色 B。

惩罚和补偿倾向作为控制变量，实验参与者需要回答当自身处于角色 C 的位置面对上面材料所述的情境时，会将 10 元中的多少用于惩罚角色 A，或/同时将 10 元中的多少用于补偿角色 B，每 1 元可以减少（惩罚）或增加（补偿）目标角色的最终所得 2 元。

实验参与者随机分组（惩罚组、不作为组和控制组）阅读加入第三方的独裁者博弈情境材料的实验规则及各角色的行为抉择说明，而后完成道德判断、行为推断和惩罚决定。

（二）研究结果

以实验分组为自变量，惩罚倾向为协变量，分别对道德判断和行为推断进行协方差分析。结果发现：道德判断在分组上的主效应显著 $[F_{(2, 169)} = 39.10，p < 0.001，\eta^2 = 0.32]$，惩罚组的实验参与者判断第三方的道德水平显著高于不作为组和控制组（$ps < 0.001$），不作为组的第三方道德水平显著低于控制组（$p < 0.001$）；行为推断在分组上的主效应显著 $[F_{(2, 169)} = 19.19，p < 0.001，\eta^2 = 0.19]$，惩罚组的实验参与者推断第三方如果在角色 A 的位置上时会分配给角色 B 的金钱数额显著高于不作为组（$p < 0.001$），与控制组相比无显著差异（$p = 0.224$），不作为组的自私水平（分配给自己的金钱数）显著高于惩罚组和控制组（$ps < 0.001$）（见表 1）。

表 1　研究变量的描述性统计

因变量	惩罚组 （n = 58）	不作为组 （n = 58）	控制组 （n = 56）
道德判断	5.17 ± 0.99	3.36 ± 1.07	4.21 ± 1.10
行为推断	9.60 ± 1.94	6.57 ± 3.70	8.98 ± 2.18
惩罚倾向	1.82 ± 1.93	1.25 ± 1.55	1.80 ± 1.87
补偿倾向	1.80 ± 2.03	1.47 ± 1.55	1.12 ± 1.18

（三）讨论

研究一的结果表明旁观者的道德判断会受第三方惩罚行为影响，根据高成本信号理论，第三方惩罚行为起到信号传递的作用。旁观者判断第三方惩罚违规是一种积极信号，而不作为是一种消极信号，并对应产生道德评价的分化。旁观者相信第三方默许违规行为，当自己面临相同状况时也会选择类似的自私行为。

研究一表明第三方惩罚与道德声誉关联，但独裁者博弈情境中只有角色 A 拥有金钱的分配权，可决定两个人的最终所得。初始资源不均以及权利不对等会使旁观者先入为主地认为拥有决定权的角色道德水平较低，由此，研究一中能够同时改变两个人最终所得的第三方甚至可能被判断为更加不道德（Durante，Tablante，& Fiske，2017），只有惩罚违规者的行为才会打破认知定式，改变旁观者对第三方的道德判断（Bocian et al.，2018；Nisbett & Wilson，1977）。研究二将通过基于双人公共利益博弈范式的情境实验，在排除权利、晕轮效应或单纯喜好效应等混淆因素影响的前提下，进一步探究第三方惩罚与道德声誉的关联。

三　研究二：第三方惩罚对公共利益博弈情境旁观者道德判断的影响

（一）研究方法

1. 研究对象

在校中学生 132 名，其中，男生 77 名、女生 54 名、1 人未报告性别；2 人未报告年龄；年龄为 16～19 岁，平均年龄为 17.70 岁（SD = 0.51）。在校大学生 44 名，其中男生 8 名，女生 36 名，年龄为 18～23 岁，平均年龄为 20.27 岁（SD = 1.55）。

2. 材料和程序

改编双人公共利益博弈范式情境材料，其中包含角色 A、角色 B 和角色 C，角色 A 和角色 B 都需要将 50 元金钱在自己和团队的账户中进行分配，分配结束后，团队账户中的金钱会乘以 1.5 倍并平均返还给角色 A 和角色 B，之后角色 C 获得 50 元金钱的支配权，可以选择使用自己的金钱减少任意角色的最终所得。在惩罚组和不作为组中，角色 A 将全部的金钱分配到自己的账户中，角色 B 将 50 元中的 40 元分配到团队账户中，惩罚组中的角色 C 对角色 A 进行了惩罚，而不作为组中的角色 C 保留了全部金钱。默许违规组中的角色 A 和角色 B 都将 50 元金钱全部分配到自己的账户中，角色 C 保留了全部金钱。默许互惠组中的角色 A 和角色 B 都将 50 元金钱中的 40 元分配到团队账户中，角色 C 保留了全部金钱。

道德判断采用与研究一相同的测量方法，本研究中该工具的内部一致性克龙巴赫 α 系数为 0.73。

能力判断选自社会认知基本维度中文词库（韩梦霏、Ybarra、毕重增，2015）的典型能力词汇，包括能干、坚定和努力，实验参与者需要回答每个特质词语是否符合自己对于第三方的判断，题目采用李克特 7 点计分，从"完全不符合"到"完全符合"，α 系数为 0.66。

行为推断同研究一。

喜好程度作为控制变量，采用喜好问卷（Van Doesum，Van Lange，& Van Lange，2013）测量实验参与者对角色 C 的喜好程度，采用李克特 7 点计分，从"完全反对"到"完全认同"，依次计 1~7 分，平均分越高代表实验参与者越喜欢角色 C，α 系数为 0.80。

惩罚倾向作为控制变量，实验参与者需要回答自身处于角色 C 的位置、面对相同情境时，会将 50 元中的多少用于惩罚角色 A，或/同时将 50 元中的多少用于惩罚角色 B，每 1 元可以减少目标角色的最终所得 2 元。

实验参与者随机分组（惩罚组、不作为组、默许违规组和默许互惠组）阅读改编的公共利益博弈范式情境材料任务中各角色的行为抉择说明，而后完成道德判断、能力判断、行为推断、喜好判断和惩罚决定。

（二）研究结果

通过控制喜好程度、惩罚倾向的协方差分析发现：道德判断的主效应显著 [F (3，172) =8.31，$p < 0.001$，$\eta^2 = 0.13$]，惩罚组判断第三方的道德水平显著高于不作为组（$p < 0.001$，$d = 1.08$），与默许违规组（$p = 0.063$，$d = 0.79$）和默许互惠组（$p = 0.092$，$d = 0.55$）无显著差异，不作为组的第三方道德水平显著低于默许违规组（$p < 0.05$，$d = 0.40$）和默许互惠组（$p < 0.05$，$d = 0.71$）；能力判断的主效应不显著 [F (2，169) =0.67，$p = 0.571$，$\eta^2 = 0.01$]；行为推断的主效应显著 [F (2，169) =9.60，$p < 0.001$，$\eta^2 = 0.15$]，惩罚组推断第三方如果在角色 A 或角色 B 的位置上时捐献到团队中的金钱数额显著高于不作为组（$p < 0.001$，$d = 0.64$）和默许违规组（$p < 0.001$，$d = 1.21$），惩罚组与默许

互惠组相比无显著差异（$p = 0.326$，$d = 0.07$），不作为组的捐献水平显著高于默许违规组（$p < 0.05$，$d = 0.34$），不作为组与默许互惠组相比无显著差异（$p = 0.222$，$d = 0.54$），默许违规组的捐献水平显著低于默许互惠组（$p < 0.001$，$d = 1.03$）（见表2）。

表 2   研究变量的描述性统计

因变量	惩罚组 （$n = 48$）	不作为组 （$n = 47$）	默许违规组 （$n = 41$）	默许互惠组 （$n = 40$）
道德判断	5.10 ± 1.11	3.50 ± 1.78	4.13 ± 1.31	4.52 ± 0.97
能力判断	4.20 ± 1.13	3.79 ± 1.19	3.64 ± 0.94	4.08 ± 0.99
行为推断	27.02 ± 12.32	17.61 ± 16.86	12.68 ± 11.35	26.00 ± 15.02
惩罚倾向 – 角色 A	13.88 ± 11.84	14.36 ± 13.09	4.90 ± 6.66	1.84 ± 3.83
惩罚倾向 – 角色 B	0.31 ± 2.17	/	4.66 ± 6.65	2.09 ± 4.03

（三）讨论

在研究二情境中的三个角色初始资源相同、权利对等，并且增加旁观者对第三方的喜好程度作为控制变量，从最大限度上排除了各种混淆因素对实验结果的影响。整体结果与研究一致，表明第三方惩罚与道德（声誉）判断之间具有可靠的关联。不同的是，在公共物品情境中消极信号比积极信号的效应更强，表现为旁观者并不认为惩罚组的第三方道德水平显著高于两个控制组的第三方。这可能是由于公共利益博弈情境中隐含着群体，旁观者对第三方维护群体利益的道德诉求更加强烈，一旦群体利益受损，任何目睹违规行为的成员（角色 C）都应通过惩罚告诫其他人该行为是不可接受的。

Steller 和 Pizarro（2018）发现做出不道德行为会使旁观者降低对行动者能力的判断，与社会交往有关的能力受影响更大。本研究发现旁观者对第三方的能力判断并不会受其惩罚行为影响。高成本信号理论认为信号的效应与成本属性有关，只有那些有能力获取更多资源者才能承担更大代价以发出更可靠的信号，但这一论断并不适用于解释旁观者对第三方惩罚行为的认识，第三方惩罚对道德品质（声誉）有影响而对能力判断没有影响。第三方惩罚被判定为一种道德行为，并独立于能力判断，这丰富了社会认知中对道德与能力二者关系的认识。

有趣的是，研究二中的旁观者认为默许违规组中的第三方会做出最自私的分配方案。可能是因为角色 A 和角色 C 的相互违规行为起到描述性规范的作用（Cialdini, Reno, & Kallgren, 1990），加之第三方并没有对两人做出惩罚，默许违规组的实验参与者相信大多数人在该情境下的捐献水平都是比较低的。

总体上研究二与研究一的结果相互印证，第三方惩罚行为影响了旁观者对第三方的道德判断，惩罚违规者表明第三方具备良好的道德品质，而无视违规行为是消极的道德信号，会让旁观者相信无动于衷的第三方会做出类似的违规行为。旁观者通过观察这些行为来校准道德声誉评价，而传播道德声誉使群体成员能快速而准确地预测该对象的行为。所以，不但第三方惩罚可以查验道德品质及声誉，道德声誉也会对第三方惩罚认知和推断产生影响。研究三将通过操纵第三方的道德声誉信息，直接考察其对旁观者惩罚推断的影响。

四　研究三：第三方的道德声誉对旁观者惩罚推断的影响

（一）研究方法

1. 研究对象

大学在校生 104 人，其中男生 33 人，女生 69 人，2 人未报告性别；2 人未报告年龄；年龄为 17～30 岁，平均年龄为 21.74 岁（SD = 1.96）。有 1 人表现出规律作答，1 人检查题目严重偏离正确答案，2 人不愿意对第三方的惩罚抉择做出推断并选择终止参与实验，此 4 名实验参与者的数据被剔除。

2. 材料和程序

对第三方道德声誉的操纵通过预先提供第三方个性品质信息实现（Stellar & Willer, 2018）。个性品质信息包含能力、责任心、开放性、道德和乐观，其中能力信息组间恒定，以控制其对道德声誉操纵可能产生的影响，责任心、开放性和乐观为掩蔽词。实验参与者被告知所有的个性品质得分为 6 名同班同学针对第三方评价所得的平均分（1～10 分），这些分数代表了第三方的声誉（Sperber & Baumard, 2012），高道德组第三方在道德上的得分为 7.83 分，低道德组的得分为 2.83 分。

操纵检验实验参与者猜测 6 名同学在其他个性品质上对第三方的评价（1～10 分），靶词为正直、值得信任、注重公平、富有同情心、勇敢、自

私、耐心、体贴、温柔、亲切，控制词为勤勉和高效，无关的掩蔽词为宜
人性和情绪化。

惩罚推断在与研究二相同的双人互动公共利益博弈情境中，实验参与
者根据获得的有关信息推断角色 C 在当时情形下会做出何种行为抉择，即
会付出多少金钱惩罚角色 A 或/和角色 B。

实验参与者被随机划入高/低道德声誉组。实验参与者首先被告知有
关角色 C 的道德品质信息，回答操纵检验问题后阅读加入第三方的双人互
动公共利益博弈规则（同研究二），得知角色 C 曾经参与过该实验，其中
角色 A 做出了自私的分配，最后，推断角色 C 的惩罚抉择。

（二）研究结果

1. 操纵检验

高道德声誉组的第三方在道德判断上的得分更高（见表 3）。高道德声
誉组在掩蔽词上也得到较高的分数，可能源于宜人性内容与道德维度的交
叉（Stellar & Willer, 2018）。总体而言，实验成功地操纵了第三方的道德
声誉。

表 3　操纵检验变量的描述性统计和差异检验结果

因变量	高道德声誉组（n = 53）	低道德声誉组（n = 47）	t	p	d
道德判断	6.26 ± 0.60	4.59 ± 1.12	9.43	< 0.001	1.86
能力判断	5.78 ± 0.73	5.65 ± 0.94	0.77	0.442	0.15
掩蔽词	5.74 ± 1.05	4.85 ± 1.14	4.08	< 0.001	0.81

2. 道德声誉对惩罚推断的影响

将两个惩罚推断的分数相减作为利他惩罚推断分数，即利他惩罚推
断 = 惩罚推断角色 A – 惩罚推断角色 B。独立样本 t 检验表明，高道德声
誉组认为第三方针对角色 C 的利他惩罚水平显著高于低道德声誉组（见
表 4）。

表 4　研究变量的描述性统计和差异检验结果

因变量	高道德声誉组（n = 53）	低道德声誉组（n = 47）	t	p	d
惩罚推断 – 角色 A	17.13 ± 6.73	14.89 ± 8.94	1.42	0.158	0.28
惩罚推断 – 角色 B	0.47 ± 2.82	2.45 ± 6.98	1.89	0.061	0.37
利他惩罚推断	16.66 ± 6.09	12.45 ± 11.84	2.26	< 0.05	0.45

（三）讨论

通过操纵第三方的道德声誉，本研究发现人们相信道德声誉良好的第三方更愿意惩罚违规者，而道德声誉不佳的第三方会进行更多针对合作者的反社会惩罚。道德声誉影响了旁观者对第三方惩罚的推断，进一步表明道德声誉与第三方惩罚行为的双向联结，道德规范通过道德声誉对群体成员行为产生影响或制约。旁观者目睹第三方惩罚抉择后的道德判断，不仅是对第三方道德品质的评估，而且会通过人际传播使人们即使在无法明确得知某个第三方过往行为的情形下，也可基于道德声誉对其行为模式做出推断。例如，De Bruin 等（1999）发现人们相信只有具备良好道德声誉的个体才会做出合作行为，一旦得知互动的对象为不道德个体，自身也会表现得更加自私。

五 总讨论与结论

通过增加控制组，本研究验证了旁观者会将第三方惩罚认定为一种道德行为，对这种道德行为的判断也可直接基于道德声誉做出，即预先获得的道德声誉会影响旁观者对第三方惩罚的推断。本研究和以往研究（如 Cubitt et al.，2011）相互印证，表明受到第三方惩罚等合作行为影响的声誉应为道德声誉。良好行为带来道德声誉上的提升、他人直接的赞赏等起到了社会奖赏作用，使人们清楚哪些行为规范可以出于自愿去遵守；不良行为造成道德声誉上的损失和他人的责备相当于社会惩罚，警示人们哪些行为规范是基于责任和义务的强制性要求（Mulder，2008）。研究二中第三方不作为者遭受明显的道德声誉损失，表明第三方惩罚具有"义不容辞"的一面。当大部分人意识到第三方不作为是一种群体威胁时，自然会在第三方的行为准则上达成共识并将其纳入道德声誉的评判范围之内。最终，不论是卷入更深的第二方，还是立场中立的第三方都会在道德的制约和引导下自觉维护群体规范，第三方的加入更是提升了维护力量能够延伸的范围和整体效果（Fehr & Fischbacher，2004）。

本研究与以往研究在考察第三方惩罚行为时均采用了物质惩罚设置，即第三方可以付出自身的代币或者真实金钱对他人做出惩罚。但具备基本法律常识和法律意识的实验参与者都明白，没有执法权的个体对他人实施物质惩罚，即使具备道德上的合理性，也绝不具有正当性和合法性。物质惩罚也会将人们看待事物的框架从道德转为经济理性（Gneezy & Rustichini，2000；Tenbrunsel & Messick，1999），自愿做出利他选择的内部动机更会因此而受到排挤（Frey & Oberholzer-Gee，1997）。物质惩罚更多的是作为道德规范失守后的最后一道防线，并且对违规者的惩罚应该由集体、权威机构或执法机构决定和执行（Baldassarri & Grossman，2011；Molenmaker，De Kwaadsteniet，& Van Dijk，2016）。未来的研究可以采用第三方社会惩罚的形式，考察其对旁观者道德判断的影响。与变更惩罚内容的设置类似，未来研究还可以关注个体差异对第三方惩罚的影响，某些个体更可能会出于自身的道德觉悟去做出惩罚行为。例如 Kriss 等（2016）的研究中仍然有 21.7% 的第三方，诚实地报告了骰子投掷的结果以保留惩罚违规者的机会，至少是为了捍卫陌生人的权利。

　　总而言之，第三方惩罚是一种道德行为，与之关联的声誉为道德声誉。旁观者认为惩罚违规者是表明第三方具备良好道德品质的积极信号，而无视违规行为是道德品质不良的消极信号。

参考文献

毕重增，2019，《德行与才智——幸福生活的社会认知基本维度》，北京：商务印书馆。

陈思静、何铨、马剑虹，2015，《第三方惩罚对合作行为的影响：基于社会规范激活的解释》，《心理学报》第 3 期。

陈思静、马剑虹，2011，《第三方惩罚与社会规范激活——社会责任感与情绪的作用》，《心理科学》第 3 期。

韩梦霏、Ybarra、O.，毕重增，2015，《社会认知基本维度中文形容词词库的建立》，《西南大学学报》（自然科学版）第 8 期。

Baldassarri, D., & Grossman, G. (2011). Centralized sanctioning and legitimate authority promote cooperation in humans. *Proceedings of the National Academy of Sciences*, 108, 11023 – 11027.

Barclay, P. (2006). Reputational benefits for altruistic punishment. *Evolution and Human Behavior*, 27 (5), 325 – 344.

Bear, A., & Rand, D. G. (2016). Intuition, deli of cooperation. *Proceedings of the National Academy of Sciences*, 113, 936 – 941.

Bocian, K., Baryla, W., Kulesza, W. M., Schnall, S., & Wojciszke, B. (2018). The mere liking effect: Attitudinal influences on attributions of moral character. *Journal of Experimental Social Psychology*, 79, 9 – 20.

Cialdini, R. B., Reno, R. R., & Kallgren, C. A. (1990). A focus theory of normative conduct: Recycling the concept of norms to reduce littering in public places. *Journal of Personality and Social Psychology*, 58, 1015 – 1026.

Cubitt, R. P., Drouvelis, M., Gächter, S., & Kabalin, R. (2011). Moral judgments in social dilemmas: How bad is free riding? *Journal of Public Economics*, 95, 253 – 264.

De Bruin, E. N. , & Van Lange, P. A. (1999). Impression formation and cooperative behavior. *European Journal of Social Psychology*, 29, 305 – 328.

Delton, A. W. , & Krasnow, M. M. (2017). The psychology of deterrence explains why group membership matters for third-party punishment. *Evolution and Human Behavior*, 38, 734 – 743.

Durante, F. , Tablante, C. B. , & Fiske, S. T. (2017). Poor but warm, rich but cold (and competent): Social classes in the stereotype content model. *Journal of Social Issues*, 73, 138 – 157.

Fehr, E. , & Fischbacher, U. (2004). Third-party punishment and social norms. *Evolution and Human Behavior*, 25, 63 – 87.

Falk, A. , & Fischbacher, U. (2006). A theory of reciprocity. *Games and Economic Behavior*, 54, 293 – 315.

Frey, B. S. , & Oberholzer-Gee, F. (1997). The cost of price incentives: An empirical analysis of motivation crowding-out. *The American Economic Review*, 87, 746 – 755.

Gintis, H. , Smith, E. A. , & Bowles, S. (2001). Costly signaling and cooperation. *Journal of Theoretical Biology*, 213, 103 – 119.

Goodwin, G. P. , Piazza, J. , & Rozin, P. (2014). Moral character predominates in person perception and evaluation. *Journal of Personality and Social Psychology*, 106, 148 – 168.

Gneezy, U. , & Rustichini, A. (2000). A fine is a price. *The Journal of Legal Studies*, 29, 1 – 17.

Gummerum, M. , Van Dillen, L. F. , Van Dijk, E. , & López-Pérez, B. (2016). Costly third-party interventions: The role of incidental anger and attention focus in punishment of the perpetrator and compensation of the victim. *Journal of Experimental Social Psychology*, 65, 94 – 104.

Henrich, J. , & Boyd, R. (2001). Why people punish defectors: Weak conformist transmission can stabilize costly enforcement of norms in cooperative dilemmas. *Journal of Theoretical Biology*, 208, 79 – 89.

Jordan, J. J. , Hoffman, M. , Bloom, P. , & Rand, D. G. (2016). Third-party punishment as a costly signal of trustworthiness. *Nature*, 530, 473 – 476.

Kriss, P. H. , Weber, R. A. , & Xiao, E. (2016). Turning a blind eye, but not the other cheek: On the robustness of costly punishment. *Journal of Economic Behavior & Organization*, 128, 159 – 177.

Kurzban, R. , DeScioli, P. , & O'Brien, E. (2007). Audience effects on moralistic punishment. *Evolution and Human Behavior*, 28, 75 – 84.

Molenmaker, W. E. , De Kwaadsteniet, E. W. , & Van Dijk, E. (2016). The impact of personal responsibility on the (un) willingness to punish non-cooperation and reward cooperation. *Organizational Behavior and Human Decision Processes*, 134, 1 – 15.

Mulder, L. B. (2008). The difference between punishments and rewards in fostering moral concerns in social decision making. *Journal of Experimental Social Psychology*, 44, 1436 – 1443.

Nelissen, R. M. (2008) The price you pay: Cost-dependent reputation effects of altruistic punishment. *Evolution and Human Behavior*, 29, 242 – 248.

Nisbett, R. E., & Wilson, T. D. (1977). The halo effect: Evidence for unconscious alteration of judgments. *Journal of Personality and Social Psychology*, 35, 250 – 256.

Pedersen, E. J., McAuliffe, W. H., & McCullough, M. E. (2018). The unresponsive avenger: More evidence that disinterested third parties do not punish altruistically. *Journal of Experimental Psychology: General*, 147, 514 – 544.

Rand, D. G., Peysakhovich, A., Kraft-Todd, G. T., Newman, G. E., Wurzbacher, O., Nowak, M. A., & Greene, J. D. (2014). Social heuristics shape intuitive cooperation. *Nature Communications*, 5, 1 – 12.

Santos, F. P., Santos, F. C., & Pacheco, J. M. (2018). Social norm complexity and past reputations in the evolution of cooperation. *Nature*, 555, 242 – 245.

Sigmund, K. (2012). Moral assessment in indirect reciprocity. *Journal of Theoretical Biology*, 299, 25 – 30.

Sperber, D., & Baumard, N. (2012). Moral reputation: An evolutionary and cognitive perspective. *Mind & Language*, 27, 495 – 518.

Stellar, J. E., & Willer, R. (2018). Unethical and inept? The influence of moral information on perceptions of competence. *Journal of Personality and Social Psychology*, 114, 195 – 210.

Tenbrunsel, A. E., & Messick, D. M. (1999). Sanctioning systems, decision frames, and cooperation. *Administrative Science Quarterly*, 44, 684 – 707.

Uhlmann, E. L., Pizarro, D. A., & Diermeier, D. (2015). A person-centered approach to moral judgment. *Perspectives on Psychological Science*, 10, 72 – 81.

Van Doesum, N. J., Van Lange, D. A., & Van Lange, P. A. (2013). Social mindfulness: Skill and will to navigate the social world. *Journal of Personality and Social Psychology*, 105, 86 – 103.

Walker, L. J., & Hennig, K. H. (2004). Differing conceptions of moral exemplarity: Just, brave, and caring. *Journal of Personality and Social Psychology*, 86, 629 – 647.

Wojciszke, B. (2005). Morality and competence in person-and self-perception. *European Review of Social Psychology*, 16, 155 – 188.

《中国社会心理学评论》 第 21 辑
第 166~191 页
© SSAP，2021

程序公平性和结果有利性对儿童程序正义判断、结果满意度与权威接纳意愿的影响[*]

徐华女　洪慧芳[**]

摘　要： 本研究通过权威决策假设情境实验任务，探讨程序公平性和结果有利性对小学高年级儿童程序正义判断的影响，以及程序正义判断在程序公平性与结果满意度之间、程序公平性与权威接纳意愿之间的中介作用。344 名小学五年级儿童（$M = 10.76$ 岁）被随机分派到 3（程序公平性：公平、不公平、不确定）×3（结果有利性：有利、不利、不确定/候补）被试间设计的各处理组，随后完成程序正义判断、结果满意度和权威接纳意愿的测量。结果显示，小学高年级儿童对权威决策的程序公平性敏感，程序公平条件下的程序正义判断显著高于程序不公平和程序不确定条件下的程序正义判断；结果有利性对程序正义判断主效应显著，结果有利条件显著高于结果不利条件，但与结果不确定/候补条件无显著差异；程序公平性和结果有利性的交互作用显著，在程序确定（公平或不公平）条件下，结果不确定/候补时的程序正义判断与结果有利时相似，而在程序不确定条件下，结果不确定/候补时的程序正义判断则与结果不利时相似。程序公平性对结果满意度和权威接纳意愿的主效应均显著，程序正义判断在程序公平性与结果满意度之间、程序公平性与权威接纳意愿之间均起中介作用。

---

[*] 本研究获得教育部人文社会科学研究青年项目"儿童程序正义概念的发展机制及影响因素研究"的资助（项目编号：15YJC190021）。

[**] 徐华女，武汉大学哲学学院心理学系讲师，通讯作者，E-mail：xuhuanu@ msn. com；洪慧芳，泉州市教育科学研究所教研员。

关键词： 道德发展　程序公平性　结果有利性　程序正义判断　权威接纳意愿

一　引言

每个人日常生活中都会经历很多与自身利益密切相关的权威决策情境（如群体资源分配、人才或作品选拔等），其中群体权威有权决定有限的资源或机会在群体成员之间如何分配。社会心理学研究表明，人们对权威决策结果的接受度不仅受到结果有利与否的影响，也会受到权威决策程序公平性的影响。人们会通过他们对权威决策程序公平性的判断，对结果做出反应（Van den Bos & Lind，2002），也会基于程序正义判断，决定是否接纳和服从群体权威（Lind，Kray，& Thompson，2001；Tyler & Lind，1992）。

与成人相似，儿童在集体生活中也常常会面临权威决策情境，要等待和面对权威决策的结果，但目前有关儿童程序正义判断的道德发展研究还相当缺乏。当儿童处于权威决策情境时，他们对决策程序公平性信息是敏感的吗？在 10～11 岁这个"平等超越权威、开始摆脱道德他律"（Piaget，1948）的年龄段，当成人权威采用公平或不公平的程序决策时，儿童会做出不同的程序正义判断吗？如果权威决策的程序信息不透明或不确定，儿童是否更加依赖结果做出程序正义判断？在权威决策后，儿童对决策结果的反应以及对成人权威的态度又会怎样受到程序正义判断的影响？

（一）程序正义与权威关系模型

程序正义（procedural justice）指群体中用来做决定或资源分配的程序的公平性。早期的程序正义模型比较关注程序正义的工具性。Thibaut 和 Walker（1978）认为，人们重视程序正义是因为程序给人们提供了对最终结果的控制，包括过程控制（对构成做决定的基础信息之开发和选择的控制，后指做决定过程中有表达观点的机会）（Tyler，Rasinski，& Spodick，1985）和决定控制（对最终决定的真实影响程度）。Leventhal（1980）提出，人们根据 6 个正义规则评估程序公平性，包括代表性（程序应该确保涉事各方的观点都会被考虑到）、一致性（程序应该具有跨对象和跨时间的一致性）、偏见抑制（程序应该去除所有的个人自我利益和偏见的影响)、准确性(程序应该确保决策是基于准确信息做出的)、可更正性(程序应该提供一种错误被改正的方式)和伦理性(程序应该与基本伦理价值观相协调),每个规则都增加了最终决定将推进群体目标的可能性。

程序正义领域的一个研究焦点是处理个体与权威之间的关系。Tyler 等(2015)强调从关系角度理解程序正义的意义,提出了程序正义的关系模型(含权威关系模型和群体参与模型),认为程序公平性传达了关于人们与制定程序的实体之间关系的信息。其中权威关系模型认为,群体权威以公平程序决策会使成员感到自身权利受到尊重、被尊严地对待,程序公平对人们判断权威合法性起关键作用,当权威被知觉为合法时,成员会信任权威和群体规则,接受权威的决定,自愿服从权威的指令(Blader & Tyler, 2015; Tyler & Lind, 1992)。群体参与模型则强调,如果群体以公平程序运行,成员会积极地看待他们的群体以及自己的成员身份,更强烈地认同群体(Tyler & Blader, 2003)。

在权威关系模型的基础上,从社会认知角度出发,Lind 等(2001)提出公平启发式理论,解释了公平判断对个体接纳权威和群体参与的作用机制。公平启发式理论认为,人们将公平判断作为一种启发式来指导自己是否接受群体决定以及在多大程度上投入和参与群体,因为公平与否被看作可能受到拒斥(伴随社会身份的损失)和剥削(伴随结果的损失)的一个指标;当人们采用公平启发式过程时,会使用各种来源的信息,包括增强或削弱认同的人际经历、正式规则和程序的特征以及群体成员间的结果分配,来形成自己在多大程度上受到公平对待的总体印象;一旦公平与否的印象形成,人们会利用这一公平判断来决定是否服从群体权威、是否在争端解决中接受妥协以及是否信任群体中其他成员(Lind, 1995; 2001)。

基于权威关系模型和公平启发式理论,权威决策的程序公平性会影响两个方面:一是个体对权威决策结果的接受度;二是个体在多大程度上愿意信任、接纳和遵从权威。以成人为被试的实证研究表明,权威决策的程序公平性会显著影响个体的程序正义判断,程序公平条件下的程序正义判断显著高于程序不公平条件下的程度正义判断(Blader, 2007)。当人们知觉权威采用的程序较为公平时,对所得结果的满意度和接受度更高(Kim & Mauborgne, 1993; McComas et al., 2007; Tyler, 2000),也更愿意对权威表示支持(Tyler & Degoey, 1995)。组织中高水平的程序公平能够降低不利结果对成员支持组织决定及支持决策者的影响(Brockner, 2002)。

（二）儿童的程序正义概念以及儿童与权威之间的关系

1. 儿童程序正义概念的研究背景

道德发展领域已将程序正义研究拓展至儿童群体，从早期的探索（Fry & Corfield，1983；Gold et al.，1984）到近期的再次关注（Grocke，Rossano，& Tomasello，2015；Shaw & Olson，2014），然而，目前国内外对儿童程序正义概念的研究还相当不足，可能由于道德发展领域很多研究者认为儿童还较难达到对程序正义的理解。在道德认知发展领域，儿童程序正义概念的发展并未受到传统研究的关注。虽然皮亚杰和柯尔伯格在他们的道德判断发展研究中都讨论了正义问题，但他们没有在道德发展阶段中处理程序正义问题。哈贝马斯（商谈伦理的提出者）在回顾了柯尔伯格道德发展阶段的基础上提出，最高阶段（第 6 阶段）的道德判断以"程序视角"为特征，其高于第 5 阶段的"原则视角"（Habermas，1990），在第 5 阶段，检验规范的规则是原则，而在第 6 阶段，检验原则的规则能够证明规范合理的程序（Habermas，1990：166 – 167）。

Myyry 和 Helkama（2002）尝试建立柯尔伯格道德判断发展阶段与 Leventhal（1980）程序正义规则之间的关系。他们在柯尔伯格道德判断计分手册中寻找和匹配 Leventhal 的程序正义规则，发现程序正义规则大部分出现在较高的道德判断发展阶段，处于阶段 3 及以下的不足三分之一，具体而言，只有代表性较多出现在阶段 3 及以下，一致性和准确性较多出现在阶段 3/4（处于阶段 3 和阶段 4 之间的独立阶段）及以上，偏见抑制和可更正性只在阶段 3/4 及以上出现，后 4 个规则均反映较高阶段的道德判断。然而，Myyry 和 Helkama（2002）在实证研究中探讨的是成人的道德判断发展阶段与上述程序正义规则使用的关系，没有在儿童群体中进行研究。由于部分程序正义规则在阶段 3 及以下也可以出现，因此儿童也可能具有判断程序正义规则的能力。

儿童程序正义概念发展的实证研究并没有延续道德发展阶段论的思路，现有研究主要集中在两个研究主题上：一是关注程序正义概念的早期发展，探讨儿童在同辈群体情境下的程序使用（不涉及儿童和权威的关系）；二是关注儿童和权威的关系，通过权威决策情境，探讨儿童如何判断成人权威决策的程序正义性。

2. 儿童程序正义概念的早期发展

关注儿童程序正义概念早期发展的研究始于近些年，着重探讨当儿童在同辈间做分配决策时选择或采用什么程序，通常采用第三方或第一方分配情境，聚焦于儿童的程序正义概念如何出现、最初以何种方式表现。

Shaw 和 Olson（2014）发现，如果只能把一个额外的资源分配给两名接受者中的一名（第三方任务），5~8 岁儿童更倾向使用公平程序（在机会平等的转盘上转指针）而非有偏程序（机会不等），当只能通过有偏程序决定资源归属时，他们宁可扔掉该资源，年龄稍大的儿童表现出对有偏程序的更强厌恶。后续研究显示，当决定如何在做同样任务的两人中分配一个奖励时，6~8 岁儿童均显著倾向选择公平程序而非有偏程序，5 岁儿童在两种选择间无显著差异（Lukauskaitė & Daugirdienė，2015）。当在两名接受者中分配一个额外资源时，在"抛或给"条件下（抛硬币或直接给一名接受者），4~8 岁儿童均显著偏好抛硬币，其中 7~8 岁组在"抛或给"条件抛硬币多过"抛或扔"条件（抛硬币或扔掉该资源），而 4~6 岁组在各条件间无显著差异（Dunham，Durkin，& Tyler，2018）。

在团体分配情境下，当 5 岁儿童三人组面对不平等的获益组合时，被随机分派到公平转轮（机会平等）的小组大多既接受结果又接受程序，而被分派到不公平转轮的小组通常决定改变规则而非被动接受（Grocke，Rossano，& Tomasello，2015）。当在四人小组中分配共同获益时，5 岁儿童还不会使用程序做决定，7 岁儿童已较多使用猜拳类程序，亦会使用投票程序，但对程序正义概念的掌握仍处于隐性水平（基于表征重述模型），[①] 9 岁儿童可以对程序进行更具公平性的改良（如由闭眼拿改为背后拿），少数能够对程序的公平性做出解释和评价，初步表现出对程序正义概念的显性掌握（徐华女、黄蕴智，2014）。

因此，基于同辈间分配情境的研究表明，5 岁左右是儿童使用公平程序分配资源的萌芽时期，6~8 岁儿童已在机会均等的公平程序和机会不等的有偏程序之间明显倾向选择公平程序，并会使用猜拳、投票等程序做决定，9 岁儿童可以对程序进行创新性使用，开始能够对程序的公平性做出评价。总体而言，10 岁以下儿童对程序正义的理解主要表现在行为层面，即表征重述模型的隐性水平，其中年龄较大儿童初步表现出对程序正义概念的显性掌握。

3. 权威决策程序公平性对儿童程序正义判断和权威接纳意愿的影响

在儿童和权威之间关系的背景下，儿童程序正义概念发展研究旨在通

---

① 根据表征重述模型（Karmiloff-Smith，1992），知识表征会经历四个发展水平：水平 I（隐性）以行为掌握为特征，领域内或领域间的表征联系尚未形成；在水平 E1（显性 -1），表征相对灵活，但未通达意识；在水平 E2，表征已通达意识，但不能言语报告；在水平 E3，表征已通达意识且能言语报告。

过权威决策情境，探讨儿童对成人权威决策程序公平性的判断和知觉。当成人权威在决策程序上不公平时，儿童会面临正义与权威冲突的问题。儿童在"正义－权威"关系上的发展是道德发展的关键时期（Duska & Whelan，1975）。皮亚杰认为，"正义只有高于权威才有意义"（Piaget，1948：279）。皮亚杰专门探讨了儿童道德判断中正义感与服从权威发生冲突的问题，他设计了几则假设情境，探讨当成人权威分配任务不公平时，儿童在道德判断上的平等能否超越权威（Piaget，1948）。他发现，5～8岁儿童将公平等同于成人的要求，尚处于正义发展的第一阶段；8～12岁儿童进入了平等超越权威的第二阶段，儿童在道德判断上与成人权威发生了分离，其中超过90%的10～11岁儿童当权威分配不公平时在道德判断上平等超越权威，摆脱了道德他律（严格遵守规则和义务、服从权威）；年龄更大的儿童在面临正义问题时，决策前会权衡各种关系和境况，摆脱了外部力量的影响，在道德判断上已达到自律（自主，能够进行批判性思考）（Piaget，1948）。

然而，皮亚杰所探讨的"正义－权威"问题主要是关于分配正义和权威的关系，没有涉及"程序正义－权威"关系。那么，如果儿童面临成人权威采用不公平的程序决策，他们会做出怎样的判断？延续"正义－权威"，本研究将进一步探讨"程序正义－权威"，如果成人权威采用不公平程序决策，儿童在道德判断上的程序正义超越了权威，那么表明儿童摆脱了道德他律（严格遵守规则和义务、服从权威），能够进行批判性思考，正在向道德自律发展。

在儿童判断权威决策程序公平性的研究中，通常会设置权威决策假设情境或让被试自我报告知觉的权威正义性。这类涉及成人权威的程序正义研究常常会讨论以下几方面的问题。第一，最基本的问题是儿童对权威决策的程序公平性是否敏感。第二，权威决策的程序公平性对受影响者而言通常有两个直接相关的结果（基于权威关系模型、公平启发式理论和实证研究关注点）：一是对权威决策结果的满意度（程序公平性对结果满意度的影响）；二是对权威合法性的评价或接纳权威的意愿（程序公平性对权威接纳意愿的影响）。

Fry和Corfield（1983）通过权威分配任务的假设情境探讨10～11岁儿童对成人权威程序公平性（采用公平或不公平程序）的敏感性，结果显示，程序公平性操纵对被试的结果公平性判断及其对权威的满意度均有显著主效应（研究1），并且被试的程序正义判断与结果满意度呈显著正相关（研究2）。Gold等（1984）发现，1年级（6～7岁）和5年级（10～11

岁）儿童对成人惩罚的程序操作都是敏感的，当情境中有其他可能的犯错者存在时，儿童认为惩罚更不公平，1 年级儿童比 5 年级儿童形成假设性替代解释的能力弱。

以青少年为被试的相关研究（采用量表）也发现，7 年级（12.5 岁）和 9 年级（14.5 岁）青少年对少年法庭案件的程序正义知觉可预测其对审判过程和审判决定的满意度（Hicks & Lawrence，1993）；对警察执法的程序正义判断更高的 14~16 岁青少年，对警察合法性有更高的评价（Hinds，2007），并更愿意协助警察打击犯罪（Reisig & Lloyd，2009）；对教师决策的程序正义知觉较高的 10~12 年级青少年，对教师权威合法性评价更高，与教师有冲突时较多采用礼貌和妥协策略（Nelson，Shechter，& Ben-Ari，2014）。

上述研究在儿童和权威之间关系的背景下探讨儿童的程序正义判断和知觉，一类是实验研究，针对小学儿童，探讨儿童对程序公平性操纵是否敏感，以及他们对结果的判断和对权威的态度；另一类是基于量表的相关研究，探讨青少年知觉的权威程序公平性能否预测其对权威决策的满意度以及权威合法性评价。此外，上述研究表明，10 岁及以上的青少年可以从判断和解释层面理解程序正义，即对应于表征重述模型的显性水平。

4. 结果有利性和程序公平性对儿童程序正义判断的交互作用

在权威决策情境下，儿童的程序正义判断除了受到权威决策程序公平性的影响，还会受到什么因素的影响？以往研究表明，人们在权威决策后得到的结果（经由决策程序产生的结果）也会影响他们的程序正义判断。

在道德发展研究中，Darley 和 Shultz（1990）指出，年幼儿童很大程度上依靠判断结果来做正义判断，达到一定年龄后，儿童开始热衷程序，会根据结果是否通过正确程序达成来判断结果的公平性。最终，儿童发展出一个更复杂的图式，如果他们判断结果是正义的，那么会将达成结果的程序视为公平的；如果他们判断结果是不正义的，则会将程序视为不公平的；如果他们不确定结果是否正义，那么感知程序公平会使他们更可能判断结果是公平的。Fry 和 Corfield（1983）发现，10~11 岁儿童的结果公平性判断，既有程序操纵的效应，也有结果公平性（高于、等于或低于应得）的效应，不过该研究没有测量程序正义判断，也没有报告程序和结果是否存在交互作用。

事实上，在成人研究中，结果对程序正义判断也有影响。Van den Bos（1999）发现了公平结果效应，当有关程序的信息缺乏时，人们难以决定如何判断程序，因而他们会使用所得结果的公平性去评估如何对程序做出反应，即结果公平性会影响程序正义判断。此外，结果有利性也会影响程序正义判断，有利的结果使人们更可能将程序视为正义的（Blader，2007；Van den Bos，Vermunt，& Wilke，1997）。

在探讨结果和程序对正义判断的作用中，研究者也考虑到不确定性的作用。当人们对重要生活事件不确定时，那些引发不确定感或困惑感的情境，会刺激人们去寻求和使用公平判断（Van den Bos & Lind，2002）。Van den Bos 和 Lind（2002）提出了不确定性管理模型来解释人们如何使用公平判断来应对日常生活中的不确定性。不确定性可能是一种威胁，公平判断可以降低不确定性、使之可容忍或在认知上可管理。公平判断过程内在的信息不确定性导致公平判断上的公平可替代性效应。当结果信息不确定时，人们使用程序公平性作为启发式替代来判断结果公平性；当程序信息不确定时，人们使用结果公平性作为启发式替代，来决定如何对程序做出反应。

当研究者将程序不确定性加入程序公平性操纵时，结果有利性与程序公平性呈现显著交互作用，当程序不确定（程序信息不透明或对程序缺乏解释）时，程序正义判断更依赖于结果有利与否（此时没有程序信息做参考，人们依赖结果做程序正义判断），程序信息缺失制造了可使无关正义的因素影响主观程序正义判断的条件（Blader，2007）。然而，以往成人研究在结果有利性的设计上通常只考虑了结果有利和结果不利两个条件，并未探讨结果不确定性的作用（Blader，2007；Van den Bos，Vermunt，& Wilke，1997）。鉴于结果信息不确定时，人们使用程序公平性作为启发式替代来对结果做出反应（Van den Bos & Lind，2002），而且现实生活中决策结果的类型更加复杂，常常存在结果不确定的候补情况（如入学申请结果中的 waiting list），因此，加入结果不确定/候补条件可以更充分地探讨结果有利性和程序公平性的交互作用。

5. 以往儿童程序正义概念发展研究的不足之处

基于上述文献回顾，以往儿童程序正义概念发展研究存在以下几点不足。

从研究对象和意义上来看，一是目前对儿童青少年程序正义概念、判断或知觉的研究，一部分关注 10 岁以下儿童，另一部分关注青少年，但对儿童中期向青少年期过渡阶段的程序正义发展研究还相对不足；二是"正义–权威"问题是道德发展领域的一个传统问题，然而当代探讨儿童程序正义概念发展的研究，并没有延续皮亚杰"正义–权威"的思路，去探讨权威决策情境下儿童在"程序正义–权威"问题上的发展在道德发展中的意义；三是针对小学儿童的程序正义概念发展研究，更多关注儿童对程序公平性的敏感性如何，没有充分关注在权威决策后，儿童对权威合法性的评价或权威接纳意愿。

从研究方法来看，一是在研究设计上，在针对小学儿童的程序正义概念发展研究中，实验法发现 10～11 岁儿童对成人权威的程序公平性具有敏感性，程序公平性操纵对被试的结果公平性判断具有显著主效应（Fry & Corfield，1983），但该研究没有直接测量程序正义判断，也没有探讨程序和结果在程序正义判断上的交互作用；二是在程序公平性的操纵上，成人研究加入了程序不确定条件以探讨不确定性对程序正义判断的影响，但以往儿童研究只考虑了程序公平和程序不公平两个水平；三是在结果有利性的操纵上，无论儿童研究还是成人研究，都没有考虑结果不确定的情况，而结果不确定条件能够解释现实生活中结果不确定时程序公平性的作用，也有助于在理论上回应不确定性管理模型。

因此，本研究尝试在理论和方法上，对上述 6 点不足加以推进。

（三）研究目的和假设

本研究探讨五年级儿童的程序正义判断，以期呈现 10～11 岁儿童对显性程序正义信息的敏感性。样本选取五年级儿童的主要原因在于，本研究尝试选择能够阅读显性程序正义信息的较低年级，处于该年级的相当一部分儿童可能已经能够理解某些显性程序信息。在 Fogan 和 Tyler（2005）的研究中，10～11 岁儿童可以在问卷上自我报告对执法者程序正义的知觉；本课题组前期研究也发现，小学 4～5 年级儿童已能够理解并填答对应于 Leventhal（1980）程序正义各规则的权威程序正义测量条目（徐华女、洪慧芳，2020）。根据皮亚杰（Piaget，1948）的研究，10～11 岁儿童在正义相关的道德判断发展上处于与权威分离、摆脱道德他律的阶段。那么，在这个能够初步理解显性程序正义信息又开始摆脱道德他律的年龄段，儿童面临权威决策情境时（可能存在程序正义感与服从权威之间的冲突）会做出怎样的程序正义判断？结果有利性是否会调节程序公平性与程序正义判断之间的关系？

本研究通过权威决策假设情境实验任务，探讨程序公平性和结果有利性对小学高年级儿童程序正义判断的影响，以呈现儿童对显性程序正义信息的敏感性以及程序公平性和结果有利性的交互作用；并进一步探讨程序正义判断在程序公平性与结果满意度之间、程序公平性与权威接纳意愿之间的中介作用。基于权威关系模型、公平启发式理论和以往实证研究，当 10 岁以上儿童处于权威决策情境时，他们对权威决策程序公平性的操纵应是敏感的，会基于程序公平性水平对权威决策做出程序正义判断，该判断进而会影响他们对权威决策结果的满意度以及权威接纳意愿。本研究尝试检验以下几个假设。第一，小学高年级儿童对显性程序信息具有敏感性，程序公平性对程序正义判断的主效应显著，程序公平条件下的程序正义判断，显著高于程序不公平条件和程序不确定条件下的程序正义判断。第二，程序公平性与结果有利性在程序正义判断上交互作用显著，与程序确定（公平和不公平）条件相比，在程序不确定条件下，结果有利性对程序正义判断有更大的影响。第三，程序公平性对结果满意度的主效应显著，程序正义判断在程序公平性与结果满意度之间起中介作用。第四，程序公平性对权威接纳意愿的主效应显著，程序正义判断在程序公平性与权威接纳意愿之间起中介作用。

二　方法

（一）被试

被试来自泉州市某小学，该校办学条件处于当地中上水平。共有 398 名五年级学生参加实验，实验时间为五年级第二学期后段。被试被随机分派到 3（程序公平性）×3（结果有利性）被试间设计的各实验处理组。共剔除 54 份无效数据，包括未完成实验程序 7 人（因变量条目单组空缺）、规律作答或不认真作答 43 人（连续 7 条及以上勾选同一数字、按 1～7 顺序作答、同一条目勾选 2 个数字、成组条目涂改）、不想参加夏令营（假设情境）4 人。有效被试 344 人（有效率 86.43%，各处理组人数均为 35～40 人），男生 193 人，女生 150 人，1 人未填性别，平均年龄为 10.76 周岁①（$SD = 0.45$），年龄为 10～12 周岁（341 人为 10～11 周岁，3 人为 12 周岁）。

（二）实验设计和程序

本研究采用 3（程序公平性：公平、不公平、不确定）×3（结果有利性：有利、不利、不确定/候补）实验设计。在实验程序上，首先通过权威决策假设情境操纵自变量程序公平性（并进行操纵检验），其次通过呈

---

① 由于被试自我报告的年龄常常比实际年龄大 1～2 岁，因此这里报告的周岁是根据被试填写的出生年月，由研究者换算的实际周岁。

现权威决策结果来操纵自变量结果有利性，然后测量中介变量程序正义判断，最后测量因变量结果满意度和权威接纳意愿。

1. 自变量的操纵

（1）程序公平性的操纵

程序公平性的操纵，参考 Blader（2007）的成人研究改编，对权威决策的程序信息进行操纵，理论依据为 Leventhal（1980）提出的程序正义规则：代表性、偏见抑制、一致性、准确性和可更正性。① 程序公平性包含三个条件，分别为程序公平、程序不公平和程序不确定条件，前两个条件提供显性程序信息，程序不确定条件提供的程序信息不明确。在 Blader（2007）假设情境设计的基础上，本研究的改编在于以下三个方面。第一，更注意情境内容与每条程序正义规则的对应。第二，补充了程序不公平条件下缺少的规则及相应内容，使其与程序公平条件对应；去掉了程序不公平的理由，控制无关变量。第三，原研究的无程序信息条件（没有提供决策程序的细节）不适合直接等同于程序信息不确定情况来讨论，且与另两个条件不对应，作为控制条件不够严谨，因此本研究对应程序公平和不公平条件的设计模式编写了程序不确定条件。

指导语首先请被试仔细阅读一段材料，"想象你自己正在经历这个事件，你会有什么想法和感受"。三个条件下的被试都会读到："最近你们学校正在选拔学生参加国际夏令营，这是一个难得的学习和开阔眼界的机会。很多学生已经填写报名表并提交材料报名参加，但是夏令营代表队只有有限的名额。你也报名了，你非常希望能够参加这次夏令营。"随后，三个条件下的被试会看到不同的程序信息。

在程序公平条件下，被试读道（以下 1~5 分别对应代表性、偏见抑制、一致性、准确性、可更正性）："来自学校很多不同年级、班级和学科的老师组成了一个评委会，评阅学生的报名材料并决定最终进入夏令营代表队的人选。在评阅报名材料之前，每位报名者的个人信息（如姓名）都

---

① Leventhal（1980）提出的程序正义规则共有 6 条（代表性、偏见抑制、一致性、准确性、可更正性、伦理性），本研究程序公平性的操纵未包含伦理性，以往使用 Leventhal 程序正义规则的多项实证研究也没有对伦理性进行操作化（如 Blader，2007；Gouveia-Pereira, Vala, & Palmonari, 2003；Kazemi, 2016），主要因为，代表性、偏见抑制、一致性、准确性和可更正性均为具体、可操作的程序正义规则，而伦理性是指在前 5 条规则的基础上，程序应与基本伦理价值观相协调（不能欺骗、贿赂、侵犯隐私等），因此，伦理性是一项整体的原则性要求，要排除不符合伦理的行为。

被去掉了，因此评委老师是否认识报名学生不会对评选产生影响。在评选过程中，评委会会同等考虑所有报名者，并采用相同标准进行评价。评委会仔细阅读并详细讨论了每位报名者的材料，以确保做评选决定时已经掌握了准确的信息。如果报名者对评选结果有异议，评委会会经过再次讨论来更正错漏之处。"

程序不公平条件基于与程序公平条件相同的 5 条程序正义规则编写，体现不公平的权威决策程序，内容均与程序公平条件对应，例如，在代表性上，"来自学校某个年级的几个班主任老师组成了一个评委会，评阅学生的报名材料并决定最终进入夏令营代表队的人选"；在准确性上，"评委会不会仔细阅读和详细讨论每位报名者的材料，因而不能保证做评选决定时已经掌握了准确的信息"。

程序不确定条件亦与前两个条件在程序正义规则和呈现形式上相同，反映权威决策的程序信息不透明，例如，在偏见抑制上，"不清楚在评阅报名材料之前，报名者个人信息（如姓名）的处理方式，也不清楚评委老师是否认识报名者会对评选有何影响"；在可更正性上，"不清楚如果报名者对评选结果有异议，评委会会如何处理评选决定可能存在的错漏之处"。

（2）程序信息的操纵检验

在接受程序信息操纵后，被试填答 5 个关于决策程序的条目（分别反映代表性、偏见抑制、一致性、准确性、可更正性），[①] 在每个条目上表明自己的同意程度，如"评委会会同等对待不同的报名者"（一致性），"评委会会基于准确信息做出评选决定"（准确性）。采用 7 点计分量表，从"非常不同意"到"非常同意"。上述陈述符合程序公平条件的决策程序，不符合程序不公平条件的决策程序；程序不确定条件由于没有提供明确的程序信息，因而理论上在"非常不同意"到"非常同意"之间处于居中位置（不确定或中立）。

（3）结果有利性的操纵

完成程序信息的操纵检验后，被试收到了评选结果（"报名两周后，你收到了评选结果"），分别为结果有利、结果不利和结果不确定/候补条件。结果有利条件下的被试获知"你被选入了夏令营代表队"；结果不利条件下的被试获知"你没有被选入夏令营代表队"；结果不确定/候补条件

---

① Blader（2007）未提供具体的程序信息操纵检验条目，因此本研究根据 Leventhal（1980）的程序正义规则以及程序信息情境的设计，编制 5 个操纵检验条目。

下的被试获知"你被选入夏令营代表队候补名单，有机会但不确定能否最终进入夏令营代表队"。

2. 中介变量的测量

程序正义判断的反应条目，改编自 Blader（2007）的程序正义判断条目，共 6 个条目，询问被试对此次评选的感受如何，如"你认为评委会评阅报名材料的方式有多公平？你认为评委会做出评选决定的方式有多公平？你觉得在评选过程中，你被对待的公平程度如何？"采用 7 点计分量表，从"非常不"到"非常"，α = 0.83。

3. 因变量的测量

（1）结果满意度

根据 Tyler（1997）的结果满意度条目改编，共 3 个条目，询问被试对权威决策结果的满意度，如"你对评选决定有多满意？你对你得到的评选结果有多满意？"采用 7 点计分量表，从"非常不"到"非常"，α = 0.87。

（2）权威接纳意愿

根据 Tyler（1997）的权威接纳意愿条目改编，询问被试在这次评选经历后，对学校老师的感受如何，含 5 个条目，如"你觉得学校老师处理问题的方式有多恰当？你在多大程度上愿意接受学校老师的决定？你在多大程度上愿意听从学校老师的建议？"采用 7 点量表，从"非常不"到"非常"，α = 0.89。

（三）统计分析

数据分析使用 SPSS24.0 和 Hayes（2013）编写的宏程序 PROCESS，首先对人口学变量的效应进行初步分析，以方差分析检验性别的主效应和交互作用；其次以方差分析进行程序信息的操纵检验；再次以 3（程序公平性：公平、不公平、不确定）×3（结果有利性：有利、不利、不确定/候补）方差分析检验程序公平性和结果有利性对程序正义判断、结果满意度和权威接纳意愿的主效应和交互作用；最后以回归分析和 PROCESS 模型 4 检验程序正义判断的中介作用。

三 结果

（一）初步分析和操纵检验

初步分析显示，在程序正义判断、结果满意度和权威接纳意愿上，性

别主效应均不显著，Fs（1，341）= 0.01、0.64、0.55，$ps > 0.05$，性别 ×
程序公平性 × 结果有利性中的二阶和三阶交互作用亦均不显著，因此结果
报告中没有包括性别效应。

在程序信息的操纵检验上，以方差分析检验三个程序公平性条件下程
序信息判断的差异。结果显示，程序信息操纵有效，其主效应显著，F
（2，341）= 26.01，$p < 0.001$，$\eta_p^2 = 0.13$，程序公平条件下程序信息判断
显著高于程序不确定条件下的程序信息判断（$Ms = 5.24$、4.72，$p <$
0.01），程序不确定条件下的程序信息判断又显著高于程序不公平条件下
的程序信息判断（$Ms = 4.72$、4.17，$p < 0.001$）。5 项规则分别检验显示，
程序信息的主效应均显著，在代表性上，F（2，341）= 3.60，$p < 0.05$，
$\eta_p^2 = 0.02$；在偏见抑制上，F（2，341）= 7.48，$p < 0.01$，$\eta_p^2 = 0.04$；在
一致性上，F（2，341）= 15.66，$p < 0.001$，$\eta_p^2 = 0.08$；在准确性上，F
（2，341）= 8.57，$p < 0.001$，$\eta_p^2 = 0.05$；在可更正性上，F（2，341）=
17.22，$p < 0.001$，$\eta_p^2 = 0.09$（见表 1）。

表 1　程序信息判断的平均值、标准差和差异检验（$N = 344$）

	程序公平	程序不公平	程序不确定	F	η_p^2
代表性	4.44（1.77）	3.84（1.82）	3.92（1.96）	3.60*	0.02
偏见抑制	4.59（2.37）	3.46（2.21）	4.32（2.35）	7.48**	0.04
一致性	6.02（1.56）	4.59（2.24）	5.20（2.01）	15.66***	0.08
准确性	5.53（1.41）	4.67（1.89）	5.31（1.57）	8.57***	0.05
可更正性	5.64（1.44）	4.26（2.04）	4.84（1.87）	17.22***	0.09
总均分	5.24（0.92）	4 17（1.23）	4.72（1.24）	26.01***	0.13

注：* $p < 0.05$，** $p < 0.01$，*** $p < 0.001$。

（二）程序公平性和结果有利性对程序正义判断的影响

程序正义判断在各实验处理下的平均值和标准差，如表 2 所示。

在程序正义判断上，程序公平性（公平、不公平、不确定）× 结果
有利性（有利、不利、不确定/候补）的方差分析显示，程序公平性主效
应显著，F（2，335）= 14.28，$p < 0.001$，$\eta_p^2 = 0.08$，程序公平条件下
程序正义判断显著高于程序不公平条件下的程序正义判断（$Ms = 4.74$、
4.01，$p < 0.001$），亦显著高于程序不确定条件下的程序正义判断

（$Ms=4.74$、4.35，$p<0.01$），程序不确定条件下的程序正义判断显著高于程序不公平条件下的程序正义判断（$Ms=4.35$、4.01，$p<0.05$），支持假设1。结果有利性主效应显著，$F(2,335)=14.31$，$p<0.001$，$\eta_p^2=0.08$，结果有利条件和不确定/候补条件下的程序正义判断均显著高于结果不利条件下的程序正义判断（$Ms=4.70$、4.45、3.96，$p<0.001$），结果有利与不确定/候补条件下的程序正义判断差异不显著（$Ms=4.70$、4.45，$p>0.05$）。

表2　各实验处理下程序正义判断的平均值和标准差（$N=344$）

	结果有利	结果不利	结果不确定/候补
程序公平	5.00（0.86）	4.15（1.08）	5.09（0.95）
程序不公平	4.22（1.27）	3.62（1.12）	4.16（1.22）
程序不确定	4.87（0.77）	4.09（1.05）	4.05（1.24）

注：各处理组 n 为35~40。

程序公平性和结果有利性的交互作用显著（见图1），$F(4,335)=2.68$，$p<0.05$，$\eta_p^2=0.03$，简单效应分析显示，在程序不公平条件下，结果有利性主效应边缘显著，$F(2,112)=2.87$，$p=0.06$，结果不利条件显著低于结果有利条件（$MD=-0.61$，$p<0.05$），亦低于结果不确定/候补条件（$MD=-0.54$，$p=0.05$），结果不确定/候补和结果有利条件差异不显著（$MD=-0.07$，$p>0.05$）；在程序不确定条件下，结果有利性主效应显著，$F(2,108)=7.34$，$p<0.01$，结果不利和结果不确定/候补条件均低于结果有利条件（$MD=-0.79$，$p<0.01$；$MD=-0.82$，$p<0.01$），结果不利和结果不确定/候补条件差异不显著（$MD=0.04$，$p>0.05$）；在程序公平条件下，结果有利性主效应显著，$F(2,115)=11.29$，$p<0.001$，结果不利条件低于结果有利条件（$MD=-0.84$，$p<0.001$），亦低于结果不确定/候补条件（$MD=-0.94$，$p<0.001$），结果不确定/候补条件和结果有利条件差异不显著（$MD=-0.10$，$p>0.05$）。因此，无论程序公平性如何，程序正义判断均一定程度上受到结果的影响（不支持假设2，结果有利性并未在程序不确定条件下对程序正义判断有更大影响），具体而言，在程序确定（公平或不公平）条件下，结果不确定/候补时的程序正义判断与结果有利时相似；而在程序不确定条件下，结果不确定/候补时的程序正义判断则与结果不利时相似。

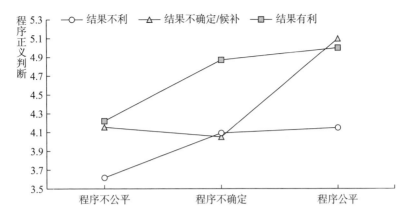

图1　程序公平性和结果有利性在程序正义判断上的交互作用

（三）程序公平性和结果有利性对结果满意度和权威接纳意愿的影响

结果满意度和权威接纳意愿在各实验处理组的平均值和标准差，如表3所示。

在结果满意度上，3×3方差分析显示，程序公平性主效应显著，F （2，335） =3.37，p <0.05，η_p^2 =0.02，程序公平条件显著高于程序不公平条件（Ms =4.42、3.98，p <0.05），支持假设3，程序不确定条件（M =4.25）与二者差异均不显著；结果有利性主效应显著，F （2，335） =55.64，p <0.001，η_p^2 =0.25，结果有利条件显著高于不确定/候补条件（Ms =5.18、4.17，p <0.001），结果不确定/候补条件又显著高于不利条件（Ms =4.17、3.27，p <0.001）；程序公平性和结果有利性的交互作用不显著，F （4，335） =0.63，p >0.05。

在权威接纳意愿上，3×3方差分析显示，程序公平性主效应显著，F （2，335） =7.57，p <0.01，η_p^2 =0.04，程序公平条件显著高于程序不公平条件（Ms =5.07、4.40，p <0.001），亦高于程序不确定条件（Ms =5.07、4.62，p <0.05），支持假设4，程序不确定和程序不公平条件差异不显著（Ms =4.62、4.40，p >0.05）；结果有利性主效应不显著，F （2，335） =1.86，p >0.05；程序公平性和结果有利性的交互作用不显著，F （4，335） =1.16，p >0.05。

表3 各实验处理组结果满意度和权威接纳意愿的平均值和标准差 （$N = 344$）

	结果有利	结果不利	结果不确定/候补
结果满意度			
程序公平	5.28 (1.01)	3.63 (1.58)	4.36 (1.51)
程序不公平	5.02 (1.45)	2.79 (1.21)	4.06 (1.68)
程序不确定	5.24 (1.05)	3.36 (1.43)	4.09 (1.36)
权威接纳意愿			
程序公平	5.29 (1.05)	4.79 (1.25)	5.14 (1.22)
程序不公平	4.38 (1.44)	4.42 (1.28)	4.39 (1.64)
程序不确定	5.01 (1.22)	4.54 (1.47)	4.28 (1.57)

注：各处理组 n 为 35 ~ 40。

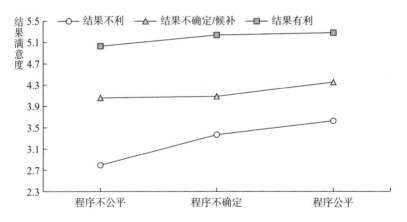

图2 程序公平性和结果有利性对结果满意度的作用

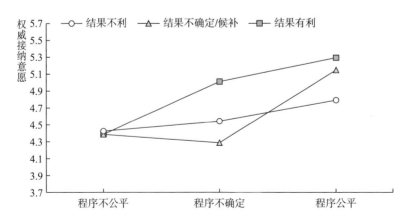

图3 程序公平性和结果有利性对权威接纳意愿的作用

（四）程序正义判断的中介作用

关于程序正义判断在程序公平性与结果满意度之间的中介效应检验，首先，分析结果不利条件下的中介效应（检验结果不利时程序公平性对结果满意度的效应）；其次，分析结果不确定/候补和结果有利条件下的中介效应。在结果不利条件下（$n=114$），程序公平性（0 = 不公平，1 = 不确定，2 = 公平）正向预测结果满意度（$\beta=0.24$，$p<0.05$），将程序正义判断纳入模型后，程序正义判断正向预测结果满意度（$\beta=0.56$，$p<0.001$），程序公平性对结果满意度的预测作用不再显著（$\beta=0.13$，$p>0.05$），程序正义判断的间接效应为 0.20，$SE=0.10$，95% $CI=$［0.02，0.41］，中介效应占总效应的 47.08%。在结果不确定/候补和结果有利条件下（$n=230$，中介效应结果模式相同，因此合并报告），程序公平性对结果满意度的预测作用不显著（$\beta=0.08$，$p>0.05$），然而程序公平性显著正向预测程序正义判断（$\beta=0.31$，$p<0.001$），程序正义判断显著正向预测结果满意度（$\beta=0.55$，$p<0.001$），近期统计方法研究指出，检验中介效应不需要主效应显著，$a\times b$ 显著即为中介路径存在（Zhao，Lynch，& Chen，2010；陈瑞、郑毓煌、刘文静，2013），通过 PROCESS 模型 4，以 Bootstrap 法进行中介效应检验，程序正义判断的间接效应显著（95% $CI=$［0.19，0.47］），效应值为 0.32，$SE=0.07$。因此，在结果不利、不确定/候补和结果有利条件下，程序正义判断在程序公平性与结果满意度之间均起中介作用，支持假设 3。

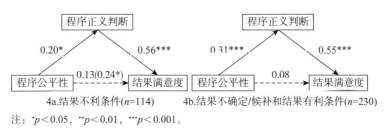

4a.结果不利条件(n=114)　　4b.结果不确定/候补和结果有利条件(n=230)

注：$^*p<0.05$，$^{**}p<0.01$，$^{***}p<0.001$。

图 4　程序正义判断在程序公平性和结果满意度之间的中介作用

关于程序正义判断在程序公平性与权威接纳意愿之间的中介效应检验，在结果有利和结果不确定/候补条件下（$n=230$，中介效应结果模式相同），程序公平性（0 = 不公平，1 = 不确定，2 = 公平）正向预测权威接纳意愿（$\beta=0.24$，$p<0.001$），将程序正义判断纳入模型后，程序正义判断正向预测权威接纳意愿（$\beta=0.52$，$p<0.001$），程序公平性对权威接纳

意愿的预测作用不再显著（$\beta = 0.08$，$p > 0.05$），程序正义判断的间接效应为 0.28，$SE = 0.07$，95% $CI = [0.15, 0.43]$，中介效应占总效应的 66.92%。在结果不利条件下（$n = 114$），程序公平性对权威接纳意愿的预测作用不显著（$\beta = 0.11$，$p > 0.05$），然而程序公平性显著正向预测程序正义判断（$\beta = 0.20$，$p < 0.05$），程序正义判断显著正向预测权威接纳意愿（$\beta = 0.44$，$p < 0.001$），PROCESS 模型 4 检验显示，程序正义判断的间接效应显著（95% $CI = [0.02, 0.30]$），效应值为 0.14，$SE = 0.07$。因此，无论结果有利性如何，程序正义判断在程序公平性与权威接纳意愿之间均起中介作用，支持假设 4。

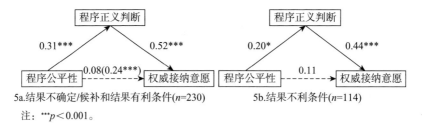

5a. 结果不确定/候补和结果有利条件(n=230)　　　5b. 结果不利条件(n=114)

注：***$p < 0.001$。

图 5　程序正义判断在程序公平性和权威接纳意愿之间的中介作用

四　讨论

（一）小学高年级儿童的程序正义判断

本研究通过权威决策假设情境探讨程序公平性和结果有利性对小学高年级儿童程序正义判断的影响。与假设 1 相符，程序公平条件下程序正义判断显著高于程序不确定条件（程序信息不透明），程序不确定条件又显著高于程序不公平条件，三个条件两两之间均存在显著差异，表明 10～11 岁儿童呈现对显性程序信息公平性的敏感性。值得指出的是，从程序三个条件下程序正义判断的均值来看（$Ms = 4.74, 4.35, 4.01$），被试在程序不公平条件下程序正义判断并不是很低，主要原因在于：（1）在程序不公平但结果不错或尚可的情况下，被试的程序正义判断不低；（2）10～11 岁儿童对程序不公平的敏感性可能尚处于较初级的发展水平；（3）被试在评价权威决策时不太倾向做太低的评价。

Myyry 和 Helkama（2002）虽然已将 Leventhal（1980）的程序正义规则与柯尔伯格的道德判断发展阶段相对应，然而没有探讨儿童对各项程序正义规则的敏感性。从 5 个程序正义规则的操纵检验结果来看，儿童对一致性和可更正性有明确的掌握，对偏见抑制、准确性和代表性的掌握可能稍弱。本研究所参考的程序公平性情境编制方式（参考 Blader，2007），采用的是 Leventhal（1980）的多面相（multi-faceted）程序正义概念界定，5 个程序正义规则作为一组共同操纵，意味着公平的决策程序应尽可能在 5 项程序正义规则上都有体现。这样操纵是检验儿童对一组程序正义规则的敏感性。

　　结果有利性对程序正义判断的主效应显著，与以往成人研究的结果相似（如 Blader，2007；Brockner et al.，2007），同得到不利结果相比，获得有利和不确定/候补结果的被试会做出更高的程序正义判断，表明有利或尚有机会的评选结果更可能使人们将权威决策程序视为较公平的。总体而言，无论程序公平性如何，儿童的程序正义判断均一定程度上受到结果有利性的影响。通过允许结果影响程序正义判断，人们以某种方式对待结果的偏好（比如是否应得、是否恰当）可以得到满足（Blader，2007）。

　　结果有利性和程序公平性的交互作用模式不同于以往的成人研究。对成人被试而言，结果有利性对主观程序正义判断的影响更容易发生在程序信息不确定的情况下，因而程序信息透明是重要的（Blader，2007）。然而在本研究中，如果不纳入结果不确定/候补条件，程序公平性和结果有利性不存在交互作用，结果有利和结果不利条件下程序信息对程序正义判断的作用趋势相似（见图 1），与假设 2 不符。本研究纳入结果不确定/候补条件后发现，结果有利性与程序公平性的交互作用显著，在程序确定和不确定条件下，结果不确定/候补时的程序正义判断模式不同。因此，对 10～11 岁儿童来说，程序信息透明仍然是重要的，程序确定（公平和不公平）时得到不确定/候补结果的程序正义判断与结果有利时相似，而程序信息不透明时得到不确定/候补结果的程序正义判断则与结果不利时相似。与成人相比，10～11 岁儿童在程序正义判断上的不成熟之处可能体现在，程序明确时儿童仍然较大程度上依赖结果做程序正义判断。可能要到青少年期，随着程序正义概念的进一步发展，青少年会更多根据结果是否通过公平程序获得来做出程序正义性和结果正义性的判断。

（二）程序公平性对结果满意度和权威接纳意愿的影响

　　儿童对权威决策结果的满意度不仅受到结果有利性的影响，也会受到程序公平性的影响，程序公平条件显著高于程序不公平条件，即程序公平有助于被试接受不太合意的权威决策结果，该研究结果与以往基于相关设计的儿童青少年研究结果相似，如 10～11 岁儿童的程序正义判断与结果满

意度呈显著正相关 (Fry & Corfield, 1983), 7 年级和 9 年级青少年的程序正义知觉可预测其对权威决策的满意度 (Hicks & Lawrence, 1993)。此外, 在结果不利和结果不确定/候补条件下, 程序正义判断均在程序公平性和结果满意度之间起中介作用, 即当被试所得结果不那么有利时, 如果程序公平的话 (与程序不公平相比), 被试会有相对较高的程序正义判断, 进而产生相对较高的结果满意度, 更能接受不利的结果。

权威接纳意愿并未受到结果有利性的影响, 其仅受程序公平性的影响 (与成人研究结果相似; 如 Tyler, 1984), 即无论被试所得结果有利程度如何, 被试的权威接纳意愿没有显著差异, 得到不利的结果不会使 10~11 岁儿童显著降低对权威的接纳, 然而, 程序公平与否会影响被试的权威接纳意愿, 程序公平条件显著高于程序不公平条件和程序不确定条件, 即当程序公平时, 被试有较高的权威接纳意愿, 而当程序不公平或不透明时, 被试的权威接纳意愿相对较低。该结果与以往儿童研究结果略有不同, 但趋势相似, 例如 Fry 和 Corfield (1983) 发现, 虽然所得结果会影响儿童对权威人物的评价, 但程序公平性与结果相比会对儿童评价权威人物起更重要的作用。在理论上, 该结果可呼应权威关系模型, 权威以公平程序决策会使群体成员感到自身权利受到尊重, 自愿接受权威的决定、听从权威的建议、服从权威的要求 (Blader & Tyler, 2015; Tyler & Lind, 1992), 亦可呼应公平启发式理论, 人们将公平判断作为一种启发式 (采用公平启发式时会使用程序信息) 来决定自己在多大程度上投入和参与群体, 以及是否服从群体权威 (Lind, Kray, & Thompson, 2001)。此外, 在结果有利、结果不利和结果不确定/候补条件下, 程序正义判断均在程序公平性与权威接纳意愿之间起中介作用, 即无论结果如何, 程序公平都会通过使被试产生更高的程序正义判断, 进而使其更愿意接纳并服从权威。

本研究发现, 权威决策程序的公平与否会影响儿童接纳和服从权威的意愿。该结果可以回应皮亚杰 (Piaget, 1948) 提出的 "正义 – 权威" 关系问题。皮亚杰 (Piaget, 1948) 发现, 当分配正义与权威冲突时, 10~11 岁儿童中 90% 已处于 "平等超越权威" 阶段, 本研究发现, 当程序正义与权威冲突时 (当成人权威采用不公平程序决策时), 10~11 岁儿童首先可以做出相应的程序正义判断, 程序不公平和程序不确定条件均显著低于程序公平条件, 之后, 儿童也会通过程序正义判断形成较低的权威接纳意愿。因此, 10~11 岁儿童中有相当一部分已具备了 "程序正义超越权威" 的道德认知能力。儿童道德发展的最大障碍就是儿童对成人的尊重和依赖，它使儿童形成了一种服从成人规则的道德（Duska & Whelan，1975），只有摆脱了外部力量的影响，儿童才能实现道德自律（自主）。

（三）研究意义、局限和展望

本研究的结果支持了关于小学高年级儿童对显性程序信息具有敏感性的假设，在理论层面，可以对三个理论问题做出回应和推进。首先，本研究回应了道德判断发展研究中的"正义－权威"关系问题，从"程序正义－权威"角度出发，进一步解释了儿童从道德他律向道德自律发展过程中程序正义超越权威的意义，有助于丰富儿童中期道德判断的研究结果。其次，本研究有助于从概念表征（表征重述模型）的显性水平理解儿童程序正义概念的发展情况，表明 10～11 岁儿童已能够通过阅读显性程序正义信息进行程序正义判断，在程序正义概念表征上已处于显性水平 E2（通达意识），如能进一步发现 10～11 岁儿童可在程序正义与权威冲突的道德两难情境中支持程序正义并做出合理解释，则能说明该年龄段儿童达到了程序正义概念表征的显性水平 E3（通达意识并能言语报告）。再次，本研究发现了 10～11 岁儿童在多大程度上，以及在何种条件下依赖结果做程序正义判断，可体现 10～11 岁儿童与成人相比在程序正义判断上的不成熟之处，亦通过增加结果不确定/候补条件更细致地说明了程序不透明情况下结果对儿童程序正义判断的影响。

在实践层面，鉴于权威决策的程序公平性对儿童程序正义判断和权威接纳意愿的作用，儿童生活情境中的权威人物需要进行反思，学校教育者应在日常决策中注意所用程序的公平性，向所有受决策影响的学生提供明确的程序信息，以促进学生程序正义概念的发展，提高学生对权威决策的满意度以及权威接纳意愿。由于本课题组前期研究发现，针对较优程序的回馈能够促进 5～9 岁儿童在团体分配中采用协商和较公平的程序（行为层面），但未能显著促进他们对程序正义概念的言语解释（徐华女、黄蕴智，2014），而本研究的 10～11 岁儿童已能在显性水平 E2 理解程序正义概念，因此，对 10～11 岁儿童程序正义概念的培养，除了通过权威自身采用公平程序进行决策（身教），还可通过为儿童提供一些程序正义与权威发生冲突的道德两难情境，使儿童可以相互讨论并为自己的观点提供合理解释，以一种令儿童自行领悟的方式培养儿童程序正义判断能力的发展。

本研究尚存在一些需要反思的问题，并在反思的基础上提出未来研究的方向。第一，在结果推广上，本研究的样本取自经济社会发展程度相对较高的东南沿海城市，所在学校处于当地中上水平，因此研究结果较适合推广到与此样本有相似特征的小学高年级儿童群体。未来的儿童程序正义判断研究还需在多样化的样本中开展。第二，在关于人员选拔的权威决策情境中，较难在设计上使受影响者可以对评选有发言权（在代表性规则上体现群体决策前受影响者有机会表达观点），初版包含发言权的情境设计（"如对评选有疑问或有意见要表达，可随时联系评选会"），在讨论中有同行提出质疑，认为评委会不受外界影响的程序才比较公平，在此处存疑的情况下，在修改设计时删掉了人员选拔情境中体现发言权的程序细节。未来研究可以设计更适合体现发言权的情境，受决策影响的儿童的观点有可能在群体决策中被考虑。最近研究已经关注到学前儿童对决策过程中发言权操纵的敏感性（Grocke, Rossano, & Tomasello, 2018），未来研究可结合哈贝马斯（Habermas, 1990）的商谈伦理思想进行研究设计，探讨儿童对过程控制因素的敏感性。第三，本研究的权威决策情境设计思路主要来自理论和实证研究，未来研究还需采用自下而上的方式，请儿童提供校园生活或群体生活中与程序正义规则有关的事件，以进一步设计更贴近儿童日常生活的情境。

五　结论

本研究通过权威决策假设情境实验任务，探讨程序公平性和结果有利性对小学高年级儿童程序正义判断、结果满意度和权威接纳意愿的影响，达致如下结论。

第一，小学五年级儿童（10～11岁）对权威决策的程序公平性具有敏感性，与程序不公平和程序不确定条件相比，程序公平会产生更高的程序正义判断。

第二，结果有利性会影响10～11岁儿童对权威决策的程序正义判断，得到有利或不确定/候补结果时的程序正义判断显著高于得到不利结果时的程序正义判断。程序公平性和结果有利性存在交互作用，在程序确定（公平或不公平）条件下，结果不确定/候补时的程序正义判断与结果有利时相似，而在程序不确条件下，结果不确定/候补时的程序正义判断则与结果不利时相似。

第三，权威决策的程序公平性会影响10～11岁儿童对权威决策结果的满意度以及权威接纳意愿；程序正义判断在程序公平性与结果满意度之间、程序公平性与权威接纳意愿之间均起中介作用。

参考文献

陈瑞、郑毓煌、刘文静，2013，《中介效应分析：原理、程序、Bootstrap 方法及其应用》，《营养科学学报》第 4 期。

徐华女、洪慧芳，2020，《外来工子女学习动机的提升路径：感知教师正义视角》，《全球教育展望》第 5 期。

徐华女、黄蕴智，2014，《团体分配中儿童对程序正义与分配正义概念的掌握》，《心理学进展》第 2 期。

Blader, S. L. (2007). What determines people's fairness judgments? Identification and outcomes influence procedural justice evaluations under uncertainty. *Journal of Experimental Social Psychology*, 43 (6), 986 – 994.

Blader, S. L., & Tyler, T. R. (2015). "Relational models of procedural justice." In R. S. Cropanzano & M. L. Ambrose (eds.), *The Oxford handbook of justice in the workplace*, pp. 351 – 370. New York: Oxford University Press.

Brockner, J. (2002). Making sense of procedural fairness: How high procedural fairness can reduce or heighten the influence of outcome favorability. *Academy of Management Review*, 27 (1), 58 – 76.

Brockner, J., Fishman, A. Y., Reb, J., Goldman, B., Spiegel, S., & Garden, C. (2007). Procedural fairness, outcome favorability, and judgments of an authority's responsibility. *Journal of Applied Psychology*, 92 (6), 1657 – 1671.

Darley, J. M., & Shultz, T. R. (1990). Moral judgments: Their content and acquisition. *Annual Review of Psychology*, 41 (1), 525 – 556.

Dunham, Y., Durkin, A., & Tyler, T. R. (2018). The development of a preference for procedural justice for self and others. *Scientific Reports*, 8 (1), 1 – 8.

Duska, R., & Whelan, M. (1975). *Moral development: A guide to Piaget and Kohlberg*. New York: Paulist Press.

Fogan, J., & Tyler, T. R. (2005). Legal socialization of children and adolescents. *Social Justice Research*, 18 (3), 217 – 241.

Fry, P. S., & Corfield, V. K. (1983). Children's judgments of authority figures with respect to outcome and procedural fairness. *The Journal of Genetic Psychology*, 143 (2), 241 – 250.

Gold, L. J., Darley, J. M., Hilton, J. L., & Zanna, M. P. (1984). Children's perceptions of procedural justice. *Child Development*, 55 (5), 1752 – 1759.

Gouveia-Pereira, M., Vala, J., Palmonari, A., & Rubini, M. (2003). School experience, relational justice and legitimation of institutional. *European Journal of Psychology of Education*, 18 (3), 309 – 325.

Grocke, F., Rossano, F., & Tomasello, M. (2015). Procedural justice in children: Preschoolers accept unequal resource distributions if the procedure provides equal opportunities. *Journal of Experimental Child Psychology*, 140, 197 – 210.

Grocke, P., Rossano, F., & Tomasello, M. (2018). Young children are more willing to accept group decisions in which they have had a voice. *Journal of Experimental Child Psychology*, 166, 67 – 78.

Habermas, J. (1990). *Moral Consciousness and Communicative Action*. Translated by C. Lenhardt & S. W. Nicholsen, Cambridge: MIT Press.

Hayes, A. F. (2013). *Introduction to Mediation, Moderation, and Conditional Process Analysis: A Regression-based Approach*. New York: Guilford Press.

Hicks, A. J., & Lawrence, J. A. (1993). Children's criteria for procedural justice: Developing a young people's procedural justice scale. *Social Justice Research*, 6 (2), 163 – 182.

Hinds, L. (2007). Building police-youth relationships: The importance of procedural justice. *Youth Justice*, 7 (3), 195 – 209.

Karmiloff-Smith, A. (1992). *Beyond Modularity: A Developmental Perspective on Cognitive Science*. Cambridge: MIT Press.

Kazemi, A. (2016). Examining theinterplay of justice perceptions, motivation, and school achievement among secondary school students. *Social Justice Research*, 29 (1), 103 – 118.

Kim, W. C., & Mauborgne, R. A. (1993). Procedural justice, attitudes, and subsidiary top management compliance with multinationals' corporate strategic decisions. *Academy of Management Journal*, 36 (3), 502 – 526.

Leventhal, G. S. (1980). "What should be done with equity theory? New approaches to the study of fairness in social relationships." In K. Gergen, M. Greenberg, & R. Willis (eds.), *Social Exchange*, pp. 27 – 55. New York: Plenum.

Lind, E. A. (1995). "Justice and authority in organizations." In R. Cropanzano & K. M. Kacmar (eds.), *Politics, Justice, and Support: Managing the Social Climate of Work Organizations*, pp. 83 – 96. Westport: Quorum.

Lind, E. A. (2001). "Fairness heuristic theory: Justice judgments as pivotal cognitions in organizational relations." In J. Greenberg & R. Cropanzano (eds.), *Advances in Organizational Justice*, pp. 56 – 88. Stanford: Stanford University Press.

Lind, E. A., Kray, L., & Thompson, L. (2001). Primacy effects in justice judgments: Testing predictions from fairness heuristic theory. *Organizational Behavior and Human Decision Processes*, 85 (2), 189 – 210.

Lukauskaitė, V., & Daugirdienė, A. (2015). 5 – 8-year-old children's perceived procedural justice. *Ugdymo Psichologija (Educational Psychology)*, 26, 27 – 43.

McComas, K., Tuite, L. S., Waks, L., & Sherman, L. A. (2007). Predicting satisfaction and outcome acceptance with advisory committee meetings: The role of procedural justice. *Journal of Applied Social Psychology*, 37 (5), 905 – 927.

Myyry, L., & Helkama, K. (2002). Moral reasoning and the use of procedural justice rules in hypothetical and real-life dilemmas. *Social Justice Research*, 15 (4), 373 – 391.

Nelson, N., Shechter, D., & Ben-Ari, R. (2014). Procedural justice and conflict management at school. *Negotiation Journal*, 30 (4), 393 – 419.

Piaget, J. (1948). *The Moral Judgment of the Child*. New York: Free Press.

Reisig, M. D., & Lloyd, C. (2009). Procedural justice, police legitimacy, and helping the police fight crime: Results from a survey of Jamaican adolescents. *Police Quarterly*, 12 (1), 42 – 62.

Shaw, A., & Olson, K. R. (2014). Fairness as partiality aversion: The development of procedural justice. *Journal of Experimental Child Psychology*, 119, 40 – 53.

Thibaut, J. W., & Walker, L. (1978). A theory of procedure. *California Law Review*, 66, 541 – 566.

Tyler, T. R. (1984). The role of perceived injustice in defendant's evaluations of their courtroom experience. *Law and Society Review*, 18, 51 – 74.

Tyler, T. R. (1997). The psychology of legitimacy: A relational perspective on voluntary deference to authorities. *Personality and Social Psychology Review*, 1 (4), 323 – 345.

Tyler, T. R. (2000). Social justice: Outcome and procedure. *International Journal of Psychology*, 35 (2), 117 – 125.

Tyler, T. R., & Blader, S. L. (2003). The group engagement model: Procedural justice, social identity, and cooperative behavior. *Personality and Social Psychology Review*, 7 (4), 349 – 361.

Tyler, T. R., & Degoey, P. (1995). Collective restraint in social dilemmas: Procedural justice and social identification effects on support for authorities. *Journal of Personality and Social Psychology*, 69 (3), 482 – 497.

Tyler, T. R., & Lind, E. A. (1992). "A relational model of authority in groups." In M. Zanna (ed.), *Advances in Experimental Social Psychology*, 25, 115 – 191. New York: Academic Press.

Tyler, T. R., Rasinski, K. A., & Spodick, N. (1985). Influence of voice on satisfaction with leaders: Exploring the meaning of process control. *Journal of Personality and Social Psychology*, 48 (1), 72 – 81.

Van den Bos, K. (1999). What are we talking about when we talk about no-voice procedures? On the psychology of the fair outcome effect. *Journalof Experimental Social Psychology*, 35 (6), 560 – 577.

Van den Bos, K., & Lind, E. A. (2002). "Uncertainty management by means of fairness judgments." In M. Zanna (ed.), *Advances in Experimentalsocial Psychology*, 34, 1 – 60. San Diego: Academic Press.

Van den Bos, K., Vermunt, R., & Wilke, H. A. M. (1997). Procedural and distributive justice: What is fair depends more on what comes first than on what comes next. *Journal of Personality and Social Psychology*, 72 (1), 95 – 104.

Zhao, X., Lynch, J. G., & Chen, Q. (2010). Reconsidering Baron and Kenny: Myths and truths aboutmediation analysis. *Journal of Consumer Research*, 37 (2), 197 – 206.

《中国社会心理学评论》 第 21 辑
第 192~221 页
© SSAP，2021

宜人性之殇：收入不平等对国家宜人性人格与国民健康指标间关系的系列负性调节效应[*]

陈 浩 洪 斌 赖凯声[**]

摘 要： 人格一直被认为是影响健康的重要因素，而诸多有关宜人性人格与健康关系的研究结论间常有殊异之处。缺少考量人格特质与宏观环境的交互性，可能是宜人性和健康关系尚不十分明确的主要原因之一。赖凯声和陈浩（2020）基于美国州际区域水平数据分析，发现收入不平等对宜人性和健康间关系具有明显负向调节作用，即宜人性人格与收入不平等环境具有消极亲和性。本研究进一步在国家水平上检验该结论，结果显示，国家收入不平等程度在国家宜人性人格与多项国民身心健康指标之间，呈现系列显著负性调节效应，再次确认"宜人性之殇"现象的存在。作为表达友善、他人取向和合作倾向的人格特征，高宜人性在特定社会生态环境中（如高收入不平等），会有严重的健康代价；这一发现将启发研究者对道德实践与情境关系议题的讨论。

关键词： 宜人性人格 收入不平等 亲和性假说

---

* 本研究获得国家自然科学基金重点项目（项目编号：71731004）资助。

** 陈浩，南开大学社会心理学系副教授，中山大学广州粤港澳社会心理建设研究中心研究员，通讯作者，E-mail：hull@ nankai. edu. cn；洪斌，南开大学社会心理学系硕士研究生；赖凯声，暨南大学新闻与传播学院教授。

一　引言

人格是个体在思维、情感和行为方式上稳定且独有的特征模式，是影响健康的重要因素（Booth-Kewley & Vickers，1994；Friedman，2000）。宜人性（agreeableness）是大五人格维度之一；单从名称上，我们也容易推测出典型高宜人性个体所具有的温暖、友善与合作特性。波兰近期一项研究显示，高宜人性个体在新冠肺炎疫情下更愿意遵守政府的防疫规定，更能保护自身、维持健康（Zajenkowski et al.，2020）。但以往研究表明，宜人性对健康的影响似乎存在着矛盾性结果，有肯定宜人性对健康正向影响的研究（如 Strickhouser，Zell，& Krizan，2017），也有认为宜人性对健康影响有限的（如 Anglim et al.，2020；Jokela et al.，2013）。在一些情境下（比如新冠肺炎疫情防控需要人们合作、自我约束），宜人性可能有助于个体健康；在另一些情境下，宜人性可能对健康并无助益，甚至不利于我们的身心健康，这正是本文意欲探讨的"宜人性之殇"现象。

（一）宜人性人格和个体健康

人格对健康影响（或人格和健康间关系）的讨论由来已久。公元前400年前后，古希腊名医希波克拉底提出体液说（humoralism），认为体液和个体的气质相对应，疾病是身体中体液失衡的结果（Nutton，1993）；由此将个体气质与疾病建立联系，前者是人格中的先天遗传性要素（Buss，Plomin，& Willerman，1973）。人格、健康两者关系的探讨延续至今，与此相关的研究成果层出不穷。人格特质不仅与身体健康有关，如心血管疾病、寿命等（Smith & MacKenzie，2006），也与心理健康有关（Steel，Schmidt，& Shultz，2008）。

典型宜人性通常具有信任他人、直率、利他主义、顺从、谦虚和温柔等特征（Costa，McCrae，& Dye，1991）。宜人性高的个体被认为具有较高的亲社会动机，表现出更多亲社会行为（Caprara et al.，2010；Graziano et al.，2007；Habashi，Graziano，& Hoover，2016）。亲社会行为有利于个体身心健康，有研究表明相比非志愿者，志愿服务者具有更低的死亡风险，在抑郁、生活满意度和幸福感等指标上也表现得更为正向（Jenkinson et al.，2013；Okun，Yeung，& Brown，2013）。在神经生理层面上，亲社会行为与哺乳动物大脑中负责调节亲本照料的神经系统有关，该系统随着时间推移具有了调节人类和其他社会性动物帮助行为的功能。当感知到他人的需求或痛苦时，下丘脑内侧视前区与其他某些脑区、激素和神经调节剂（尤其是催产素和孕激素）相互作用产生亲本照料动机，进而推动帮助行为，即亲社会行为的出现。催产素这类神经激素本身具有压力缓冲和恢复特性，有利于个体身心健康（Brown & Brown，2015；Poulin & Holman，2013），因此那些拥有较强亲社会动机和较多亲社会行为的典型宜人性个体，应该具有较高的健康水平。

大量研究结果表明，高宜人性与低人格障碍（Saulsman & Page，2004）、高积极情绪（DeNeve & Cooper，1998）和低死亡率关联（Roberts et al.，2007）。最近有研究者通过对涵盖超过 50 万被试的 36 个元分析研究进行二阶元分析（second-order meta-analysis），总结发现相比外向性和开放性，宜人性、尽责性和神经质对个体整体健康影响更大。但宜人性与不同类型健康指标的关系存在差异，高宜人性对心理健康的正向效应较为明显，对身体健康的效应则不清晰（Strickhouser，Zell，& Krizan，2017）。一项基于 7 个大型调查共计 76150 名被试的元分析显示，只有高尽责性与低死亡风险有关，包括宜人性在内的其他人格维度与死亡风险都没有显著关联（Jokela et al.，2013）。另有元分析研究指出，宜人性与主观幸福感之间的相关亦不算强，且明显弱于神经质、尽责性和外向性（Anglim et al.，2020）。由此可见，宜人性人格对于个体身心健康的作用（或两者关系），仍存模糊之处。

（二）宜人性人格区域空间分布和国民健康指标间关系

人格特征不仅存在个体间差异，也在宏观的国际、国内区域间存在分布差异且具有空间聚合性。大五人格模型及其测量工具发展伊始，研究者在检验其结构的跨国、跨文化普适性时，就在关注大五人格的区域间差异模式（Chen et al.，2020；Rentfrow et al.，2013）。大规模人格国际调查研究发现，身处北美文化圈的美国和加拿大，与典型的东南亚国家菲律宾和印度尼西亚相比，具有更高的外向性和开放性（Allik & McCrae，2004）。亚洲和非洲国家普遍尽责性较高，南美洲和欧洲国家的开放性较高；东亚国家的开放性较低，非洲国家的神经质较低（Schmitt et al.，2007）。另外，人格特征宏观分布存在明显的空间聚合性，例如，依据美国民众的大五人格测查结果，可将美国 50 个州聚类为三大心理特征区：友善传统区、放松创意区和性情奔放区（Rentfrow et al.，2013）。不仅在美国，即使在国土面积相对较小的英国，乃至英国同一城市内的不同区域，人格特征的空间差异分布性和聚合性依然存在。针对大伦敦都市区居民的人格研究显示，伦敦市中心居民的开放性水平最高，其他区域居民的开放性水平，与其所在地点距离伦敦中心城区的远近呈负相关（Rentfrow，Jokela，& Lamb，2015）。

无论国际还是国内区域间，人格特征的空间聚合分布，与对应地理水平上的公共卫生国民健康指标间多存在关联。有研究者分析了美国州水平人格与州主观幸福感、情绪健康的关系，发现州水平神经质人格与幸福感、情绪健康之间呈现显著负相关（McCann，2010，2011），这与个体水平分析中高神经质对心理健康具有负性效应的结论一致。但类似的个体水平上高尽责性对个体健康的正性效应，在州层面分析中却没能出现（Rentfrow，Gosling，& Potter，2008）。

区域宜人性和国民健康指标间的关系也不稳定。Rentfrow 等（2008）在控制了州平均收入、非裔比例、女性比例、受教育程度以及城市化程度等社会经济变量后，发现美国州级宜人性人格和州预期寿命间存在显著正相关，与心脏病和癌症死亡率存在显著负相关。其他研究者在控制了州平均收入、贫困率、白人比例、受教育程度、城市化程度和年龄中值后，却发现州级宜人性人格与州幸福感、情绪健康指标间的关系变得不显著了（McCann，2010，2011）。此外，有研究使用来自 36 个国家和地区被调查者的 NEO-PI-R 自评人格数据和来自 51 个国家和地区的 NEO-PI-R 他评人格数据，分别探索了国家人格（国家样本中个体人格均值）与癌症、预期寿命、自杀率的关系，结果显示在控制了人均 GDP 后，宜人性人格和这些健康指标之间不存在显著关联（McCrae & Terracciano，2008）。

国际和国家内区域水平的人格与健康关系研究相对较少。在宏观地理水平上的发现，与个体水平上的人格和健康关系研究发现既有一致也有差异之处，且呈现更大不确定性。

（三）收入不平等宏观环境的心理后效及其对健康的影响

人类文明自工业革命后，在生产力上获得跃迁，社会整体物质资源与财富快速增长，但膨胀的资源财富在人类社会中的分配却越来越失衡（Cingano，2014）。当贫富差异达到一定程度，现有建制体系将无法承受而出现社会动荡（Piketty，2014）。经济不平等现象，已成为国际组织、各国政府、学术界和大众共同关注的重要议题。经济不平等属于社会不平等的一面。虽然有学者认为，对经济不平等的认知不能局限在收入和财富的分配上（Sen，1997）。但目前而言，收入或财富在社会群体中的分配不均程度，仍是客观衡量经济不平等的主要指标（Oishi，2014）。本研究沿用此惯例，在此基础上展开分析讨论。

　　社会的收入不平等程度高，意味着社会分层和等级化程度高，表明存在激烈的社会地位竞争。在系统梳理和分析大量收入不平等后果研究之后，Buttrick 和 Oishi（2017）指出，收入不平等带给人的两个基础性心理后效：收入不平等加剧人际不信任感和对社会地位的焦虑。伴随两大基础影响的是，人们会表现出更高的人际和群际竞争行为。在收入不平等环境中，人们会倾向于自我提升而不是人际、群体和谐，展现出更高的自我增强偏差，即强调和夸大自己相对他人的理想品质（Loughnan et al.，2011）。相比收入较为平等地区，收入不平等地区的人们更多地搜索和关注与地位有关的商品（Walasek & Brown，2015），会出现更多的女性性化现象（female sexualization）和整容关注（Blake et al.，2018；Wang et al.，2020）。收入不平等导致的人际信任下降、人际和群际竞争加剧，会进一步引发社会问题，如暴力、青少年早孕、肥胖、药物滥用和学生学业表现低下等（Wilkinson & Pickett，2009）。

　　收入不平等影响个体和社会诸多方面（Buttrick & Oishi，2017；Dabla-Norris et al.，2015；Wilkinson & Pickett，2009），其中也包括人格和健康。收入不平等与宜人性人格具有显著的负相关，即地区收入不平等程度越高，该地区宜人性水平越低。这一现象不仅在国家内区域间存在（De Vries, Gosling, & Potter，2011），而且还具有一定的跨国和跨文化性（Eysenck，2009）。同时，收入不平等也不利于民众健康（Pickett & Wilkinson，2015；Wilkinson & Pickett，2006），会降低人们的幸福感（Oishi, Kesebir, & Diener，2011）。

　　收入不平等环境不仅给人们的身心健康带来直接影响，而且会作为调节因素作用于其他因素与健康指标间关系。例如，过去半个世纪最令人困惑的社会科学难题之一"伊斯特林悖论"：一个国家的整体经济增长，并不总能转化为国民幸福感的普遍提升。这一现象可用宏观收入不平等程度差异部分解释。有研究者发现，收入不平等调节了人均 GDP 与国民生活满意度的关系。在经济收入较为平等的国家，人均 GDP 增长会显著提高国民生活满意度；在收入不平等较为明显的国家，人均 GDP 的增长并不能提升国民生活满意度，甚至会造成负向影响（Oishi & Kesebir，2015）。收入不平等还会调节家庭收入与健康状态（McLeod et al.，2003）、邻居收入水平与生活满意度之间的关系（Cheung & Lucas，2016）。

　　类比伊斯特林悖论和收入不平等对此现象的有效解释，本文猜测，纳入收入不平等这一社会生态宏观因素，有可能（部分）揭开宜人性人格和健康之间模糊关系之谜。

高宜人性自然体现出的亲社会属性，例如，特质性合作倾向、社会取向甚或利他倾向，以及友善、谦虚和温柔等个体特质，虽然存在有利身心健康的一面，但并不直接适用于人际资源竞争，尤其是高人际竞争情境。有研究显示，高宜人性个体在信用评分（很多机构将其作为就业筛选指标）上得分较低（Bernerth et al.，2012），在职场上拿到的薪水较低（Ng et al.，2005），更易遇到经济困难（Matz & Gladstone，2020）。一方面，高宜人性个体为了维持和谐的社会人际关系，不愿表现出过强的进取心和高目标设定，不利于人际竞争（Spurk & Abele，2011）。另一方面，低宜人性个体更易被感知为高能力者，从而获得更多资源。事实上，在刻板印象的"热情－能力"两维度模型中，高热情个体往往被知觉为低能力，低热情者往往被知觉为高能力（Cuddy，Glick，& Beninger，2011），而温暖热情等特质与高宜人性有所重合。有研究表明，那些表达愤怒情绪的求职者更易获得较高的薪水和地位，而愤怒情绪更多出现在低宜人性个体身上（Meier & Robinson，2004）。高宜人性的亲社会属性对竞争的不利之处，会在竞争加剧环境中进一步被放大，如由高收入不平等引致的高人际竞争情境。

作为表达友善、他人取向和合作倾向的典型宜人性，促进人际、群际和谐共处，具有一定生存发展适应性从而有益身心健康。另外，当人们处于人际信任程度低、人际竞争激烈的宏观或微观环境时，高宜人性所拥有的正向适应性功能会大打折扣。当社会的收入不平等高到一定程度，即有人际不信任和竞争强度攀升至较高水平时，高宜人性甚至会带来适应失调，并反映在心理和身体健康指标上。

（四）本研究假设

赖凯声和陈浩（2020）发现美国 50 个州的收入不平等程度，会影响州水平宜人性人格和州民众健康指标之间的关系。具体而言，在宜人性人格与盖洛普总体幸福感、盖洛普工作环境幸福感、预期寿命、总死亡率、癌症死亡率、脑血管病死亡率的一系列关系中，州收入不平等程度皆具有显著的负性调节效应，即随着州收入不平等水平的升高，宜人性对这些身心健康指标的正向作用明显减弱，或转换为负向作用且呈现明显增强趋势。研究者将以上基于美国州水平上发现的，宏观收入不平等对于宜人性人格和健康指标关系强度和方向上的调节效应，特别是在高 GINI 系数下，州宜人性人格和诸多身心健康指标之间表现出的系统性负向关联，概括命名为"宜人性之殇"现象。

赖凯声和陈浩（2020）从广泛应用于化学、生物学、生态学等自然科学领域的选择亲和性（elective affinity）概念获得启发，提出人格与环境亲和性假说。

　　特定的人格特征与特定的社会生态宏观环境组合能够显著影响生存优势的现象，即存在显著亲和性。如果人格对于健康指标的积极作用显著地被环境变量增强，或消极作用显著被环境变量削弱，则称人格与环境在该健康指标上存在积极的亲和性；如果人格对于健康指标的消极作用显著地被环境变量增强，或积极作用显著被环境变量削弱，则称人格与环境在该健康指标上存在消极的亲和性。

本研究旨在国际层面上检验"宜人性之殇"现象的存在，即收入不平等是否会显著调节国家水平的宜人性人格和系列重要国民身心健康指标之间的关系。具体而言，随着国家收入不平等程度的上升，国家宜人性人格对国民健康的积极效应会被削弱或者消极效应会被增强，体现出宜人性人格和收入不平等之间的消极亲和性。

二　研究方法

（一）变量选取和数据来源

　　本研究分析主要涉及国家水平的宜人性人格、身心健康系列指标和刻画收入不平等程度的 GINI 系数三方面变量和数据，接下来将依次介绍变量指标的选择和数据来源信息。

　　自变量：国家水平的宜人性人格均值。较为理想的国家水平聚合宜人性人格（nation-level aggregate agreeableness personality，后文简称"国家宜人性人格"）数据源，其总体样本规模越大越好，各国家的样本量越大越好，各国样本的人群代表性越高越好（换言之，应包含不同社会经济背景的被试），且由主流人格测量工具获得。依据以上标准，最为符合的数据源来自 Gebauer 等（2015）使用的"Gosling-Potter 网络人格项目"数据集（Gosling et al., 2004）。该在线调查项目收集了自 1998 年 12 月至 2009 年 12 月，使用 44 题项的英文版《大五人格问卷》（John, Donahue, & Kentle, 1991）及西班牙语、德语和荷兰语译本（参见 Gebauer et al., 2015），测量了多国样本的大五人格数据。之前研究者剔除了样本量小于 300 的国家数据，当时最终的人格数据涵盖了 106 个国家和地区，总样本量达到

2718838；其中 59.8% 为女性，年龄均值为 25.25 岁（标准差为 10.39 岁）。分析表明，网络在线调查数据不但可以重复以往人格研究结论，在被试人群代表性、重复问题作答效果上，其质量甚至优于传统线下问卷调查数据（Gosling et al.，2004）。本研究使用的国家宜人性人格数据直接来自 Gebauer 等（2015）论文公开的数据信息。原作者首先计算了每个作答者的大五人格维度得分，然后计算各国样本在大五人格维度上得分的均值，作为该国国家水平聚合人格得分，其中包括宜人性。考虑到数据收集期间国际政治军事因素导致的国境线变动，本研究排除了塞黑（Serbia-Montenegro）、波黑（Bosnia-Herzegovina）及作为荷兰海外离岛的 ABC Islands 与荷属安的列斯群岛（Netherlands Antilles），最终保留了 102 个国家和地区的国家宜人性人格数据。

　　本研究同时还使用另一项国际人格测量项目数据集，进行结果稳健性检验。Schmitt 在 2000 年启动了一个跨文化合作研究项目——国际性意识描述项目（The International Sexuality Description Project，ISDP），[①] 用以理解文化、人格和性别对性态度和性行为的影响。该项目同样采用 44 题项 BFI 测量收集了多国样本人格数据。Schmitt 等（2007）报告了 ISDP 中基于 17837 名被试作答计算的 56 个国家和地区大五人格维度得分数据。他们首先统计各国样本在五个人格维度上的分数均值，然后对均值和标准差进行标准化（均值标准化基准为美国样本对应的人格维度分数均值，标准差标准化基准为美国样本对应人格维度分数标准差）。最后，他们将均值标准分乘以 10 再加 50 获得相应的 T 分数，以此作为各国大五人格最终数值。虽然 ISDP 样本大部分来自各国大学生群体，并且不同国家样本量在 60～2793，平均为 319，样本代表性方面有所欠缺，但是考虑到：（1）涉及大量国家被试的人格测查项目较为稀缺，ISDP 是少数此类国际合作项目之一；（2）ISDP 使用的人格测量工具与 Gosling-Potter 网络人格项目一致，可比性高；（3）ISDP 公开了国家人格分数，易于获取。基于以上原因，本研究采用该数据集进行结果稳健性检验，直接使用各国在宜人性人格上的 T 分数值作为国家宜人性人格指标。同样考虑到数据收集期间国际政治军事因素导致的国境线变动，本研究排除了塞尔维亚（Serbia），最终保留了 55 个国家和地区的国家宜人性人格数据。

　　因变量：国民心理和身体健康指标。心理健康指标包括世界价值观调查（World Values Survey，WVS）、世界幸福报告（World Happiness Report）和盖洛普-Healthways 全球幸福指数（Gallup-Healthways Global Well-being

---

① 　https://www.brunel.ac.uk/research/Projects/International-Sexuality-Description-Project。

Index）3 个国际权威数据库中的相关变量，共涉及主观幸福感、Cantril 阶梯幸福指数、盖洛普全球幸福指数及其 5 个幸福感分指数，共计 8 个国民心理健康指标。身体健康指标主要选用国家水平的出生时预期寿命（life expectancy at birth），以及心血管疾病、癌症、糖尿病或慢性呼吸系统疾病死亡率（mortality from CVD，cancer，diabetes or CRD）这两个代表性指标。

具体而言，主观幸福感数据来自 WVS 第六波调查（Inglehart et al.，2014），调查时间为 2010 年至 2014 年，其相对于 2017 年才开始并仍在进行的第七波 WVS 和 2009 年结束的第五波 WVS，在时间段上最契合本研究分析需求。该调查中包括一道询问调查对象幸福程度的题项，为 4 点李克特量表形式：1 为非常开心，4 为一点也不开心。本研究首先对该调查指标数据进行反向计分，得到主观幸福感的正向指标数据（1～4，数字越大越开心），之后计算各国样本将正向指标均值作为该国的主观幸福感分数。最终，我们获得 60 个国家和地区的主观幸福感水平数据，各国有效样本量在 819～4064。

Cantril 阶梯幸福指数，来自联合国可持续发展解决方案网络出版的世界幸福报告，[①] 报告使用 Cantril 阶梯问题作为幸福感指标，该问题要求调查对象以 0～10 来评估他们当前的生活质量，其中 0 代表当前生活非常糟糕，10 代表当前生活处于最佳水平。通过计算各国样本的 Cantril 阶梯问题均值来表示该国的 Cantril 阶梯幸福指数分值，并以此对全世界 150 多个国家和地区进行幸福感排名。本文通过计算各国在 2013 年至 2019 年共计 6 年报告的均值，[②] 作为实际分析中各国 Cantril 阶梯幸福指数最终得分。

盖洛普全球幸福指数，来自盖洛普在 2014 年发布的全球幸福报告。[③] 作为 2013 年盖洛普世界民意调查的一部分，盖洛普全球幸福指数包括 5 个分指数：目标幸福感（purpose well-being），高目标幸福感被描述为喜欢自己每天做的事情并且有动力去实现自己的目标；社会幸福感（social well-being），高社会幸福感被描述为在生活中拥有支持性的关系和爱；经济幸福感（financial well-being），高经济幸福感被描述为能够掌控自己的经济生活以减少压力和获得安全感；社区幸福感（community well-being），社区幸福感高被描述为喜欢自己的居住地，感到安全并以自己所处的社区为荣；

---

① https://worldhappiness. report。
② 2014 年没有出版相关报告，因此是 6 年数据。
③ https://wellbeingindex. sharecare. com/wp-content/uploads/2017/12/State-of-Global-Well-Being-2014. pdf。

躯体幸福感（physical well-being），高躯体幸福感被描述为拥有好的身体健康状态，并且有充足精力处理每天事务。盖洛普设计了 10 道题用于评估人们各方面的幸福感，每个子维度有 2 道题（具体题项见报告），这些题目经过设计可以根据回答，将每个个案在 5 个幸福感子维度上分为出色（thriving）、需要努力（struggling）和折磨（suffering）3 个水平，通过计算每个国家样本中在具体子维度上达到出色（thriving）的样本比例，得到该国在该维度上的幸福感指数（例如，某国目标幸福感指数为 30，则表示该国样本在与目标幸福感相关的两题项中，有 30% 样本的回答被盖洛普划分为出色水平）；而盖洛普全球幸福（总）指数，则是在 5 个幸福感分指数中有 3 个或以上被归为出色的样本比例（例如，某国幸福感总指数为 30，则表示该国有30% 的样本在 3 个或以上分指数上被划分为出色水平）。本研究根据上述规则得到 135 个国家和地区的盖洛普全球幸福指数及其 5 个幸福感分指数得分。

国民身体健康指标，主要选用国家水平的出生时预期寿命和心血管疾病、癌症、糖尿病或慢性呼吸系统疾病死亡率 2 个变量指标。出生时预期寿命数据，来自世界银行的世界发展指数数据库（World Development Indicators），[①] 指假设当前死亡率不变，一个刚出生的新生儿预期可以存活的年数。实际分析中使用预期寿命 5 年有效数据均值。心血管疾病和癌症、糖尿病或慢性呼吸系统疾病死亡率数据，来自世界银行的健康营养与人口统计（Health Nutrition and Population Statistics）数据库，指假设当前死亡率不变且不会因为其他因素死亡，个体在 30 ~ 70 岁死于心血管疾病、癌症、糖尿病或慢性呼吸系统疾病的比例。2010 年后，该指标有效数据只包括 2010、2015和 2016 三年，本研究分析中使用 2015 年、2016 年死亡率数据两年均值。

调节变量：国家收入不平等程度指标，即国家 GINI 系数。各国 GINI系数数据来自世界银行的世界发展指数数据库，本研究分析中使用 2000 ~2009 年的 GINI 系数有效数据年均值。

控制变量：参考之前类似研究（McCrae & Terracciano，2008；Rentfrow，Gosling，& Potter，2008），本文首先选取人均 GDP、城市人口比例、女性人口比例和老龄（65 岁以上）人口比例作为控制变量。考虑到人口密度作为社会生态变量越来越受到心理学者重视，已有研究表明人口密度环境与预期寿命有关，并能解释人们的未来取向、生育行为等一系列生命史策略变异（Sng et al.，2017），同时会影响生活中的心理、关系和环境质量（Fassio，Rollero，& DePiccoli，2013），因此本研究还选取了人口密度

---

① https：//data. worldbank. org。

（每平方千米陆地面积上的人数）作为控制变量。以上 5 个控制变量数据
均来自世界银行的发展指数数据库。本研究分析中使用以上指标 2000 ～
2009 年有效数据年均值，其中人均 GDP 和人口密度数据分布由于严重偏
态，对其进行自然对数转换。

（二）分析程序和方法

首先，本文采用简单相关分析了 Gosling-Potter 网络人格项目的国家宜
人性人格与国民身心健康系列指标之间的关系。其次，研究者采取分层回
归的方法进行调节效应分析。模型 1 以各个国民身心健康指标为因变量，
以国家宜人性人格为自变量，以人均 GDP（自然对数）、城市人口比例、
女性人口比例、老龄（65 岁以上）人口比例、人口密度（自然对数）为
控制变量建立回归方程，考察控制其他影响因素后，国家宜人性人格分别与
各个国民身心健康指标之间的关系。模型 2 则在模型 1 的基础上，加入 GINI
系数以及 GINI 系数与国家宜人性人格的交互项，探查收入不平等环境因素
对宜人性与健康关系的调节效应。最后，研究者采用 ISDP 的国家宜人性人
格数据替换 Gosling-Potter 网络人格项目数据，以相同分析程序和方法进行结
果稳健性检验。所有数据在回归分析前都进行了标准化处理。

三　结果分析

（一）国家宜人性人格和国民身心健康系列指标间的关联

国家宜人性人格和国民身心健康系列指标之间的简单相关分析结果如
表 1 所示。来自 Gebauer 等（2015）的国家宜人性人格与各国民健康指标
的相关性较低且不显著。来自 Schmitt 等（2007）的国家宜人性人格只与
预期寿命呈显著负相关（$r = -0.37$，$p < 0.01$）。在控制了人均 GDP（自
然对数）、城市人口比例、女性人口比例、老龄（65 岁以上）人口比例、
人口密度（自然对数）等因素后，国家宜人性人格与各国民健康指标的回
归分析结果，如表 2 中模型 1a 和表 3 中模型 1b 所示。来自 Gebauer 等
（2015）的国家宜人性人格只对盖洛普目标幸福感有显著负向作用（$\beta =
-0.272$，$p < 0.05$），来自 Schmitt 等（2007）的国家宜人性人格与各国民
健康指标间没有显著关系。综上所述，国家宜人性人格与国民健康的主效
应关系并不强。

表1　国家宜人性人格、GINI系数、国民健康指标描述性统计和皮尔逊相关分析结果

变量	M	SD	1	2	3	4	5	6	7	8	9	10	11	12
1. 国家宜人性人格（Gebauer et al. , 2015）	3.55	0.10												
2. 国家宜人性人格（Schmitt et al. , 2007）	47.53	3.11	0.41**											
3. GINI系数	38.92	9.36	-0.09	0.18										
4. 主观幸福感	3.16	0.27	0.09	0.22	0.38*									
5. Cantril阶梯幸福指数	5.88	0.99	-0.08	-0.25	-0.19	0.43**								
6. 盖洛普国家幸福指数	21.14	10.63	-0.07	-0.10	0.24*	0.45**	0.74**							
7. 盖洛普目标幸福感	22.95	11.91	-0.18	-0.10	0.41**	0.47**	0.63**	0.93**						
8. 盖洛普社会幸福感	28.51	11.87	-0.16	-0.12	0.40**	0.34*	0.54**	0.84**	0.86**					
9. 盖洛普经济幸福感	27.95	14.43	0.04	-0.23	-0.48**	0.18	0.78**	0.53**	0.32*	0.18				
10. 盖洛普社区幸福感	28.64	11.51	0.11	-0.04	0.10	0.50**	0.65**	0.86**	0.72**	0.56**	0.60**			
11. 盖洛普躯体幸福感	25.75	9.65	0.03	0.24	0.44**	0.42**	0.43**	0.86**	0.81**	0.78**	0.18	0.69**		
12. 心血管等四类非传染病死亡率（%）	16.27	5.28	0.01	0.08	0.16	-0.28	-0.68**	-0.48**	-0.40**	-0.33*	-0.58**	-0.41**	-0.28**	
13. 预期寿命（年）	75.74	6.03	-0.14	-0.37*	-0.40**	-0.00	0.70**	0.45**	0.28*	0.35**	0.67**	0.39**	0.16	-0.72**

注：M和SD表示均值和标准差；† 表示$p<0.1$，* 表示$p<0.05$，** 表示$p<0.01$，*** 表示$p<0.001$。

表 2 国家宜人性 (Gebauer et al., 2015)、GINI 系数、国民健康指标的回归分析模型

因变量	模型 1a 宜人性 β (SE)	n	模型 2a 宜人性 β (SE)	宜人性×GINI 系数 β (SE)	n
主观幸福感	-0.151 (0.198)	46	-0.170 (0.282)	0.242 (0.270)	37
Cantril 阶梯幸福指数	-0.115† (0.068)	95	-0.196* (0.081)	-0.188* (0.078)	80
盖洛普国家幸福指数	-0.198† (0.110)	86	-0.180 (0.124)	-0.272* (0.123)	77
盖洛普目标幸福感	-0.272* (0.111)	86	-0.197† (0.118)	-0.254* (0.117)	77
盖洛普社会幸福感	-0.225† (0.119)	86	-0.168 (0.126)	-0.314* (0.125)	77
盖洛普经济幸福感	0.044 (0.088)	86	-0.127 (0.099)	-0.096 (0.098)	77
盖洛普社区幸福感	-0.099 (0.114)	86	-0.107 (0.137)	-0.289* (0.136)	77
盖洛普躯体幸福感	-0.145 (0.116)	86	-0.129 (0.121)	-0.291* (0.120)	77
心血管等四类非传染病死亡率	0.001 (0.093)	97	0.030 (0.108)	0.127 (0.104)	80
预期寿命	-0.122† (0.070)	99	-0.229** (0.086)	-0.185* (0.083)	80

注: 1. 表中展示的为标准化回归系数 β，其标准误 SE 在圆括号内，n 为排除缺失值后模型最终纳入国家和地区数;

2. 模型 1a: 以国民健康系列指标为因变量，以宜人性为自变量，以人均 GDP (自然对数)、城市人口比例、女性人口比例、人口密度 (自然对数)、老龄 (65 岁以上) 人口比例为控制变量;

3. 模型 2a: 以国民健康系列指标为因变量，以宜人性、GINI 系数、宜人性与 GINI 系数交互项为自变量，以人均 GDP (自然对数)、城市人口比例、女性人口比例、人口密度 (自然对数)、老龄 (65 岁以上) 人口比例为控制变量;

4. † 表示 $p < 0.1$，* 表示 $p < 0.05$，** 表示 $p < 0.01$，*** 表示 $p < 0.001$。

表 3 国家宜人性 (Schmitt et al., 2007)、GINI 系数、国民健康指标的回归分析模型

因变量	模型 1b 宜人性 β (SE)	n	模型 2b 宜人性 β (SE)	宜人性×GINI 系数 β (SE)	n
主观幸福感	-0.333 (0.252)	29	-0.179 (0.293)	0.113 (0.221)	25
Cantril 阶梯幸福指数	-0.104 (0.109)	53	-0.126 (0.103)	-0.197* (0.087)	49

续表

	模型 1b		模型 2b		
盖洛普国家幸福指数	-0.145 (0.154)	51	-0.162 (0.156)	-0.303 * (0.133)	48
盖洛普目标幸福感	-0.177 (0.161)	51	-0.197 (0.159)	-0.338 * (0.135)	48
盖洛普社会幸福感	-0.110 (0.162)	51	-0.134 (0.149)	-0.437 ** (0.127)	48
盖洛普经济幸福感	-0.133 (0.124)	51	-0.143 (0.121)	0.114 (0.103)	48
盖洛普社区幸福感	-0.218 (0.164)	51	-0.232 (0.174)	-0.108 (0.148)	48
盖洛普躯体幸福感	0.150 (0.170)	51	0.143 (0.166)	-0.383 ** (0.141)	48
心血管等四类非传染病死亡率	-0.175 (0.129)	53	-0.154 (0.131)	0.139 (0.110)	50
预期寿命	-0.067 (0.070)	54	-0.068 (0.067)	-0.182 ** (0.056)	50

注：1. 表中展示的为标准化回归系数 β，其标准误 SE 在圆括号内，n 为排除缺失值后模型最终纳入国家和地区数；

2. 模型 1b：以国民健康系列指标为因变量，以宜人性为自变量，以人均 GDP（自然对数）、城市人口比例、女性人口比例、人口密度（自然对数）、老龄（65 岁以上）人口比例为控制变量；

3. 模型 2b：以国民健康系列指标为因变量，以宜人性、GINI 系数、宜人性与 GINI 系数交互项为自变量，以人均 GDP（自然对数）、城市人口比例、女性人口比例、人口密度（自然对数）、老龄（65 岁以上）人口比例为控制变量；

4. † 表示 $p < 0.1$，* 表示 $p < 0.05$，** 表示 $p < 0.01$，*** 表示 $p < 0.001$。

（二）GINI 系数的调节效应分析

GINI 系数对国家宜人性人格和国民身心健康系列指标间关系的调节效应分析结果，详见表 2 中模型 2a 和表 3 中模型 2b，具体如下。

以 Gebauer 等（2015）的国家宜人性人格数据分析结果为考察点，GINI 系数与国家宜人性交互项对 Cantril 阶梯幸福指数（$\beta = -0.188$，$p < 0.05$）、盖洛普国家幸福指数（$\beta = -0.272$，$p < 0.05$）、盖洛普目标幸福感（$\beta = -0.254$，$p < 0.05$）、盖洛普社会幸福感（$\beta = -0.314$，$p < 0.05$）、盖洛普社区幸福感（$\beta = -0.289$，$p < 0.05$）、盖洛普躯体幸福感（$\beta = -0.291$，$p < 0.05$）、预期寿命（$\beta = -0.185$，$p < 0.05$）皆存在显著的负向效应。在不显著统计结果中，GINI 系数与国家宜人性交互项对主观

幸福感有正向作用（$\beta = 0.242$），对盖洛普经济幸福感有负向作用（$\beta = -0.096$），对心血管等四类非传染病死亡率有正向作用（$\beta = 0.127$）。所有统计显著结果皆支持本研究假设。

　　以 Schmitt 等（2007）的国家宜人性人格数据分析结果为考察点，GINI 系数与国家宜人性交互项对 Cantril 阶梯幸福指数（$\beta = -0.197$，$p < 0.05$）、盖洛普国家幸福指数（$\beta = -0.303$，$p < 0.05$）、盖洛普目标幸福感（$\beta = -0.338$，$p < 0.05$）、盖洛普社会幸福感（$\beta = -0.437$，$p < 0.01$）、盖洛普躯体幸福感（$\beta = -0.383$，$p < 0.01$）、预期寿命（$\beta = -0.182$，$p < 0.01$）皆存在显著的负向效应。在不显著统计结果中，GINI 系数与国家宜人性交互项对主观幸福感（$\beta = 0.113$）和盖洛普经济幸福感（$\beta = 0.114$）有正向作用，对盖洛普社区幸福感有负向作用（$\beta = -0.108$），对心血管等四类非传染病死亡率有正向作用（$\beta = 0.139$）。所有统计显著结果皆支持本研究假设，且与 Gebauer 等（2015）的国家宜人性数据相应分析结果基本对应，表明结果稳健性检验效果良好。

　　GINI 系数与 Gebauer 等（2015）的国家宜人性交互效应显著的 7 项分析结果，包括与之对应的 Schmitt 等（2007）数据分析结果，其交互效应示意图，如图 1 至图 7 所示。我们可以从中观察到，无论来自哪个人格数据源，国家宜人性与 GINI 系数总体上都呈现消极亲和性：随着国家 GINI 系数的增加，国家宜人性对各项健康指标的正向作用被削弱或负向作用被增强。

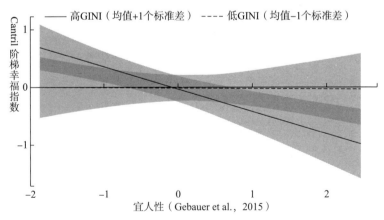

图 1a　国家宜人性人格和 GINI 系数对 Cantril 阶梯
幸福指数的交互效应

注：数据经过标准化处理，阴影为 95% 置信区间，下同。

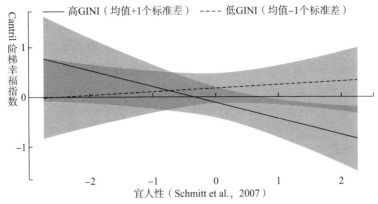

图 1b　国家宜人性人格和 GINI 系数对 Cantril 阶梯幸福指数的交互效应

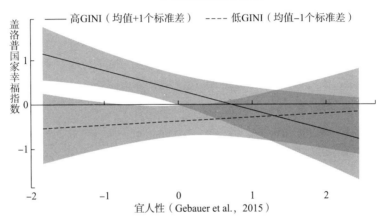

图 2a　国家宜人性人格和 GINI 系数对盖洛普国家幸福指数的交互效应

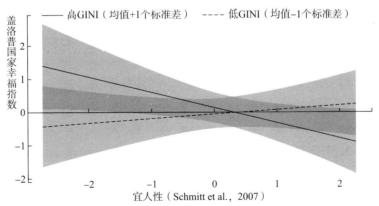

图 2b　国家宜人性人格和 GINI 系数对盖洛普国家幸福指数的交互效应

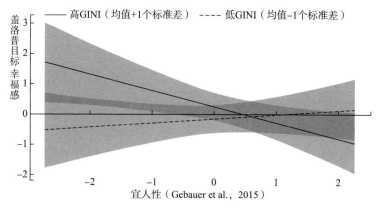

图 3a　国家宜人性人格和 GINI 系数对盖洛普目标幸福感的交互效应

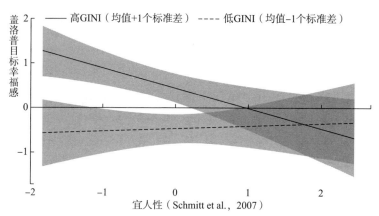

图 3b　国家宜人性人格和 GINI 系数对盖洛普目标幸福感的交互效应

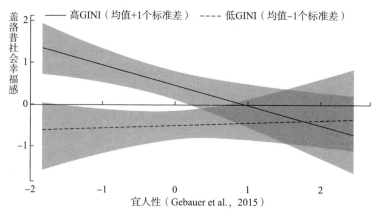

图 4a　国家宜人性人格和 GINI 系数对盖洛普社会幸福感的交互效应

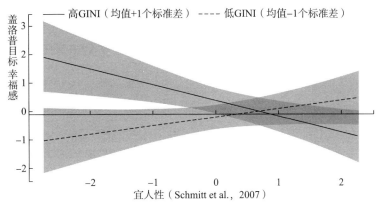

图 4b　国家宜人性人格和 GINI 系数对盖洛普
社会幸福感的交互效应

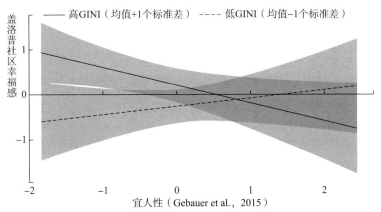

图 5a　国家宜人性人格和 GINI 系数对盖洛普
社区幸福感的交互效应

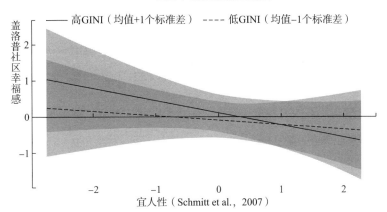

图 5b　国家宜人性人格和 GINI 系数对盖洛普
社区幸福感的交互效应

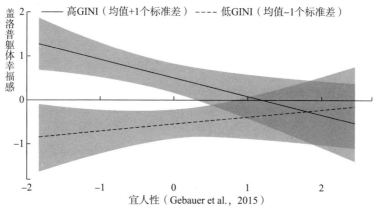

**图 6a　国家宜人性人格和 GINI 系数对盖洛普
躯体幸福感的交互效应**

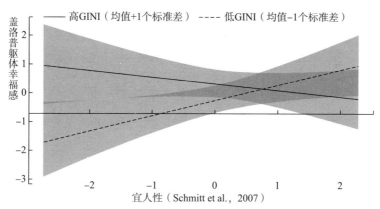

**图 6b　国家宜人性人格和 GINI 系数对盖洛普躯体
幸福感的交互效应**

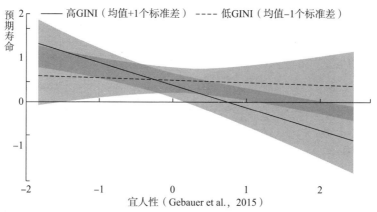

**图 7a　国家宜人性人格和 GINI 系数对预期
寿命的交互效应**

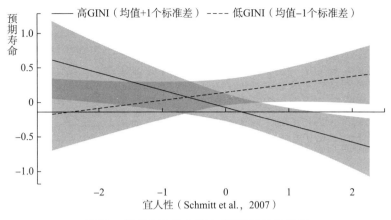

**图7b　国家宜人性人格和 GINI 系数对预期
寿命的交互效应**

四　讨论

典型宜人性所体现的亲社会属性，一方面通过促进人际和谐与合作，具有一定生存发展适应性从而有益身心健康；另一方面，高宜人性通常并不直接有助于应对激烈的人际资源竞争，反而可能带来生存发展上的适应不良，导致身心失调。由此，个体和区域层面上的宜人性人格与健康之间关系的研究，时常出现不一致甚至矛盾的结论。本文基于人格与环境亲和性假说以及美国州际水平数据分析发现（赖凯声、陈浩，2020），提出假设：在国家水平上，收入不平等程度会显著影响国家宜人性人格与国民身心健康指标间的关系。具体而言，在高收入不平等国家中（GINI 系数高），国家宜人性对国民健康的影响趋于负向；在低收入不平等国家中（GINI 系数低），国家宜人性对国民健康的影响趋于正向。本研究运用涉及大五人格、国民身心健康、社会经济人口等变量指标的多个国际研究项目和国际机构数据库公开数据，分析检验了以上研究假设，再次确认了"宜人性之殇"现象的存在，即宜人性人格和收入不平等环境间具有消极亲和性，为其解释机制的多水平普适性提供了有力支撑。

除此之外，本研究还具有以下几点理论和现实意义。

第一，本研究为解决类似宜人性与健康关系这类迄今结论仍较不清晰的人格健康后效问题提供了新思路。大五人格模型诞生伊始和后续发展过程中，研究者一直重视人格对健康等重要变量的预测作用。众所周知，一些大五人格维度对健康的作用始终较为明确，如尽责性和神经质，高尽责性意味着更加自律和更好的身体健康状况（Friedman & Kern，2014；Murray & Booth，2015）、更长的寿命（Kern & Friedman，2008）和更小的死亡风险（Jokela et al.，2013）。高神经质则与精神疾病心理健康指标存在正向关联，如高神经质可预测较高的精神疾患发病率（Kotov et al.，2010）；与幸福感心理健康指标存在稳定且强劲的负向关联，如高神经质可预测更低的幸福感（Anglim et al.，2020）。

而另一些人格维度对健康的作用则并不十分明晰，比如本研究所关注的宜人性，无论微观个体抑或宏观区域群体。除样本代表性偏差、人格和健康变量操作化测量工具的选取不同，可能会造成具体研究间存在结论差异外（Chapman & Elliot，2019；Hilbig，Glöckner，& Zettler，2014；Miller et al.，2011），本研究所检视的理论假设及实证发现还提示我们，人们所处环境的不同或变化，尤其是宏观社会生态环境，可能是造成人格对健康影响不一致的重要原因。我们进一步推测，尽责性和神经质对于健康的影响，很大程度上是跨情境或环境的；而其他人格维度与健康的关系，则很可能不同程度上依赖具体情境或环境特征，即这些人格维度与各类宏观或微观社会生态因素存在或积极或消极的亲和性。以上理路逻辑的展开，为拓展相关研究议题开辟了新的、可能的赛道。

第二，过去 10 余年间社会生态取向的心理学研究复兴并展现出新的理论旨趣（Oishi，2014）。作为重要宏观社会生态变量的收入不平等，越来越多地受到心理学家关注，而非简单忽视或当作通常意义上的控制变量（Buttrick & Oishi，2017）。宏观环境中表现出的收入不平等程度高低，会在个体和群体的心理与行为上产生不容忽视的影响。高收入不平等社会造成人际不信任和个体对社会地位的焦虑危机感，进而引致各种微观和宏观后果。而本研究与（部分）解决伊斯特林悖论的以往研究一起表明，收入不平等这一宏观因素还能发挥独特的调节作用。这无疑提升了收入不平等变量在心理学研究中的潜力，并启发着其他宏观因素心理后果研究的思路。

第三，关注心理和环境因素交互对重要结果变量的影响，在心理学中有着悠久的传统和较为扎实的理论积累，人和环境匹配理论 Caplan，1987）、一致性理论（Eckstein，1997），即是此类分析框架的典范理论模型。人格与环境亲和性假说亦滥觞于此，是它们的进一步延伸和拓展。在以往人和环境匹配或一致性理论驱动的具体研究中，无论微观视角还是宏观视角，自变量和调节变量通常在概念内涵上存在较明显的关联甚或重合，例如，工作与家庭经历和对应价值观（Edwards & Rothbard，1999）、自身需求与环境实际供给或自身能力与环境能力要求（Shen et al.，2018）、个体人格与区域人格（Jokela et al.，2015），以及个体宗教性与区域宗教性氛围（Gebauer et al.，2017）的匹配等。而人格与环境亲和性假说所关注的自变量和环境调节变量，在概念内涵上并无明显重合与关联，例如，本文所集中探讨的宜人性人格和收入不平等及两者间的消极亲和性。亲和性假说延拓了人和环境匹配理论、一致性理论等所持续开辟的，探讨心理与环境间协同如何作用于重要后果变量（如健康）的研究视域，助力提升类似理论逻辑容纳解释多元心理行为现象的能力。

　　第四，本研究采用（国家水平）区域样本均值操作化处理人格变量数据，即聚合人格特质，并与宏观社会生态环境变量关联分析（McCrae & Terracciano，2008；Rentfrow，Gosling，& Potter，2008），契合了当代心理学发展趋势。毋庸置疑，人的心理行为受到先天遗传和后天环境的双重影响。囿于学科文化与研究范式，很长一段时期，心理学一直偏重微观社会环境作用的实证研究，缺乏与较为宏观视角的社会科学诸多领域的直接对话。最近10余年，旨在探讨心理特征的空间区域分布及其与社会生态环境相互作用的地理心理学（Rentfrow & Jokela，2016）与社会生态心理学（Oishi，2014）、文化心理的生态成因研究取向一道（Sng et al.，2018），成为心理学宏观化努力的代表，共同推动着微观、中观和宏观水平心理学理论间的交叉，以及与社会科学的交流和整合。

　　国家水平分数均值的意义究竟是什么？早期从事跨国、跨文化研究的学者认为，测量获得的心理变量（典型如人格）国家水平均值即代表了国民性格（Peabody，1985）。不过人格研究已然表明，我们习得的关于各国国民性格的常人理论（lay theory）通常是错误的，并不符合科学实证结论（Terracciano et al.，2005）；针对跨国数据的多层模型分析也提示我们，无论人格或价值观，同一国家内部的个体间差异，远远大于国与国之间的差异（Fischer & Schwartz，2011）。另外，虽然直接套用个体心理学研究结论，做出宏观区域层面上的命题判断，会出现逆生态学谬误（Hofstede，2001）。但大量实证数据显示，宏观区域层面的发现常常与个体水平同概念已有命题结论，保持一定程度的一致性，如神经质人格在微观和宏观身心健康指标上的类同作用。同时，此类国家聚合变量还保有较强的区分和预测效度（Smith & Bond，2019）。国家水平心理特征均值到底意味什么，本研究无法给出终极答案，但围绕它的不懈探索和不断发现，将会在不远的未来告知我们。

第五，本研究可以为国民健康促进和公共卫生政策的制定与实施，提供一定的科学支撑。在包括中国在内的全球各国贫富差距不断加大的今天（Xie & Zhou，2014），宜人性人格特质的健康收益不断减损。相比传统个体研究，区域或国家层次的研究探索更有现实意义。个体水平科学发现多应用于临床领域，而国家和社会面临的宏观健康议题，如人口健康问题，会涉及社会资源分配和公共卫生政策的制定，这时我们更需要基于宏观视角的心理学研究（Kindig & Stoddart，2003）。研究群体特征、环境因素对群体健康的影响，更有潜力为公共卫生和社会治理政策的出台与完善，提供富于针对性的科学建议。

本研究仍存在一些局限但同时也启发着未来工作。

第一，本研究虽然考察了收入不平等环境与国家宜人性在不同类型国民健康结果指标上的亲和性，但在身心健康指标的选取上并不算全面。未来研究工作可考虑加入情感障碍发病率、肥胖率、各类疾病死亡率、酗酒吸毒等心理、生理健康和健康行为指标，更为系统地探讨该理论议题。

第二，本研究受制于数据因素，无法讨论宏观收入不平等环境对个体宜人性人格与个体健康关系的跨层调节作用。未来随着越来越多个体水平人格和健康数据集的收集与公开，研究者可采用多层模型等方法直接探究该问题。

第三，虽然本研究发现了国家宜人性与收入不平等环境在国民身心健康上的消极亲和性，但所采用的人格测量工具都是 44 题项 BFI 问卷，缺少基于其他人格问卷的大规模跨国样本数据。未来，如果研究者有机会获得更加多元的样本人群来源，且具有较高代表性的其他主流人格量表（如 NEO-PI-R）的宜人性人格数据，可再次检验收入不平等环境与国家宜人性在国民身心健康上的消极亲和性。另外，未来研究工作还可考虑将关注焦点进一步放在宜人性人格的子维度上（Mõttus et al.，2017）。

第四，按照以往类似研究惯例，本研究对因变量指标数据选取时间点进行了三年滞后期处理，但对未来研究而言，更为严格意义的确定因果关系的宏观地理分析亟须深化。对此可从以下四个方面考量。第一，领域研究共识认知，即区域平均收入、教育、年龄、族裔比例和城市化水平等因素，通常被认为是同一地理水平上心理特征的重要前置条件。第二，重要的历史（如传染病历史流行率）和生态变量（如气候需求），可基本假定为个体或群体心理现象的潜在原因而非结果（Wei et al.，2017）。第三，诸如工具变量、Granger 因果检验等计量经济和量化历史分析中的因果关系识别技术可更多引入未来心理学研究，例如，工业革命时期英国各地区煤炭行业历史就业率，与当前人格特征、幸福感区域分布关系的研究（Obschonka et al.，2018）；二战期间德国各城市被轰炸程度与当下区域神经质特征、心理健康问题关系的研究（Jokela et al.，2017）。第四，未来研究者还可尝试发展心理学领域常用的纵向数据分析方法，助力我们加深对心理现象和宏观环境间动态关系的理解。

参考文献

赖凯声、陈浩，2020，《亲和性假说：区域人格影响健康的大数据分析》，暨南大学出版社。

Allik，J.，& McCrae，R. R.（2004）. Toward a geography of personality traits. *Journal of Cross-Cultural Psychology*，35（1），13 – 28.

Anglim，J.，Horwood，S.，Smillie，L. D.，Marrero，R. J.，& Wood，J. K.（2020）. Predicting psychological and subjective well-being from personality：A meta-analysis. *Psychological Bulletin*，146（4），279 – 323.

Bernerth，J. B.，Taylor，S. G.，Walker，H. J.，& Whitman，D. S.（2012）. An empirical investigation of dispositional antecedents and performance-related outcomes of credit scores. *Journal of Applied Psychology*，97（2），469 – 478.

Blake，K. R.，Bastian，B.，Denson，T. F.，Grosjean，P.，& Brooks，R. C.（2018）. Income inequality not gender inequality positively covaries with female sexualization on social media. *Proceedings of the National Academy of Sciences*，115（35），8722 – 8727.

Booth-Kewley，S.，& Vickers，R. R.（1994）. Associations between major domains of personality and health behavior. *Journal of Personality*，62（3），281 – 298.

Brown，S. L.，& Brown，R. M.（2015）. Connecting prosocial behavior to improved physical health：Contributions from the neurobiology of parenting. *Neuroscience & Biobehavioral Reviews*，55，1 – 17.

Buss，A. H.，Plomin，R.，& Willerman，L.（1973）. The inheritance of temperaments. *Journal of Personality*，41（4），513 – 524.

Buttrick，N. R.，& Oishi，S.（2017）. The psychological consequences of income inequality. *Social and Personality Psychology Compass*，11（3），e12304.

Caplan，R. D.（1987）. Person-environment fit theory and organizations：Commensurate dimensions，time perspectives，and mechanisms. *Journal of Vocational Behavior*，31（3），248 – 267.

Caprara，G. V.，Alessandri，G.，Di Giunta，L.，Panerai，L.，& Eisenberg，N.（2010）. The contribution of agreeableness and self-efficacy beliefs to prosociality. *European Journal of Personality*，24（1），36 – 55.

Chapman，B. P.，& Elliot，A. J.（2019）. How short is too short? An ultra-brief measure of the big-five personality domains implicates "agreeableness" as a risk for all-cause mortality. *Journal of Health Psychology*, 24 (11), 1568 – 1573.

Chen, H., Lai, K., He, L., & Yu, R. (2020). Where you are is who you are? The geographical account of psychological phenomena. *Frontiers in Psychology*, 11, 536.

Cheung, F., & Lucas, R. E. (2016). Income inequality is associated with stronger social comparison effects: The effect of relative income on life satisfaction. *Journal of Personality and Social Psychology*, 110 (2), 332 – 341.

Cingano, F. (2014). Trends in income inequality and its impact on economic growth. In *OECD Social, Employment, and Migration Working Papers*, 163.

Costa, P. T., McCrae, R. R., & Dye, D. A. (1991). Facet scales for agreeableness and conscientiousness: A revision of the NEO Personality Inventory. *Personality and Individual Differences*, 12 (9), 887 – 898.

Cuddy, A. J. C., Glick, P., & Beninger, A. (2011). The dynamics of warmth and competence judgments, and their outcomes in organizations. *Research in Organizational Behavior*, 31, 73 – 98.

Dabla-Norris, E., Kochhar, K., Suphaphiphat, N., Ricka, F., & Tsounta, E. (2015). Causes and consequences of income inequality: A global perspective. *Staff Discussion Notes*, 15 (13), 1 – 39.

De Vries, R., Gosling, S., & Potter, J. (2011). Income inequality and personality: Are less equal U. S. states less agreeable? *Social Science & Medicine*, 72 (12), 1978 – 1985.

DeNeve, K. M., & Cooper, H. (1998). The happy personality: A meta-analysis of 137 personality traits and subjective well-being. *Psychological Bulletin*, 124 (2), 197 – 229.

Eckstein, H. (1997) Congruencetheory explained. *CSD Working Papers*, https://escholarship. org/uc/item/2wb616g6 (accessed 15 April 2021).

Edwards, J. R., & Rothbard, N. P. (1999). Work and family stress and well-being: An examination of person-environment fit in the work and family domains. *Organizational Behavior and Human Decision Processes*, 77 (2), 85 – 129.

Eysenck, W. (2009). Personality, intelligence, and longevity: A cross-cultural perspective. *Social Behavior and Personality: An International Journal*, 37 (2), 149 – 154.

Fassio, O., Rollero, C., & De Piccoli, N. (2013). Health, quality of life and population density: A preliminary study on "contextualized" quality of life. *Social Indicators Research*, 110 (2), 479 – 488.

Fischer, R., & Schwartz, S. (2011). Whence differences in value priorities? Individual, cultural or artefactual sources. *Journal of Cross-Cultural Psychology*, 42 (7), 1127 – 1144.

Friedman, H. S. (2000). Long-term relations of personality and health: Dynamisms, mechanisms, tropisms. *Journal of Personality*, 68 (6), 1089 – 1107.

Friedman, H. S., & Kern, M. L. (2014). Personality, well-being, and health. *Annual Review of Psychology*, 65 (1), 719 – 742.

Gebauer, J. E., Sedikides, C., Schönbrodt, F. D., Bleidorn, W., Rentfrow, P. J., Potter, J., & Gosling, S. D. (2017). The religiosity as social value hypothesis: A multi-method replication and extension across 65 countries and three levels of spatial aggregation. *Journal of Personality and Social Psychology*, 113（3）, e18-e39.

Gebauer, J. E., Sedikides, C., Wagner, J., Bleidorn, W., Rentfrow, P. J., Potter, J., & Gosling, S. D.（2015）. Cultural norm fulfillment, interpersonal belonging, or getting ahead? A large-scale cross-cultural test of three perspectives on the function of self-esteem. *Journal of Personality and Social Psychology*, 109（3）, 526 – 548.

Gosling, S. D., Vazire, S., Srivastava, S., & John, O. P.（2004）. Should we trust web-based studies? A comparative analysis of six preconceptions about internet question-naires. *American Psychologist*, 59（2）, 93 – 104.

Graziano, W. G., Habashi, M. M., Sheese, B. E., & Tobin, R. M.（2007）. Agreea-bleness, empathy, and helping: A person × situation perspective. *Journal of Personality and Social Psychology*, 93（4）, 583 – 599.

Habashi, M. M., Graziano, W. G., & Hoover, A. E.（2016）. Searching for the proso-cial personality. *Personality and Social Psychology Bulletin*, 42（9）, 1177 – 1192.

Hilbig, B. E., Glöckner, A., & Zettler, I.（2014）. Personality and prosocial behavior: Linking basic traits and social value orientations. *Journal of Personality and Social Psychology*, 107（3）, 529 – 539.

Hofstede, G.（2001）. *Culture's Consequences: Comparing Values, Behaviors, Institutions, and Organizations across Nations*（2nd ed.）. Thousand Oaks: Sage.

Inglehart, R., Haerpfer, C., Moreno, A., Welzel, C., Kizilova, K., Diez-Medra-no, J., Lagos, M., Norris, P., Ponarin, E., & Puranen, B.（2014）. *World Values Survey: Round Six-Country-Pooled Datafile Version*. Madrid: JD Systems Institute.

Jenkinson, C. E., Dickens, A. P., Jones, K., Thompson-Coon, J., Taylor, R. S., Rogers, M., Bambra, C. L., Lang, I., & Richards, S. H.（2013）. Is voluntee-ring a public health intervention? A systematic review and meta-analysis of the health and survival of volunteers. *BMC Public Health*, 13（1）, 773.

John, O. P., Donahue, E. M., & Kentle, R. L.（1991）. *The Big Five Inventory—Versions 4a and 54* Berkeley: University of California, Berkeley, Institute of Personality and Social Research.

Jokela, M., Batty, G. D., Nyberg, S. T., Virtanen, M., Nabi, H., Singh-Manoux, A., & Kivimäki, M.（2013）. Personality and all-cause mortality: Individual-partici-pant meta-analysis of 3, 947 deaths in 76, 150 adults. *American Journal of Epidemiology*, 178（5）, 667 – 675.

Jokela, M., Bleidorn, W., Lamb, M. E., Gosling, S. D., & Rentfrow, P. J.（2015）. Geographically varying associations between personality and life satisfaction in the London metropolitan area. *Proceedings of the National Academy of Sciences*, 112（3）, 725 – 730.

Jokela, M., Obschonka, M., Stuetzer, M., Rentfrow, P. J., Potter, J., & Gosling, S. D.（2017）. Did strategic bombing in the second world war lead to "German angst"? A Large-scale empirical test across 89 German cities. *European Journal of Personality*, 31

(3), 234 – 257.

Kern, M. L., & Friedman, H. S. (2008). Do conscientious individuals live longer? A quantitative review. *Health Psychology*, 27 (5), 505 – 512.

Kindig, D., & Stoddart, G. (2003). What is population health? *American Journal of Public Health*, 93 (3), 380 – 383.

Kotov, R., Gamez, W., Schmidt, F., & Watson, D. (2010). Linking "big" personality traits to anxiety, depressive, and substance use disorders: A meta-analysis. *Psychological Bulletin*, 136 (5), 768 – 821.

Loughnan, S., Kuppens, P., Allik, J., Balazs, K., de Lemus, S., Dumont, K., Gargurevich, R., Hidegkuti, I., Leidner, B., Matos, L., Park, J., Realo, A., Shi, J., Sojo, V. E., Tong, Y., Vaes, J., Verduyn, P., Yeung, V., & Haslam, N. (2011). Economic inequality is linked to biased self-perception. *Psychological Science*, 22 (10), 1254 – 1258.

Matz, S. C., & Gladstone, J. J. (2020). Nice guys finish last: When and why agreeableness is associated with economic hardship. *Journal of Personality and Social Psychology*, 118 (3), 545 – 561.

McCann, S. J. H. (2010). Subjective well-being, personality, demographic variables, and American state differences in smoking prevalence. *Nicotine & Tobacco Research*, 12 (9), 895 – 904.

McCann, S. J. H. (2011). Emotional health and the Big Five personality factors at the American state level. *Journal of Happiness Studies*, 12 (4), 547 – 560.

McCrae, R. R., & Terracciano, A. (2008). The five-factor model and its correlates in individuals and cultures. In F. J. R. van de Vijver, D. A. van Hemert, & Y. H. Poortinga (Eds.), *Multilevel Analysis of Individuals and Cultures*, pp. 249 – 283. Lawrence Erlbaum Associates.

McLeod, C. B., Lavis, J. N., Mustard, C. A., & Stoddart, G. L. (2003). Income inequality, household income, and health status in Canada: A prospective cohort study. *American Journal of Public Health*, 93 (8), 1287 – 1293.

Meier, B. P., & Robinson, M. D. (2004). Does quick to blame mean quick to anger? The role of agreeableness in dissociating blame and anger. *Personality and Social Psychology Bulletin*, 30 (7), 856 – 867.

Miller, J. D., Gaughan, E. T., Maples, J., & Price, J. (2011). A comparison of agreeableness scores from the Big Five Inventory and the NEO PI-R: Consequences for the study of narcissism and psychopathy. *Assessment*, 18 (3), 335 – 339.

Mõttus, R., Bates, T. C., Condon, D., Mroczek, D., & Revelle, W. (2017). *Leveraging a more nuanced view of personality: Narrow characteristics predict and explain variance in life outcomes*, PsyArXiv.

Murray, A. L., & Booth, T. (2015). Personality and physical health. *Current Opinion in Psychology*, 5, 50 – 55.

Ng, T. W. H., Eby, L. T., Sorensen, K. L., & Feldman, D. C. (2005). Predictors of objective and subjective career success: A meta-analysis. *Personnel Psychology*, 58 (2), 367 – 408.

Nutton, V. (1993). Humoralism. In *Companion Encyclopedia of the History of Medicine*, pp. 281 – 291. Routledge. http://library1. nida. ac. th/termpaper6/sd/2554/19755. pdf (accessed 15 April 2021).

Obschonka, M., Stuetzer, M., Rentfrow, P. J., Shaw-Taylor, L., Satchell, M., Silbereisen, R. K., Potter, J., & Gosling, S. D. (2018). In the shadow of coal: How large-scale industries contributed to present-day regional differences in personality and well-being. *Journal of Personality and Social Psychology*, 115 (5), 903 – 927.

Oishi, S. (2014). Socioecological psychology. *Annual Review of Psychology*, 65 (1), 581 – 609.

Oishi, S., & Kesebir, S. (2015). Income inequality explains why economic growth does not always translate to an increase in happiness. *Psychological Science*, 26 (10), 1630 – 1638.

Oishi, S., Kesebir, S., & Diener, E. (2011). Income inequality and happiness. *Psychological Science*, 22 (9), 1095 – 1100.

Okun, M. A., Yeung, E. W., & Brown, S. (2013). Volunteering by older adults and risk of mortality: A meta-analysis. *Psychology and Aging*, 28 (2), 564 – 577.

Peabody, D. (1985). *National Characteristics*. New York: Cambridge University Press.

Pickett, K. E., & Wilkinson, R. G. (2015). Income inequality and health: A causal review. *Social Science & Medicine*, 128, 316 – 326.

Piketty, T. (2014). *Capital in the Twenty-First Century*. Cambridge: The Belknap Press of Harvard University Press.

Poulin, M. J., & Holman, E. A (2013). Helping hands, healthy body? Oxytocin receptor gene and prosocial behavior interact to buffer the association between stress and physical health. *Hormones and Behavior*, 63 (3), 510 – 517.

Rentfrow, P. J., Gosling, S. D., Jokela, M., Stillwell, D. J., Kosinski, M., & Potter, J (2013). Divided we stand: Three psychological regions of the united states and their political, economic, social, and health correlates. *Journal of Personality and Social Psychology*, 105 (6), 996 – 1012.

Rentfrow, P. J., Gosling, S. D., & Potter, J (2008). A theory of the emergence, persistence, and expression of geographic variation in psychological characteristics. *Perspectives on Psychological Science*, 3 (5), 339 – 369.

Rentfrow, P. J., & Jokela, M (2016). Geographical psychology. *Current Directions in Psychological Science*, 25 (6), 393 – 398.

Rentfrow, P. J., Jokela, M., & Lamb, M. E (2015). Regional personality differences in Great Britain. *PLoS ONE*, 10 (3), e0122245.

Roberts, B. W., Kuncel, N. R., Shiner, R., Caspi, A., & Goldberg, L. R (2007). The power of personality: The comparative validity of personality traits, socioeconomic status, and cognitive ability for predicting important life outcomes. *Perspectives on Psychological Science*, 2 (4), 313 – 345.

Saulsman, L. M. , & Page, A. C（2004）. The five-factor model and personality disorder empirical literature: A meta-analytic review. *Clinical Psychology Review*, 23（8）, 1055 – 1085.

Schmitt, D. P. , Allik, J. , McCrae, R. R. , & Benet-Martínez, V.（2007）. The geographic distribution of Big Five personality traits. *Journal of Cross-Cultural Psychology*, 38（2）, 173 – 212.

Sen, A. K.（1997）. From income inequality to economic inequality. *Southern Economic Journal*, 64（2）, 383.

Shen, X. L. , Li, Y. J. , Sun, Y. , & Zhou, Y（2018）. Person-environment fit, commitment, and customer contribution in online brand community: A nonlinear model. *Journal of Business Research*, 85, 117 – 126.

Smith, P. B. , & Bond, M. H.（2019）. Cultures and persons: Characterizing national and other types of cultural difference can also aid our understanding and prediction of individual variability. *Frontiers in Psychology*, 10, 2689.

Smith, T. W. , & MacKenzie, J.（2006）. Personality and risk of physical illness. *Annual Review of Clinical Psychology*, 2（1）, 435 – 467.

Sng, O. , Neuberg, S. L. , Varnum, M. E. W. , & Kenrick, D. T.（2017）. The crowded life is a slow life: Population density and life history strategy. *Journal of Personality and Social Psychology*, 112（5）, 736 – 754.

Sng, O. , Neuberg, S. L. , Varnum, M. E. W. , & Kenrick, D. T.（2018）. The behavioral ecology of cultural psychological variation. *Psychological Review*, 125（5）, 714 – 743.

Spurk, D. , & Abele, A. E.（2011）. Who earns more and why? A multiple mediation model from personality to salary. *Journal of Business and Psychology*, 26（1）, 87 – 103.

Steel, P. , Schmidt, J. , & Shultz, J.（2008）. Refining the relationship between personality and subjective well-being. *Psychological Bulletin*, 134（1）, 138 – 161.

Strickhouser, J. E. , Zell, E. , & Krizan, Z.（2017）. Does personality predict health and well-being? A metasynthesis. *Health Psychology*, 36（8）, 797 – 810.

Terracciano, A. , Abdel-Khalek, A. M. , Ádám, N. , Adamovová, L. , Ahn, C. -k. , Ahn, H. -n. , et al. ,（2005）. National character does not reflect mean personality trait level in 49 cultures. *Science* 310（5745）, 96 – 100.

Walasek, L. , & Brown, G. D. A.（2015）. Income inequality and status seeking. *Psychological Science*, 26（4）, 527 – 533.

Wang, X. , Chen, H. , Chen, Z. , & Yang, Y.（2020）. Women's intrasexual competition results in beautification. *Social Psychological and Personality Science*, 12（5）, 648 – 657.

Wei, W. , Lu, J. G. , Galinsky, A. D. , Wu, H. , Gosling, S. D. , Rentfrow, P. J. , et al. ,（2017）. Regional ambient temperature is associated with human personality. *Nature Human Behaviour*, 1（12）, 890 – 895.

Wilkinson, R. G. , & Pickett, K. E.（2006）. Income inequality and population health: A review and explanation of the evidence. *Social Science & Medicine*, 62（7）, 1768 – 1784.

Wilkinson, R. G. , & Pickett, K. E.（2009）. Income inequality and social dysfunction.

Annual Review of Sociology, 35 (1), 493 – 511.

Xie, Y. , & Zhou, X. (2014). Income inequality in today's China. *Proceedings of the National Academy of Sciences of the United States of America*, 111 (19), 6928 – 6933.

Zajenkowski, M. , Jonason, P. K. , Leniarska, M. , & Kozakiewicz, Z. (2020). Who complies with the restrictions to reduce the spread of COVID – 19? Personality and perceptions of the COVID – 19 situation. *Personality and Individual Differences*, 166, 110199.

《中国社会心理学评论》 第 21 辑
第 222～244 页
© SSAP, 2021

不幸的道德：运气越差越功利主义[*]

刘传军　廖江群[**]

摘　要： 运气是否以及如何影响道德判断？已有研究表明好运气会改善人们的情绪状态，坏运气会增强人们的风险寻求和认知权衡倾向。基于道德双加工理论，情绪与直觉加工驱动的道德规范敏感性相关，认知权衡与理性加工驱动的道德结果敏感性相关。因此，研究假设好运气会增强道德规范敏感性而坏运气会增强道德结果敏感性。本研究启动不同效价的运气之后，使用经预研究检验的组合道德情境材料和 CAN 算法来测量被试在道德判断中的结果敏感性、规范敏感性和总体接受倾向。结果发现，在结果敏感性上，坏运组显著高于控制组和好运组，但在规范敏感性和总体接受倾向上无显著组间差异。研究表明运气越差越功利主义，在道德判断中越在意结果，初步揭示了运气对道德判断的潜在影响并拓展了道德双加工理论在道德运气研究中的解释。未来研究可以进一步探讨其他形式的运气对道德决策的影响及其心理机制，诱导直觉加工/理性加工状态和操控个体对道德情境的解释水平来深化对道德运气的理论解释。

关键词： 道德运气　道德判断　功利主义　义务论　CAN 算法

---

* 本研究获得国家社会科学基金（18BSH114）、清华大学自主科研计划（2017THZWYY11）和四川大学"从 0 到 1"创新研究项目（2021CXC05）的资助。

** 刘传军，四川大学公共管理学院社会学与心理学系特聘副研究员，硕士生导师；廖江群，清华大学社会科学学院心理学系副教授，博士生导师，通讯作者，E-mail：liaojq@ tsing-hua. edu. cn。

一　引言

假定你是一名大楼保安，从彩票投注站领完奖金，回到大楼监控室换班。恰在此时，大楼发生火灾，浓烟滚滚，而监控室里只有你一个人。你发现毒烟通过通风管正在迅速蹿向房间 A，那里有 5 名被困人员，一旦毒烟进入房间，那么，受困人员必将死于毒烟窒息。你手边有一个开关可以使毒烟改道进入房间 B，那里只有 1 名被困人员。你是否会按下开关使毒烟改道？如果你那天运气极差，花了很多钱却一分奖金也没中，你会不会做出不同的决定？功利主义原则强调道德决策应该以最大化人类福祉为目标（Bentham，1996；Mill，1872），在该原则指导下个体倾向于按下开关来拯救更多人；义务论原则强调道德行为应当符合道德规范的要求（Kant & Gregor，1997），在该原则指导下个体倾向于不按开关，从而不做出伤害无辜者的行为。本研究旨在探讨上述道德情境中运气感如何影响人们的道德判断。

运气与道德的关系讨论最早出现在哲学领域，其关注运气在道德中扮演的角色，并非简单地关注运气的作用，而心理学研究者则更注重运气对于广泛的社会生活的影响（Pritchard & Smith，2004）。在哲学领域，"道德运气"的概念最早由哲学家威廉姆斯和内格尔提出（Nagel，1979；Williams，1981；Williams & Nagel，1976）。运气，作为非主体因素的存在，使人们对其道德行为所负的责任是有限的。心理学研究者从理性决策与风险行为的角度发现，运气会导致认知偏差（Enoch & Guttel，2010），影响人们对成功或失败的归因和建构方式（Hales & Johnson，2014），破坏理性决策，增加风险寻求行为（Barrett，2006），表现在赌博问题行为上，越相信运气则会表现出越突出的嗜赌问题行为（Lim & Rogers，2017）。

运气的效价也会影响人们的行为与决策。近期研究表明，好运气相比坏运气，具有显著的情绪改善作用，使被试体验到更高的积极情绪，如高兴等（Jiang，Cho，& Adaval，2009）。而在全赢或全输的运气（fortunate）模式下，坏运气会导致更强的风险寻求行为，更倾向于在决策结果上权衡利弊，但好运气则没有这种效应（Ranieri，Kauffman，& Schneider，2019）。总之，好运气可能会改善个体的情绪状态，而坏运气则可能会诱导个体的认知权衡倾向。那么，情绪与认知两种加工过程的变化对道德判断有何影响？

根据道德双加工理论，道德判断受到情绪相关的直觉加工和认知权衡相关的理性加工的双重加工过程的影响（Greene，2007，2009；Greene et al.，2008）。情绪性因素主要影响基于直觉加工的义务论倾向，人们在道德直觉上会认为不可以做伤害他人的行为，即导致人们倾向于拒绝伤害他人的行为提议；而认知因素则主要影响基于理性加工的功利主义倾向，人们在理性上进行认知计算，便会发现牺牲少数人而能拯救多数人的行为提议在结果上是有利的，从而倾向于接受可以实现利大于弊结果的行为提议。许多研究表明，人们的道德判断受到这两种加工过程的共同作用（Baron et al.，2015；Li et al.，2018；Korner & Volk，2014；喻丰等，2011）。因此，好运气会改善情绪，增加人们考虑道德规范的可能性，做出偏向义务论的判断（Greene et al.，2001；Haidt，2001），即在前述案例中倾向于不按开关，确保不做出伤害无辜者的行为；坏运气则会强化认知权衡的倾向，从而更加在意结果的最大化，做出偏向于功利主义的判断（Greene et al.，2008），即在前述案例中倾向于按下开关来得到牺牲少数人拯救多数人的功利性结果。

值得注意的是，在前述的案例中，即使个体在运气的影响下更加赞同按下开关的功利性提议，也无法区分这种决策倾向背后所存在的三种可能性：（1）个体可能对功利性结果的敏感性更高，更在意决策能否得到利大于弊的结果，因此更加赞同按下开关的功利性提议；（2）个体可能对义务论式道德规范的敏感性更低，更不在意按下开关会违背不伤害他人的道德规范，从而更加倾向于按下开关；（3）个体可能总体上更加倾向于按下开关，而并不在意这一行为背后是否能实现结果最大化或是否会违背道德规范（Gawronski et al.，2017）。因此，在进行正式检验研究假设之前，需要开发能区分代表功利主义原则的结果敏感性和代表义务论原则的规范敏感性的有效方法。虽然 Gawronski 等（2017）使用多项式决策加工树模型来区分个体在道德决策中的结果敏感性、规范敏感性和一般性不作为/作为倾向，但该方法不恰当地预设了个体以序列加工模式进行决策，且具有不可进行多重比较等局限，详见 Liu 和 Liao（2021）的具体分析，其研究材料本身也与现实生活具有一定差距（Baron & Goodwin，2020）。因此，本研究需要开发新材料并使用新方法来完成对个体在道德决策中规范敏感性、结果敏感性和总体接受倾向的测量。

鉴于功利主义原则关注决策者是否基于道德结果进行决策，而义务论原则关注决策者是否基于道德规范进行决策，在本研究以及相关研究（Gawronski & Beer，2017；Gawronski et al.，2017；Zhang et al.，2018）中，均把功利主义原则操作化为道德决策中的结果敏感性，把义务论原则操作化为道德决策中的规范敏感性。在前述推理中，个体在好运气作用下可能会做出更偏向义务论的道德判断，而在坏运气作用下可能会做出更偏向功利主义的道德判断，因此，本研究假设好运气作用下个体的规范敏感性更高而坏运气作用下个体的结果敏感性更高。

综合上述分析，预研究首先开发并验证了一批具有道德相关性的组合情境材料，用以分离个体在道德决策中的结果敏感性、规范敏感性和总体接受倾向；正式研究通过操作不同效价的运气感，来检验研究假设：好运气增强规范敏感性而坏运气增强结果敏感性。

二　预研究

（一）目的

以往研究表明，必须要确保研究中使用的道德情境本身具有显著的道德相关性（Bauman et al.，2014），其决策才能反应个体的道德倾向，因此，预研究旨在检验国外同类研究材料的本土道德相关性，并开发新材料和新算法。

（二）方法

1. 被试

通过网络招募了 33 名有效被试，其中，男 16 名，女 17 名，年龄为 18～24 岁，$M = 21.36$，$SD = 1.34$。被试在线签署了知情同意书，填答完成后，随机获得 3～5 元人民币作为报偿。本研究经清华大学心理学系伦理审查委员会审核通过。

2. 研究材料和研究过程

由于 Gawronski 等（2017）开发的 CNI 模型（Consequence-Norm-generalized Inaction/action preference model）使用了类似的组合情境材料，预研究翻译了该研究中的 6 个道德情境材料，另外参照其结构形式编制了 6 个新的道德情境材料：疯狗范式、共享单车范式、空气污染范式、案件审理范式、插队范式和让座范式。

首先，对 Gawronski 等（2017）使用的 6 个道德情境材料进行了翻译并请双语专业人士把关，确保翻译准确性。其次，根据 Gawronski 等（2017）编制情境材料的结构形式，基于日常生活经验，编制了 6 个中国文化背景下的道德两难材料。最后，鉴于道德规范主要是倡导性规范和禁止性规范两种（Janoff-Bulman，Sheikh，& Hepp，2009），这两种规范的道德相关性均需要进行检验，而道德结果则可以通过潜在受害人数或利弊结果来衡量，这种数量关系相对确定。因此，情境的道德相关性检验主要检验在倡导性规范与禁止性规范指引下的行为提议是否具有显著的道德相关性，例如，"火车站售票大厅里，帮助他人插队买票，使其买到票但影响其他人买票"为禁止性规范相关的情境；"火车站售票大厅里，阻止插队，使大家按顺序购票但引起骚乱影响他人购票乘车"为倡导性规范相关的情境。最后，将翻译的 6 个情境材料与自编的 6 个情境材料均开发出禁止性版本和倡导性版本，共 24 段材料（见附件一），随机排序后发布在问卷星平台，通过方便取样在大学生中招募被试，然后通过网络填答本情境材料的道德相关性评估问卷。被试使用李克特 5 点量表对情境材料的道德相关性进行评价"请对下列行为的道德相关度进行评估，1 代表非常不相关，5 代表非常相关"。

（三）结果

根据 Gawronski 等（2017），将同一情境的两个版本下被试的道德相关性评分进行平均之后，进行统计检验。

首先，对翻译的道德情境材料的道德相关性进行检验，如表 1 所示，在译自 Gawronski 等（2017）的材料上，本次道德相关性评分显著低于西方被试的评分。

表 1 原 CNI 模型中道德情境材料的道德相关性检验

CNI 原情境	原结果		本次测验结果		单样本 T 检验（以原文均值为检验值）	
	M	95% CI	M	95% CI	t (32)	差异的 95% CI
总平均	3.85	[3.73, 3.97]	3.45	[3.13, 3.77]	−2.53*	[−0.72, −0.08]
免疫缺陷	3.95	[3.78, 4.12]	3.50	[3.06, 3.94]	−2.10*	[−0.89, −0.01]
协助自杀	3.77	[3.61, 3.92]	3.52	[3.16, 3.87]	−1.45	[−0.61, 0.10]
绑架	3.78	[3.63, 3.93]	3.38	[2.92, 3.83]	−1.80	[−0.86, 0.05]
器官移植	4.00	[3.86, 4.14]	3.68	[3.18, 4.18]	−1.29	[−0.82, 0.18]
折磨	4.04	[3.90, 4.18]	3.30	[2.88, 3.73]	−3.53***	[−1.16, −0.31]
疫苗	3.61	[3.47, 3.76]	3.33	[2.91, 3.75]	−1.34	[−0.70, 0.14]

其次，本研究自编的情境材料的道德相关性评分，如表 2 所示，除案件审理范式外，其他情境均具有显著或边缘显著的道德相关性。

表 2　自编情境的道德相关性的单样本 *T* 检验（检验值 = 3）

自编情境	*M*	*SD*	95% *CI*	*t*（32）	*p*	cohen's *d*
总平均	3.53	0.84	[3.23, 3.83]	3.62	= 0.001	0.629
疯狗	3.36	1.11	[2.97, 3.76]	1.89	= 0.068	0.329
共享单车	3.35	1.09	[2.96, 3.74]	1.83	= 0.076	0.319
空气污染	3.98	1.09	[3.60, 4.37]	5.18	< 0.001	0.901
案件审理	3.33	1.37	[2.85, 3.82]	1.40	= 0.173	0.243
插队	3.88	1.03	[3.51, 4.24]	4.90	< 0.001	0.852

再次，按每种情境的道德相关性评分均值排序，选出评分最高的 6 段情境材料。为了保证所筛选出的情境材料具有显著的道德相关性，将选出的 6 个道德情境材料的道德相关性评分与中间值 3 做单样本 *T* 检验，结果如表 3 所示，前 5 个情境材料的道德相关度评分均显著高于中间值 3，绑架范式的道德相关度评分并未显著高于中间值 3，但从 95% *CI* 指标来看其数据分布中小于 0 的部分非常少，因此依然保留了该情境。

表 3　筛选出的道德情境的道德相关性的单样本 *T* 检验（检验值 = 3）

情境故事	来源	*M*	*SD*	*t*（32）	*p*	95% *CI*
空气污染	自编	3.98	1.09	5.18	< 0.001	[0.60, 1.37]
插队	自编	3.88	1.03	4.90	< 0.001	[0.51, 1.24]
器官移植	引用	3.68	1.42	2.76	= 0.009	[0.18, 1.18]
协助自杀	引用	3.52	1.01	2.93	= 0.006	[0.16, 0.87]
免疫缺陷	引用	3.50	1.23	2.33	= 0.026	[0.06, 0.94]
绑架	引用	3.38	1.28	1.70	= 0.099	[−0.08, 0.83]

最后，在道德相关性评价基础上，按照 Gawronski 等（2017）所提供的情境编制方法，编制了中文版规范与结果组合情境材料，如附件二所示。以插队范式为例，在道德规范维度上，帮助他人插队为规范所禁止，阻止他人插队则为规范所提倡；在道德结果维度上，无论帮助还是阻止他人插队，造成的结果均可能利大于弊（更多人可以顺利买到票出行）或弊大于利（更多人的行程被耽误）。这两个维度组合起来，便可以编制出"插队"这一事件的 4 个版本：规范提倡而利大于弊、规范提倡而弊大于利、规范禁止而利大于弊和规范禁止而弊大于利。

在维度计算方法方面，每个情境材料通过操控情境中规范与结果的组合，形成 A、B、C、D 四种版本，如表 4 所示。

表4 道德规范与道德结果的组合结构

		道德结果	
		利大于弊	弊大于利
道德规范	规范提倡	A	B
	规范禁止	C	D

如果被试对规范敏感，那么，其在规范提倡时评分高而在规范禁止时评分低，其差值可代表被试的规范敏感性。此外，道德判断的规范敏感性应综合考虑结果上利大于弊和弊大于利时的倾向性。因此，根据被试的评分可以计算出规范敏感性得分为 [（A + B）－（C + D）]。同理，可计算出结果敏感性得分为 [（A + C）－（B + D）]。得分越高说明被试对规范或结果越敏感。而被试总体上对行为提议的接受/拒绝倾向则可用（A + B + C + D）/4 来表示，平均得分越高，整体上被试对行为提议的接受倾向越高，拒绝倾向越低。因为该算法可以量化个体的结果敏感性（Consequence sensitivity，C）、规范敏感性（Norm sensitivity，N）和总体接受倾向（Overall Action/inaction preference，A），因此称之为 CAN 算法（Liu & Liao，2021；刘传军、廖江群，2021）。在 CAN 算法中，如果 C 或 N 指标显著大于 0，则意味着结果或规范敏感性显著；如果 C 或 N 指标显著小于 0，则意味着反结果/规范敏感性显著；如果 C 或 N 指标与 0 无显著差异，则意味着结果/规范敏感性不显著。如果 A 指标显著大于中间值（如果是连续评分则为量程的中数，如果为二元反应接受/拒绝，则为0.5 的随机接受/拒绝概率），则说明个体有显著的总体接受倾向；如果 A 指标显著小于中间值，则说明个体有显著的总体拒绝倾向；如果与中间值无显著差异且无显著的规范或结果敏感性，则为随机作答；如果与中间值无显著差异且规范与结果敏感性至少其中之一显著，则为单纯的规范或结果原则驱动。

（四）讨论

预研究对情境内容的道德相关性进行了评定，可适用于本土道德研究。道德判断的规范敏感性和结果敏感性得分越高，说明被试在做出道德判断时相应地受义务论原则驱动或功利主义原则驱动越强。

中文版规范与结果组合情境材料及 CAN 算法是基于 CNI 模型

（Gawronski et al.，2017）发展而来的，并进行了以下三个方面的创新。

第一，对情境材料的道德相关性进行了重新验证并补充了本土化情境材料，结果发现，中国被试对原 CNI 模型情境材料的道德相关性评价普遍低于西方被试，这表明道德相关性评价和感知具有文化特异性（胡晓檬、喻丰、彭凯平，2018）。因此，编制适用于中国文化背景的道德情境材料是后续道德判断研究的基础。

第二，对情境材料后的道德判断问题可进行连续评分处理，原模型中被试在阅读完情境材料后对情境中所提议做法的道德正当性只能做二元判断——道德或不道德，以适应 CNI 模型分析的要求，而 CAN 算法既可使用二元反应也可使用连续评分方法。CAN 算法也为后续计算和比较提供了便利，突破了 CNI 模型中不可做相关分析和多重比较的局限性（Gawronski et al.，2017）。

第三，对道德决策的规范敏感性和结果敏感性得分计算方法进行了优化。CNI 模型运用了决策加工树方法，使用最大似然估计来计算道德决策的规范敏感性和结果敏感性，以及一般性不作为/作为倾向，计算较为复杂而且无法测量被试反规范或反结果原则的情形；并且该方法不恰当地预设了个体按照结果—规范——一般性不作为/作为的序列加工模式，CAN 算法则突破了这些局限性，使生成的参数更加可靠（Liu & Liao，2021；刘传军、廖江群，2021）。

三　正式研究

（一）目的

操控个体的运气感，探讨好运感是否会增强被试的规范敏感性，坏运感是否会增强被试的结果敏感性。

（二）方法

1. 被试

共计 91 名大学生参与本实验，男生 36 名，女生 55 名，年龄为 17～23 岁，$M = 20.13$，$SD = 1.37$。19 人未通过测谎，数据被剔除。被试在实验前签署了正式的知情同意书，在实验结束后获得课程实验学分。本研究经清华大学心理学系伦理审查委员会审核通过。

2. 研究设计

采用 3（运气：好运组/坏运组/控制组，被试间）×3（道德敏感性：规范敏感性/结果敏感性/总体接受倾向，被试内）混合设计。使用 G * Power 计算样本量，取中低效应量 Effect size f = 0.35，主要考察运气的组间效应，需要被试总量为 72 人，平均每组 24 人。报名人数共计 91 人参加实验，19 人未通过测谎，被试量符合抽样预估。

运气为被试间变量，参考 Xu、Zwick 和 Schwarz（2012）对运气的操控方法，好运组为被试在抽奖游戏环节中奖人民币 15 元，坏运组为被试在抽奖游戏环节罚没人民币 15 元，控制组为被试在抽奖游戏环节无奖无罚。简版积极消极情绪量表（Watson, Clark, & Tellegen, 1988；邱林、郑雪、王雁飞，2008）用于检验运气操作是否成功。运气启动后，被试对道德情境故事进行阅读，并对情境中所提议行为的道德合宜性进行评分——"你认为这样做是道德的吗"，1 表示"完全不道德"、9 表示"完全道德"。根据预研究的计算方法，可以直接计算出被试在做出评价性道德判断时的规范敏感性、结果敏感性和总体接受倾向程度得分。

3. 研究材料与研究过程

实验中使用红、白、黄 3 种颜色的乒乓球各 20 个，分别装在完全一样的抽奖袋中。被试进入实验室后首先被告知因实验时长的原因，两个完全不同的实验合并进行，并简要介绍了实验内容。被试签署知情同意书后，进入抽奖实验。主试首先给被试 15 元人民币作为参加抽奖游戏的基础本金，然后告知被试抽奖规则如下：抽奖袋中有相同数量的 3 种颜色的乒乓球（实际只有 1 种，实验结束后再将这一情况告知被试并解答相关问题），每次有放回的抽取 1 个球，每人抽 3 次，抽中红球奖励 5 元/个，抽中白球不奖不罚，抽中黄球罚款 5 元/个；抽奖结束被试手中剩余的钱即为被试在获得实验学时基础上的额外所得。被试被随机分配到好运组（红球）、坏运组（黄球）和控制组（白球），抽奖结束后，主试告知被试："您是今天第一个人，抽到三个球的颜色都一样。"随后，被试完成简版积极消极情绪量表。

实验中，告知被试以上为第一个实验，第二个实验为情境故事阅读评价任务，被试在电脑上阅读相关故事情境，并按要求作答。情境故事使用 Inquisit 3.0 进行随机呈现，告知被试有些情境看上去非常相似，但在关键的地方是不同的，被试需要出声阅读这些情境并按要求进行评分。

由于情境故事较多，在这些情境中随机插入了一个测谎情境，该测谎情境材料来自 Gawronski 等（2017）。

> 大多数现代决策理论认清了一个事实，决策不会凭空做出。个体偏好、知识以及情境变量会很大程度上影响决策过程。为了推进我们的决策研究，我们对你作为决策者在决策时所受影响因素非常感兴趣。特别是，我们很在意你是否花时间用心阅读了指导语。如果没有，那么，有些需要你认真理解指导语的问题只能因不准确而被排除。因此，为了证明你在认真阅读情境材料，本情境的选择题答案请选九。

被试完成实验之后，接受了简短访谈，所有被试均未猜测到实验任务间关系。

4. 数据处理

根据被试在测谎情境后的答案，进行了作答态度筛查，共 19 人未通过测谎。其余被试数据通过 EXCEL 和 SPSS 23.0 整理后进行 T 检验、F 检验等分析。

（三）结果

运气的操作检验：

各组被试的情绪自评得分，如表 5 所示，单因素方差分析的结果表明，好运组的积极情绪普遍高于控制组和坏运组；消极情绪上的组间差异多不显著，只在部分消极情绪上存在组间差异。为了确认好运气与坏运气的操控有效性，直接对比了好运组与控制组、坏运组与控制组的情绪评分差异，结果显示，好运组在所有积极情绪上均显著高于控制组，$ts(46) \geq 2.716$，$p \leq 0.009$，cohen's $ds \geq 0.801$，在消极情绪上与控制组无显著差异，$ts(46) \leq 1.795$，$ps \geq 0.079$，cohen's $ds \leq 0.529$；坏运组与控制组在积极情绪上基本无显著差异，但在"感激的"上坏运组显著低于控制组，$t(46) = -2.645$，$p = 0.011$，cohen's $ds = 0.780$，在消极情绪上，坏运组在"难过的"[$t(46) = 2.119$，$p = 0.040$，cohen's $ds = 0.625$]和"恼怒的"[$t(46) = 2.145$，$p = 0.037$，cohen's $ds = 0.633$]上显著高于控制组，无其他显著差异。这说明好运组相比于控制组有显著的积极情绪改善作用，坏运组相比于控制组具有某些消极情绪的恶化作用。因此，运气操控基本成功。

表 5 三组被试的情绪自评得分及其差异比较

情绪类型	好运组（G）		控制组（C）		坏运组（B）		F（2，69）/ p	多重比较
	M	SD	M	SD	M	SD		
活跃的	3.67	0.92	2.79	1.28	2.96	1.04	4.35 /0.017	G > C；G > B
充满热情的	3.63	1.01	2.67	1.31	2.75	1.15	4.99 /0.009	G > C；G > B
快乐的	4.13	0.68	2.79	1.18	2.54	1.28	14.90 /0.000	G > C；G > B
兴高采烈的	3.63	0.88	2.25	1.22	2.17	1.17	13.31 /0.000	G > C；G > B
兴奋的	3.96	0.86	2.63	1.35	2.58	1.25	10.73 /0.000	G > C；G > B
自豪的	3.00	0.93	1.92	1.06	1.42	0.88	17.04 /0.000	G > C；G > B
欣喜的	4.04	0.81	2.29	1.12	1.75	1.11	32.81 /0.000	G > C；G > B
精力充沛的	3.79	0.93	2.75	1.19	2.79	0.93	7.95 /0.001	G > C；G > B
感激的	3.96	1.20	2.38	1.10	1.58	0.97	29.38 /0.000	G > C；G > B；C > B
羞愧的	1.50	0.83	1.17	0.48	1.33	0.70	1.41 /0.252	/
难过的	1.08	0.28	1.17	0.48	1.54	0.72	5.16 /0.008	B > G；B > C
害怕的	1.13	0.34	1.08	0.28	1.33	0.70	1.88 /0.160	/
紧张的	2.21	0.93	1.75	0.94	1.67	0.70	2.72 /0.073	G > B
惊恐的	1.04	0.20	1.00	0.00	1.08	0.28	1.03 /0.362	/
内疚的	1.42	0.88	1.08	0.41	1.13	0.34	2.25 /0.113	/
易怒的	1.04	0.20	1.04	0.20	1.08	0.28	0.26 /0.775	/
战战兢兢的	1.83	1.27	1.29	0.75	1.29	0.55	2.83 /0.066	G > C；G > B
恼怒的	1.00	0.00	1.00	0.00	1.17	0.38	4.60 /0.013	B > G；B > C

按预研究所提出的 CAN 算法，计算出规范敏感性、结果敏感性和总体接受倾向得分，如图 1 所示。

以 0 为检验值进行单样本 T 检验，结果显示，三组被试均有显著的结果敏感性 $[ts (23) \geqslant 3.907, ps < 0.001]$ 和规范敏感性 $[ts (23) \geqslant 3.578, ps \leqslant 0.002]$。以中值 5 为检验值进行单样本 T 检验，结果显示，三组被试均存在显著的总体接受倾向 $[ts (23) \geqslant 3.610, ps < 0.001]$。

鉴于本研究主要关注不同运气条件组被试之间道德倾向的差异性，以结果敏感性、规范敏感性和总体接受倾向为因变量，以运气（好运组/坏运组/控制组）为因子做单因素方差分析，结果显示，在结果敏感性上具有边缘显著的组间差异，$F (2, 69) = 2.86$，$p = 0.064$，$\eta_p^2 = 0.077$，事后检验发现，坏运组比好运组的结果敏感性更高，$t (46) = 2.13$，$p = 0.039$，cohen's $d = 0.61$，坏运组比控制组的结果敏感性边缘显著更高，$t (46) = 1.83$，$p = 0.074$，cohen's $d = 0.53$，好运组与控制组在结果敏感性上无显著差异，$t (46) = -0.32$，$p = 0.754$，cohen's $d = -0.09$；在规范敏感

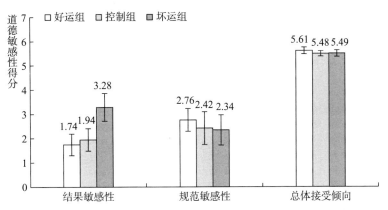

图1　被试在评价性道德判断中的结果敏感性、规范敏感性和总体接受
倾向得分，误差线为代表被试间变异的 ±1SE

性上无显著的组间差异，$F（2，69）=0.14$，$p=0.871$，$\eta_p^2=0.004$；在总体接受倾向上也无显著的组间差异，$F（2，69）=0.27$，$p=0.762$，$\eta_p^2=0.008$。

方差分析结果说明坏运气使个体在道德判断中对结果更加敏感，但对规范敏感性和总体接受倾向无显著作用，好运气则无显著的道德效应。

鉴于 CAN 算法将原始数据进行了维度合成，为了检验 CAN 算法的简化有效性，使用原数据进行再次分析，做 3（运气：好运/坏运/控制，被试间）×2（规范：禁止/提倡，被试内）×2（结果：利大于弊/弊大于利，被试内）的混合方差分析，结果如图2所示，规范的主效应显著，$F（1，69）=52.76$，$p<0.001$，$\eta_p^2=0.433$，规范提倡时的道德判断评分显著高于规范禁止时的道德判断评分；结果的主效应显著，$F（1，69）=66.074$，$p<0.001$，$\eta_p^2=0.489$，结果利大于弊时的道德判断评分显著高于结果弊大于利时的道德判断评分；运气的组间效应不显著，$F（2，69）=0.272$，$p=0.762$，$\eta_p^2=0.008$。结果与运气的交互作用边缘显著，$F（2，69）=2.864$，$p=0.064$，$\eta_p^2=0.077$，简单效应分析发现，当结果利大于弊时，运气的简单效应不显著，$F（2，69）=0.856$，$p=0.429$，$\eta_p^2=0.024$，当结果弊大于利时，运气的简单效应也不显著，$F（2，69）=2.380$，$p=0.100$，$\eta_p^2=0.065$；三种运气状态下，结果的简单效应均显著，$Fs（1，69）\geqslant12.389$，$p<0.001$，$\eta_p^2\geqslant0.152$，如图3所示，简单斜率检验则表明，坏运组斜率显著高于好运组，$t（46）=2.13$，$p=0.039$，边缘显著高于控制组，$t（46）=1.83$，$p=0.074$；好运组与控制组斜率无显著差异，$t（46）=-0.32$，$p=0.754$，这说明坏运组比好运组和控制组对结果

的敏感性更高，其他效应均不显著。

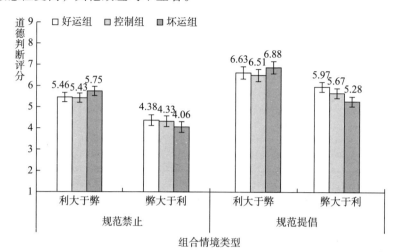

图2 被试在不同组合情境类型下的道德判断评分，误差线为代表被试间变异的 ±1SE

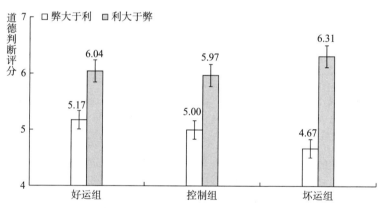

图3 被试在结果弊大于利和利大于弊时的平均道德判断评分，误差线为代表被试间变异的 ±1SE

（四）讨论

本研究探究了不同效价的运气感对道德判断的影响。研究发现，坏运气有增强结果敏感性的作用，但好运气对规范敏感性的强化作用不显著。这一结果部分支持了 Greene 的道德双加工理论（Greene，2007、2009、2013、2016；Greene et al.，2001；Greene et al.，2008；Greene et al.，2009），该理论认为道德规范通达于直觉系统，与情绪直接相关，人们在直觉上会反对伤害他人的行为提议，从而倾向于拒绝有伤害他人的行为提议，做出义务论式反应；而道德结果权衡通达于认知系统，与利弊计算相关，当人们进行认知权衡时，会发现牺牲少数人而能拯救多数人在结果上是有利的，从而会倾向于认可伤害他人但有利的行为提议，做出功利主义反应（Greene et al.，2008）。

在本研究中，处于坏运状态的被试，更容易进行利弊权衡，致其更加在意结果，从而在道德判断中更加功利主义。但是，好运气并没有如假设一样增强被试的规范敏感性。造成这一结果的可能原因有如下两点：一是与本研究中所使用的中奖操作有关，中奖的操作可能并没有真正启动被试的直觉加工系统，因为中奖本身就是通过结果来显示获益或损失的，这可能与理性功利性计算具有更直接的联系；二是情绪对义务论式规范敏感性的影响本身非常复杂，例如，有研究指出，同样是积极情绪，升华感（elevation）和快乐（mirth）对道德决策的影响完全相反，前者增强义务论倾向而后者会弱化义务论倾向（Strohminger, Lewis, & Meyer, 2011）。因此，情绪与道德决策的关系还需要进一步探究。

本研究最大的贡献是区分了不同效价的运气对道德判断中功利主义式结果敏感性和义务论式规范敏感性的不同影响，进一步支持了道德的双加工理论，并确证了偶然性的运气对道德判断存在影响。与此同时，实验中使用的规范与结果敏感性计算方法，为同类研究提供了方法学参考。

四　总讨论

本研究使用情境实验法对运气与道德判断的关系进行了研究。研究发现，坏运气会导致更强的道德结果敏感性，但并不支持好运气对规范敏感性的强化效应，部分支持了研究假设。这表明坏运气会使人们在道德判断中更加功利主义，更倾向于根据结果是否有利来进行判断。

（一）主要贡献

首先，偶然性的运气对人的道德判断存在潜在影响，说明人的道德原则并不具有康德式的理性恒定性，会受到如运气感等状态变量的影响（Nagel，1979；Williams，1981；唐文明，2010），从而挑战了理性主义的道德传统。传统规范伦理学认为人是道德的主体，是道德责任的完全承担者，而"道德运气"的提出，说明在道德生活中存在着许多运气因素，外在于人们的可控范围。因此，人们在道德生活中所应承担的责任为有限责任（Pritchard & Smith，2004；邓凯文，2017）。本研究结果进一步支持了这种伦理学观点，表明日常生活中的运气感的确会影响人们评价性的道德判断。因此，道德是有限理性而非绝对理性的体现。

其次，坏运气会使人在评价性道德判断中对结果更加敏感，变得更加功利主义，这一发现尚属首次。该结果部分支持了道德双加工理论（Greene，2007、2009；Greene et al.，2008；Greene et al.，2009），说明坏运气导致的认知权衡的确会提高人们的功利主义倾向，即对结果的敏感程度提高。例如，帮助或阻止他人插队这一行为，人们并不会因为运气的影响而改变对该行为是否符合道德规范的评价，表现为规范敏感性在各运气条件间无显著差异；但是，人们会因为坏运气而对帮助或阻止他人插队所导致的结果是否有利更加敏感，表现为在结果敏感性指标上，坏运气组显著高于好运气组和控制组。运气的好坏常常以人们所获得的结果直接得到表征，坏运气导向不如意的结果，使个体在道德决策中可能因为损失厌恶唤醒了更高的结果敏感性，启动了个体的理性认知权衡，使其对道德结果的反应更为灵敏（Greene et al.，2008）。

最后，在方法学上，本研究应用了 CAN 算法，该算法可以直接量化道德决策时的规范敏感性、结果敏感性和总体接受倾向，为当前许多悬而未决的难题提供了重要的方法学参考。例如，许多研究发现精神病性人格甚至反社会性人格与功利主义道德决策存在正相关（Bartels & Pizarro，2011；Greene，2007），以及体脂指数越大的人道德尺度越宽松等（Vicario & Rafal，2017），这些现象目前均无法揭示被试更加倾向于接受功利性提议，是因为规范敏感性减弱还是因为结果敏感性增强，抑或被试可能只是总体上更倾向于接受行为提议所致。而本研究所修订的工具可以更加清楚地区分这三种可能性。在其他具有潜在冲突性的研究议题中也可以应用该算法，例如，在消费决策中性能与价格之间存在着潜在冲突性，应用 CAN 算法可以分离人们在消费决策中的性能敏感度、价格敏感度和总体购买/不购买倾向，并进一步探讨这些倾向的前因后果。

（二）局限与未来研究方向

首先，坏运气提升了结果敏感性，但好运气并未提高规范敏感性，从而只是部分支持了道德双加工理论的预测。该导致结果可能的原因主要在于两方面：一是运气的操作化；二是情绪与义务论倾向或规范敏感性的关系。

　　在运气的操作化方面，Ranieri 等（2019）曾探讨了全赢/全输的运气模式和经验概率上的赢/输的运气模式对于个体的风险偏好存在不同的影响，前者会导致被试具有更强的风险寻求和追求有利结果的倾向，但后者并不会产生明显的风险效应。本研究采用的运气模式为全赢/全输模式，发现坏运气可以强化被试在道德判断中的结果敏感性，未来研究可进一步探讨经验概率上的赢/输运气模式对道德决策是否存在类似效应。

　　在情绪与义务论倾向或规范敏感性的关系方面，有研究表明情绪与义务论倾向之间的关系比道德双加工理论所预测的情形更加复杂，同样是积极情绪，快乐与升华感对义务论倾向的影响模式却是相反的（Strohminger et al.，2011）。在本研究中，好运组的积极情绪普遍高于控制组和坏运组，但也存在着好运组比坏运组有更高水平的"紧张的"和"战战兢兢的"等消极情绪，如表5所示。因此，好运气未能提高被试的规范敏感性既可能是因为好运气诱导的积极情绪与义务论或规范敏感性无系统关联，也可能是因为好运气所导致的情绪本身非常复杂，既有更高水平的积极情绪也存在更高水平的某些消极情绪，导致好运气未能增强规范敏感性，未来研究可以更进一步厘清这背后的情绪机制。

　　其次，本研究的结果也可以在解释水平理论（Trope & Liberman，2010，2016）下得到解释，道德规范与道德结果的解释水平存在差异（Eyal & Liberman，2012；Korner & Volk，2014；李明晖、饶俪琳，2017；邱俊杰、张锋，2015）。道德规范的考量与直觉系统通达性更高，具有更强的情绪关联性，解释水平更低，而道德结果的权衡与理性认知系统通达性更高，具有更高的认知性，解释水平更高。因此，坏运气增强了认知权衡倾向，可能提高了对道德情境的解释水平，从而使道德结果的敏感性得到提升（Gong & Medin，2012；Mårtensson，2017；李明晖、饶俪琳，2017；邱俊杰、张锋，2015）。道德双加工理论主要基于情绪性的直觉加工与认知性的理性加工角度，前者会驱动义务论倾向或提升对道德规范的敏感性，后者会驱动功利主义反应或提升对道德结果的敏感性（Greene，2007、2009；Greene et al.，2008；Greene et al.，2009）。这两种解释在当前的研究证据中尚无法区分，未来研究可以尝试通过诱导被试的直觉加工/理性加工状态（Greene et al.，2008），操控被试对道德情境的解释水平（Gong & Medin，2012；Mårtensson，2017），进一步探讨运气对道德决策的影响，从而找出这两种解释的边界。

五 结论

本研究使用情境故事法表明，坏运气会使人在评价性道德判断中对道德结果更加敏感，研究结果部分支持了道德双加工理论，进一步补充了伦理学和心理学关于道德和运气的理论和实证证据，说明道德是一种有限理性的体现，会受到运气等偶然因素的影响。研究中使用的 CAN 算法可分离道德决策中的规范敏感性、结果敏感性和总体接受倾向，为类似的冲突性议题的深入研究提供了方法学参考。

参考文献

邓凯文，2017，《道德运气：含义、出场路径及启示》，《理论观察》第 5 期。

胡晓檬、喻丰、彭凯平，2018，《文化如何影响道德？文化间变异、文化内变异与多元文化的视角》，《心理科学进展》第 11 期。

李明晖、饶俪琳，2017，《解释水平视角下的道德判断》，《心理科学进展》第 8 期。

刘传军、廖江群，2021，《道德困境研究的范式沿革及其理论价值》，《心理科学进展》第 8 期。

邱俊杰、张锋，2015，《道德困境中行为判断的认知与情绪问题：从道德双加工模型到建构水平理论》，《应用心理学》第 3 期。

邱林、郑雪、王雁飞，2008，《积极情感消极情感量表（PANAS）的修订》，《应用心理学》第 3 期。

唐文明，2010，《论道德运气》，《北京大学学报》（哲学社会科学版）第 3 期。

喻丰、彭凯平、韩婷婷、柴方圆、柏阳，2011，《道德困境之困境——情与理的辩争》，《心理科学进展》第 11 期。

Baron, J., & Goodwin, G. P. (2020). Consequences, norms, and inaction: A critical analysis. *Judgment and Decision Making*, 15 (3), 421 – 442.

Baron, J., Scott, S., Fincher, K., & Emlen Metz, S. (2015). Why does the Cognitive Reflection Test (sometimes) predict utilitarian moral judgment (and other things)? *Journal of Applied Research in Memory and Cognition*, 4, 265 – 284.

Barrett, W. (2006). Luck and Decision. *Journal of Applied Philosophy*, 23, 73 – 87.

Bartels, D. M., & Pizarro, D. A. (2011). Themismeasure of morals: Antisocial personality traits predict utilitarian responses to moral dilemmas. *Cognition*, 121, 154 – 161.

Bauman, C. W., McGraw, A. P., Bartels, D. M., & Warren, C. (2014). Revisiting external validity: Concerns about trolley problems and other sacrificial dilemmas in moral psychology. *Social and Personality Psychology Compass*, 8, 536 – 554.

Bentham, J. (1996). *An introduction to the principles of morals and legislation*. New York: Oxford University Press.

Conway, P. , & Gawronski, B. (2013). Deontological and utilitarian inclinations in moral decision making: a process dissociation approach. *Journal of Personality and Social Psychology*, 104, 216 – 235.

Enoch, D. , & Guttel, E. (2010). Cognitive Biases and Moral Luck. *Journal of Moral Philosophy*, 7, 372 – 386.

Eyal, T. , & Liberman, N. (2012). Morality and psychological distance: A construal level theory perspective. In M. Mikulincer & P. R. Shaver (eds.), *Herzliya series on personality and social psychology. The social psychology of morality: Exploring the causes of good and evil* (pp. 185 – 202). Washington: American Psychological Association.

Gawronski, B. , Armstrong, J. , Conway, P. , Friesdorf, R. , & Hütter, M. (2017). Consequences, norms, and generalized inaction in moral dilemmas: The CNI model of moral decision-making. *Journal of Personality and Social Psychology*, 113, 343 – 376.

Gawronski, B. , & Beer, J. S. (2017). What makes moral dilemma judgments "utilitarian" or "deontological"? *Social Neuroscience*, 12, 626 – 632.

Gong, H. , & Medin, D. L. (2012). Construal levels and moral judgment: Some complications. *Judgment & Decision Making*, 7, 628 – 638.

Greene, J. (2007). Why are VMPFC patients more utilitarian? A dual-process theory of moral judgment explains. *Trends In Cognitive Sciences*, 11, 322 – 323.

Greene, J. (2009). Dual-process morality and the personal/impersonal distinction: A reply to McGuire, Langdon, Coltheart, and Mackenzie. *Journal of Experimental Social Psychology*, 45, 581 – 584.

Greene, J. (2013). *Moral Tribes: emotion, reason, and the gap bcrween us and them.* New York: The Penguin Press.

Greene, J. (2016). Our driverless dilemma. *Science*, 352, 14 – 1515.

Greene, J. , Cushman, F. A. , Stewart, L. E. , Lowenberg, K. , Nystrom, L. E. , & Cohen, J. D. (2009). Pushing moral buttons: The interaction between personal force and intention in moral judgment. *Cognition*, 111, 364 – 371.

Greene, J. , Morelli, S. A. , Lowenberg, K. , Nystrom, I. F , & Cohen, J. D. (2008). Cognitive load selectively interferes with utilitarian moral judgment. *Cognition*, 107, 1144 – 1154.

Greene, J. , Sommerville, R. B. , Nystrom, L. E. , Darley, J. M. , & Cohen, J. D. (2001). An fMRI investigation of emotional engagement in moral judgment. *Science*, 293, 2105 – 2108.

Haidt, J. (2001). The emotional dog and its rational tail: A social intuitionist approach to moral judgment. *Psychological Review*, 108, 814 – 834.

Hales, S. D. , & Johnson, J. A. (2014). Luck Attributions and Cognitive Bias. *Metaphilosophy*, 45, 509 – 528.

Janoff-Bulman, R. , Sheikh, S. , & Hepp, S. (2009). Proscriptive versus prescriptive morality: two faces of moral regulation. *Journal of Personality and Social Psychology*, 96, 521 – 537.

Jiang, Y. W. , Cho, A. , & Adaval, R. (2009). The unique consequences of feeling lucky: Implications for consumer behavior. *Journal of Consumer Psychology*, 19, 171 – 184.

Kant, I. , & Gregor, M. J. (1997). *Groundwork of the metaphysics of morals.* Cambridge: Cambridge University Press.

Korner, A. , & Volk, S. (2014). Concrete and abstract ways to deontology: Cognitive capacity moderates construal level effects on moral judgments. *Journal of Experimental Social Psychology*, 55, 139 – 145.

Li, Z. , Xia, S. , Wu, X. , & Chen, Z. (2018). Analytical thinking style leads to more utilitarian moral judgments: An exploration with a process-dissociation approach. *Personality and Individual Differences*, 131, 180 – 184.

Lim, M. S. M. , & Rogers, R. D. (2017). Chinese Beliefs in Luck are Linked to Gambling Problems via Strengthened Cognitive Biases: A Mediation Test. *Journal of Gambling Studies*, 33, 1325 – 1336.

Liu, C. , & Liao, J. (2021). CAN Algorithm: An Individual Level Approach to Identify Consequences and Norms Sensitivities and Overall Action/inaction Preferences in Moral Decision-Making. *Frontiers in Psychology*, 11, 547916.

Mårtensson, E. (2017). Construal level theory and moral judgments: How thinking abstractly modifies morality. *Journal of European Psychology Students*, 8, 30 – 40.

Mill, J. S. (1872). *The logic of the moral sciences.* Chicago: Open Court.

Nagel, T. (1979). *Mortal questions.* Cambridge: Cambridge University Press.

Pritchard, D. , & Smith, M. (2004). The psychology and philosophy of luck. *New Ideas in Psychology*, 22, 1 – 28.

Ranieri, A. Y. , Kauffman, S. S. , & Schneider, S. L. (2019). Good fortune but bad luck? Predictable versus unpredictable gains and losses in risky choice. *Journal of Behavioral Decision Making*, 32, 359 – 372.

Strohminger, N. , Lewis, R. L. , & Meyer, D. E. (2011). Divergent effects of different positive emotions on moral judgment. *Cognition*, 119, 295 – 300.

Trope, Y. , & Liberman, N. (2010). Construal-level theory of psychological distance. *Psychological Review*, 117, 440 – 463.

Trope, Y. , & Liberman, N. (2016). Construal level theory. In P. A. M. V. Lange, A. W. Kruglanski, & E. T. Higgins (eds.), *Handbook of theories of social psychology* (*Vol* 1) (pp. 118 – 134). Thousand Oaks: Sage Publications Ltd.

Vicario, C. M. , & Rafal, R. D. (2017). Relationship between body mass index and moral disapproval rating for ethical violations. *Personality and Individual Differences*, 104, 8 – 11.

Watson, D. , Clark, L. A. , & Tellegen, A. (1988). Development and validation of brief measures of positive and negative affect: The PANAS scales. *Journal of Personality and Social Psychology*, 54, 1063 – 1070.

Williams, B. (1981). *Moral Luck: Philosophical Papers* 1973—1980. Cambridge: Cambridge University Press.

Williams, B. A. O. , & Nagel, T. (1976). Moral Luck. *Aristotelian Society Supplementary Volume*, 50, 115 – 152.

Xu, A. J., Zwick, R., & Schwarz, N. (2012). Washing away your (good or bad) luck: Physical cleansing affects risk-taking behavior. *Journal of Experimental Psychology: General*, 141, 26 – 30.

Zhang, L., Kong, M., Li, Z., Zhao, X., & Gao, L. (2018). Chronic Stress and Moral Decision-Making: An Exploration With the CNI Model. *Frontiers in Psychology*, 9, 1702.

附件一：预研究中故事情境的道德相关性评估材料

1	在楼上看见一只疯狗冲向人群，直接从楼上扔花盆来驱赶疯狗，但也有可能砸中疯狗边上的人。	自编
2	在楼上看见一只疯狗冲向人群，手边只有一个花盆，不扔花盆驱赶疯狗，任其冲进人群。	
3	发现某共享单车的坐凳已经松动，可能导致使用者在使用过程中突然跌落。直接将坐凳卸下扔掉以致不能使用。	
4	发现某共享单车的坐凳已经松动，可能导致使用者在使用过程中突然跌落。停放原地，无视该情况。	
5	A 村的村办企业位于 A、B 两村交界处，B 村位于企业的下风位。废气排放尚且在环保法律许可范围。减少 A 村村民可以分配到的企业红利，安装废气净化设备来保护 B 村空气质量。	
6	A 村的村办企业位于 A、B 两村交界处，B 村位于企业的下风位。废气排放尚且在环保法律许可范围。不安装废气净化设备，提高 A 村村民可以分配到的企业红利，而不顾 B 村空气质量问题。	
7	审理一桩案件，涉案被告是一个声名狼藉，社会舆论认为有罪的人。该案法律证据既可以判其有罪也可以判其无罪。顺从社会舆论，判处其有罪。	
8	审理一桩案件，涉案被告是一个声名显赫，社会舆论认为无罪的人。该案法律证据既可以判其有罪也可以判其无罪。顺从社会舆论，判处其无罪。	
9	火车站售票大厅里，帮助他人插队买票，使其买到票但影响其他人买票。	
10	火车站售票大厅里，阻止插队，使大家按顺序购票但引起骚乱影响他人购票乘车。	
11	劝说公交车上一个刚下班全身疲累的中年人，为给一个老年人让座。	
12	劝说公交车上一个老年人，给一个刚下班全身疲累的中年人让座。	
13	停止一个病人的生命支持设备，然后拿走 TA 的器官来救其他病人。	Gawronski et al., 2017
14	通知医院主管，你的同事准备停止一个病人的生命支持设备，拿走 TA 的器官来救其他人。	
15	使用非法审讯手段，拷打一个犯罪嫌疑人来获取情报信息。	
16	向上级报告，你的同事准备使用非法审讯手段，拷打一个犯罪嫌疑人来获取情报信息。	

续表

17	使用一种疫苗来对抗高度传染性的疾病,但这个疫苗尚且未被健康管理部门许可。	
18	向上级报告,你的同事准备使用一种疫苗来对抗高度传染性的疾病,但这个疫苗尚且未被健康管理部门许可。	
19	给一个病人用药,这个药可以阻止一种高度传染性病毒的扩散,但是这个病人具有免疫缺陷会死于这个药的副作用。	
20	把感染了高度传染性病毒的病人带出隔离区,送回 TA 的祖国,但是潜存了相当大的病毒传播可能性。	Gawronski et al. , 2017
21	遵循绝症病人的要求,给 TA 安乐死的药,使 TA 从痛苦中得以解脱。	
22	提供救命药给一个犯心脏病的绝症病人,虽然 TA 不想再活下去。	
23	否决支付赎金给恐怖分子,来解救一个被恐怖分子绑架并威胁要砍头撕票的记者。	
24	赞成支付赎金给恐怖分子,来解救一个被恐怖分子绑架并威胁要砍头撕票的记者。	

附件二:中文版规范与结果的组合情境材料

	规范禁止		规范提倡	
	利大于弊	弊大于利	利大于弊	弊大于利
空气污染范式〔自编〕	你是村企管理委员会主任。某村企位于 A、B 两村交界处,B 村位于企业的下风位。废气排放在环保法律许可范围。如果不安装废气净化设备,会影响 B 村空气质量,导致村民平均每年多感冒 1 次,但会使 A 村村民每年每人多分 5 万元企业红利,迅速脱贫。你打算不安装。	你是村企管理委员会主任。某村企位于 A、B 两村交界处,B 村位于企业的下风位。废气排放在环保法律许可范围。如果不安装废气净化设备,会影响 B 村空气质量,导致村民平均少活 5 年,但会使 A 村村民每年每人多分 1000 元企业红利,改善生活质量。你打算不安装。	你是村企管理委员会主任。某村企位于 A、B 两村交界处,B 村位于企业的下风位。废气排放在环保法律许可范围。如果安装废气净化设备,会使 A 村村民每年每人少分 1000 企业红利,生活质量略受影响,但可以不影响 B 村空气质量,平均每人延寿 5 年。你打算安装。	你是村企管理委员会主任。某村企位于 A、B 两村交界处,B 村位于企业的下风位。废气排放在环保法律许可范围。如果安装废气净化设备,会使 A 村村民每年每人少分 5 万元企业红利,在贫困中继续挣扎,但可维护 B 村空气质量,使村民平均每年少感冒 1 次。你打算安装。

续表

	规范禁止		规范提倡	
	利大于弊	弊大于利	利大于弊	弊大于利
插队范式 [自编]	你是一名普通旅客。在火车站售票大厅里，有个人需要购买一趟快要发车的火车票而且当天仅此一班。如果帮助他插队买票乘车，可以保证他一行五人顺利出行，但会影响另一个人出行的时间。你打算帮他插队。	你是一名普通旅客。在火车站售票大厅里，有个人需要购买一趟快要发车的火车票。如果帮助他插队买票，可使其一人顺利买到票乘车，但会导致排队的五个人无法买到当天仅有一班的车票。你打算帮他插队。	你是一名普通旅客。在火车站售票大厅里，有个人需要购买一趟快要发车的火车票，正在插队买票。如果阻止他插队，会使他不能按时出行，但可以保证排队的五个人顺利买到当天仅有一班的车票。你打算阻止他插队。	你是一名普通旅客。在火车站售票大厅里，有个人需要购买一趟快要发车的火车票而且当天仅此一班。他正在插队买票，如果阻止他插队，会使他不能按时出行，并且阻止过程引起混乱会导致排队的五个人也无法按时买到票出行。你打算阻止他插队。
器官移植 [引用]	你是小医院的一名外科医生。一天，你的医院收到5名车祸中严重受伤的病人。病人都需要器官移植否则就会死。你并没有多余的器官，但有一个病人在你工作的医院，昏迷了数周并且看上去不大可能再醒过来。你打算结束他的生命，用他的器官来拯救这5名车祸受难者并保住他们的性命。	你是小医院的一名外科医生。一天，你的医院收到5名车祸中严重受伤的病人。病人都需要器官移植否则都会留下严重的健康问题。你并没有多余的器官，但是有一个病人在你工作的医院，昏迷了数周并且看上去不大可能再醒过来。你打算结束他的生命，用他的器官来拯救这5名车祸受难者并使他们免受健康问题困扰。	你是小医院的一名外科医生。一天，你的医院收到5名车祸中严重受伤的病人。病人都需要器官移植否则都会留下严重的健康问题。你并没有多余的器官，但是有一个病人昏迷了数周并且看上去不大可能再醒过来的病人。你的一名同事准备结束他的生命，用他的器官来拯救这5名车祸受难者并使他们免受健康问题困扰。你打算通知医院主管来阻止你的同事。	你是小医院的一名外科医生。一天，你的医院收到5名车祸中严重受伤的病人。病人都需要器官移植否则就会死。你并没有多余的器官，但是有一个昏迷了数周并且看上去不大可能再醒过来的病人。你的一名同事准备结束他的生命，用他的器官来拯救这5名车祸受难者并保住他们的性命。你打算通知医院主管来阻止你的同事。
协助自杀范式 [引用]	你是一名医生，正在治疗一个病人，他身患重病痛苦不堪。即使最强大的药物也不能减轻他的病痛了。他感到非常苦恼，但你知道	你是一名医生，正在治疗一个病人，他身患重病痛苦不堪。即使最强大的药物也不能减轻他的病痛了。他感到非常苦恼，但你知	你是一名医生，正在治疗一个病人，他身患重病痛苦不堪。即使最强大的药物也不能减轻他的病痛了。他感到非常苦恼，但你知	你是一名医生，正在治疗一个病人，他身患重病痛苦不堪。即使最强大的药物也不能减轻他的病痛了。他感到非常苦恼，但你知道他的情况不会

	规范禁止		规范提倡	
	利大于弊	弊大于利	利大于弊	弊大于利
协助自杀范式〔引用〕	他的情况不会改善了。连日来，他已经在等待他的死期。因为他不想再忍受他的疼痛，他反复要求你结束他的生命。你打算给他一种药结束他的生命从而使他从疼痛中解放。	道他很快又会好起来。连日来，他已经在等着看身体是否改善。因为他不想再忍受他的疼痛，他反复要求你结束他的生命。你打算给他一种药结束他的生命从而使他从疼痛中解放。	道他很快又会好起来。连日来，他已经在等着看身体是否改善。因为他不想再忍受他的疼痛，他反复要求你结束他的生命。突然，他犯了一次严重的心脏病。你打算给他药物来救他免于死亡。	改善了。连日来，他已经在等待他的死期。因为他不想再忍受他的疼痛，他反复要求你结束他的生命。突然，他犯了一次严重的心脏病。你打算给他药物来救他免于死亡。
绑架范式〔引用〕	你是边境部队首长，一个边境冲突中的游击组织绑架了一名记者，威胁部队如果不出一百万元赎金就砍人撕票。这个组织会用这笔赎金去购买游击战争的武器，从而导致更多人的死亡。部队军委同意了支付赎金，但是你打算否决支付。	你是边境部队首长，一个边境冲突中的游击组织绑架了一名记者，威胁部队如果不出一百万元赎金就砍人撕票。这个组织会用这笔赎金去购买食物，给他们在接连干旱中受困的家人。部队军委同意了支付赎金，但是你打算否决支付。	你是边境部队首长，一个边境冲突中的游击组织绑架了一名记者，威胁部队如果不出一百万元赎金就砍人撕票。这个组织会用这笔赎金去购买食物，给他们在接连干旱中受困的家人。作为部队首长，你打算同意赎金支付。	你是边境部队首长，一个边境冲突中的游击组织绑架了一名记者，威胁部队如果不出一百万元赎金就砍人撕票。这个组织会用这笔赎金去购买游击战争的武器，从而导致更多人的死亡。作为部队首长，你打算同意赎金支付。
免疫缺陷范式〔引用〕	你是一个农村医院主管。一名志愿者在农村进行志愿服务时感染了一种罕见的病毒。这种病毒具有很高的传染性，对于老人和儿童是致命性的。唯一一种可以有效阻止病毒传染的医疗手段具有严重的副作用。虽然这个病毒不会杀死这个志愿者，但她得的慢性免疫缺陷会使她死于这个医疗手段的副作用。你打算使用这一医疗手段。	你是一个农村医院主管。一名志愿者在农村进行志愿服务时感染了一种罕见的病毒。这种病毒具有很高的传染性，会引起剧烈的胃部痉挛。唯一一种可以有效阻止病毒传染的医疗手段具有严重的副作用。虽然这个病毒不会杀死这个志愿者，但她得的慢性免疫缺陷会使她死于个医疗手段的副作用。你打算使用这一医疗手段。	你是一个农村医院主管。一名志愿者在农村进行志愿服务时感染了一种罕见的病毒。这种病毒具有很高的传染性，会引起剧烈的胃部痉挛。如果这名志愿者不送到大城市去接受特殊治疗的话，她得的慢性免疫缺陷会使她死于该病毒。但是，将她带离隔离区具有相当大的病毒扩散风险。你打算将她带离隔离区。	你是一个农村医院主管。一名志愿者在农村进行志愿服务时感染了一种罕见的病毒。这种病毒具有很高的传染性，对于老人和儿童是致命性的。如果这名志愿者不送到大城市去接受特殊治疗的话，她得的慢性免疫缺陷会使她死于该病毒。但是，将她带离隔离区具有相当大的病毒扩散风险。你打算将她带离隔离区。

《中国社会心理学评论》 第 21 辑

第 245~263 页

© SSAP, 2021

自我类别化对社会参与的影响

陈满琪　陈　睿[*]

摘　要：本研究分析了自我类别化对民众社会参与的影响。对 2019 年和 2020 年中国社会心态调查数据分析结果表明，当前我国民众的总体社会参与和参与公共事务都处于中等偏下水平，遵守社会规范处于中等偏上水平；自我类别化为不同类型的群体显著影响了民众社会参与程度，自我分类为富人（vs 穷人）、高学历（vs 低学历）、外地人（vs 本地人）的，其总体社会参与、参与公共事务和遵守社会规范水平均较高；此外，自我类别化的不同分类标准对民众社会参与程度的影响有强弱差异，表现为与收入水平有关的自我类别化标准影响最强，与学历层次和地域划分有关的自我类别化标准影响次之，与工作类型有关的自我类别化标准影响最弱。这些研究对如何提升民众社会参与具有重要的启示。

关键词：自我类别化　社会参与　公共事务　社会规范

一　引言

每个人自出生起身上就自带着各种属性，这些属性常被社会所使用对个体进行分类和定位，最典型莫过于一出生就被迅速采用的性别分类。这些属性大体可分为自然属性，如性别、年龄、种族，也有社会属性，如职

---

* 陈满琪，中国社会科学院社会学研究所、中国社会科学院社会学研究所社会心理学研究中心、中国社会科学院社会心理与行为实验室副研究员，硕士生导师，通讯作者，E-mail：chenmq@cass.org.cn；陈睿，中国社会科学院大学硕士研究生。

业、身份、岗位。自然属性通常具有较强的客观性，体现出边界清晰、界定明确的特征，个体或社会常常能不加犹豫、毫不费力地自动化分类，并坦然地承认与接受这种分类。社会属性大抵都是根源于宪法、法律、法规和社会政策的制度性分类，虽然社会属性也具有一定的客观性，有的边界也比较明晰，但是社会属性并非完全客观的，自身带有一定的主观色彩。现实生活中我们常常会发现个体对加诸自身的社会属性分类并非完全认可，存在着社会分类与个人自我分类之间的不一致。在社会将个人归为哪一类人的社会类别化（"你认为我是哪类人"）与个体内心实际将自己归为哪一类人的自我类别化（"我认为我是哪类人"）这两种分类过程中，存在着矛盾与冲突。这种矛盾和冲突致使社会对个体的判断存在误差甚至有时出现失真，导致以社会类别化为基础制定的一系列政策措施难于推行，因此认清个体如何进行自我类别化具有重要的价值和意义。

（一）自我类别化及其动力

在面对自然属性和社会属性时，不管是个体还是社会，不可避免会进行分类。作为人类最原始能力之一的分类在婴儿时期就已开始形成，是个体最为重要的社会认知方式之一。分类不仅有客观性，同时也具有主观性。社会类别化与自我类别化存在矛盾冲突现象的主要原因可能在于两者的分类依据不同。社会类别化较多采用的是社会约定俗成的标准，用社会的标准和尺度对他人进行归类和定位，而自我类别化较多采用的是比较机制，通过自我与他人进行比较对自己进行归类和定位。社会比较理论指出，人们会借助社会比较对自我进行评价，除了确认自己的属性外，还包含着个体的积极愿望，希冀借助这种社会比较过程获得一种自我肯定的情感满足，实现自我增进。可见，相较于社会类别化，自我类别化对个体具有重要的意义。

社会认同理论认为，在社会认同的建构过程中，最基本的历程是类别化。透过类别化这一过程，独立的个体实现了对群体的归属和群体成员身份的定位（杨宜音，2008），借由类别化个体所归属群体建立起个人与社会之间的联结。根据自我类别化理论，类别化后的群体会被个体自动区分为内群体和外群体，并将符合内群体的特征赋予自我，从而实现自我定型的过程（张莹瑞、佐斌，2006）。个体完成自我类别化后，便形成了较为稳定的自我类别化群体，并按照类别化后的群体特征对自我进行整饰，从而形成稳定的群体心理特征（赵志裕等，2005）。

个体自我类别化的实质反映了不同类型群体在主观上个体如何感知并

评定自己在社会上所处的等级或地位。个体依据不同分类对自己进行的群体身份定位，是个体依据自身现实状况评判其在社会所处位置的心理层面反映，体现了个体对自我的一种觉知和认知。显然，社会自觉或不自觉地赋予了不同类型群体不同的等级或地位，某一群体会优于另一个群体成为优势群体。与此同时，与该群体相对的另一群体则成了弱势群体。通过自我类别化不同类型群体实现了个体自身在社会上的定位，并由此反映了个体认为自身在社会中属于优势群体还是弱势群体。当个体认为自己在收入水平、受教育程度、职业状况、城乡划分和地域划分上属于优势群体时，意味着其认为自己在这些方面掌握了更多的资源，可能自身也具有更高能力；反之，当个体认为自己在这些方面属于弱势群体时，意味着其认为自己在这些方面掌握的资源更少，可能自身并不具有较高的能力。可见，个体自我类别化后的群体具有不同的心理能量，优势群体可能具有较高的心理能量，而弱势群体可能具有较低的心理能量。这种心理能量高低最直接的表现之一便是不同地位群体在面对威胁时所采用的行为倾向不同。弱势群体可能在面对威胁时什么行动都不采取（Klandermans，1997），特别是当群体成员知觉到他们即使努力也很难改变这种情形时（Mummendey et al.，1999）。而优势群体可能会采取相应努力以维持优势地位（Harth，2008）。

（二）自我类别化与社会参与

当人们借助自我类别化建立与个体和社会之间的联结后，自我通过这个群体实现了与社会之间的互动。群体成为个人与政治体系的媒介与过程，是个体参与社会、参与政治的重要中介和过程，个体认为自身所归属的群体甚至影响了个体的参与诉求，是个体与政治发生联系的方式与个体诉求的实现方式（于丽萍，2015）。亲社会行为是联结自我认知和群体认知的纽带，也是在内群体规范认同和跨群体社会互动之间建立积极联系的黏合剂（张庆鹏，2020）。自我类别化为不同类型群体，其导致的地位差异是影响个体亲社会行为的重要因素。研究发现不同社会阶层地位群体在亲社会行为上有明显差异，但在高社会阶层和低社会阶层哪一个更具亲社会行为上，并未获得一致结论（如 Whillans，Caruso，& Dunn，2017；Schmukle et al.，2019）。社会阶层的社会认知理论指出，低社会阶层个体受自身资源或条件限制，在维持生存过程中需要通过与他人建立更多社会联结以换取帮助，促使低社会阶层个体表现出更多亲社会行为。高社会阶层个体由于拥有较多资源，无需通过他人便可解决个人生存问题，这使得高社会阶层表现出更少的亲社会行为（Kraus et al.，2012）。亲社会行为的资源和代价理论认为，由于亲社会行为需要消耗个体的资源，低社会阶层个体受自身资源有限的影响，实施亲社会行为而消耗资源的代价更高，促使他们更少实施亲社会行为。高社会阶层者因为拥有较多资源，实施亲社会行为而消耗资源的代价更少，促使他们更多实施亲社会行为（Korndörfer et al.，2015）。这两个理论各有其适用性和局限性，然而应该看到两个理论均是基于资源角度来探讨不同阶层的亲社会行为，可见资源占用差异是导致不同阶层亲社会行为差异的决定性因素。自我类别化为不同类型群体，由于社会地位差异，天然拥有不同程度的资源，由此可以推测自我类别化为哪类群体会导致个体在亲社会行为上存在差异。

　　亲社会行为的含义和内容很广泛，可以是私人领域的亲社会行为，也可以是公共领域的亲社会行为。现有关于亲社会行为的研究较多集中于私人领域，较少关注公共领域。公共领域的亲社会行为最直观的指标就是社会参与。社会参与是指社会成员以某种方式参与、干预、介入国家的政治生活、经济生活、社会生活、文化生活以及社区的共同事务从而影响社会发展的过程（曾锦华，1997）。社会参与需要成员彼此之间资源的共享，因此社会参与的模式可依据要求成员分享的资源种类和数量由少到多，以及要求成员参与的卷入程度由弱到强进行划分（Bukov，Maas，& Lampert，2002）。遵守社会规范是一种最不需要耗费资源，卷入程度最低的低层次社会参与，参与公共事务则是一种需要耗费资源，卷入程度较高的高层次社会参与。社会参与的不同层次所耗费资源的不同可能导致不同群体卷入程度存在差异。Brady 等（1995）从资源模型角度提出，不同社会经济地位的个体因其所拥有资源的不同，导致其在参与不同类别活动上存有差异。主观社会阶层的分析发现，社会上层、中上层群体在社会行动方面与其他群体存在着显著的不同（王俊秀，2018），高社会经济地位的群体因其拥有较多资源，以及可通过参与公共事务解决自身诉求，因此通常表现出更为活跃的社会参与倾向；相反，低社会经济地位的群体因其具有较少资源，以及较难通过参与公共事务解决自身诉求，因此通常更少参与公共事务（Zheng & Wu，2005）。

　　上述研究结果得到了社会参与影响因素研究的进一步佐证。社会参与影响因素的研究表明，个体的收入水平、学历和主观社会经济地位能够显著正向预测个体的社会参与。外地城市户口的个体其社会参与显著高于其他群体，在职工作个体的社会参与显著高于其他群体（谭旭运，2017）。当个体认为自己在收入水平、受教育程度、职业状况、城乡划分和地域划分上属于优势群体时，意味着其认为自己在这些方面掌握更多的资源，可能更有能力、更有意愿与他人共享资源，也会更为频繁地参与公共事务；反之，当个体认为自己在这些方面属于弱势群体时，意味着其认为自己在这些方面掌握的资源更少，参与公共事务的能力更弱、资源共享的意愿更弱，社会参与的程度也更低。

综合上述分析，由于自我类别化为不同类型群体意味着不同的能量和资源，可能导致自我类别化为不同类型群体在以社会参与为指标的亲社会行为上具有差异，在不同卷入程度的社会参与上具有差异，本研究拟基于2019 年和 2020 年中国社会心态调查数据对这一问题进行探讨。

二　方法

（一）数据来源

本研究数据来源于 2019 年和 2020 年由中国社会科学院社会学研究所社会心理学研究中心组织完成的中国社会心态调查。两年数据均来自中国居民生活态度调查，是由中国社会科学院社会学研究所社会心理学研究中心发起的一项全国大型连续性随机抽样入户调查项目。项目采用 CAPI（计算机辅助面访）调查方式进行入户访问，系统化、平台化进行项目管理。调查按照规定时间入户，遵守实地地址抽样、户抽样、户内抽样的规则，遵循入户接触、入户抽样所规定的步骤，在给定的村（居）委会范围内指定的住户样本地址进行。采用多阶段混合抽样（multi-stage composed sampling）的方法，分县（区、市）、村（居）委会、居民户、居民 4 个阶段抽样，每个阶段采用不同的抽样方法。阶段一：隐含分层 + PPS 抽样抽取县（区、市）；阶段二：六普数据 PPS 抽样抽取 PSU 卜辖的村（居）委会；阶段三：绘制或统计出村委会或居委会的所有建筑物，并进一步标注建筑物中的所有住宅，编制住户统计表，抽取受访居民户；阶段四：户内抽取生日最邻近 10 月 1 日的人进行访问。

2019 年开始的大调查时间范围是 2019 年 10 月至 2020 年 2 月，在全国30 个省/自治区的城乡区域开展。调查范围涉及全国的 151 个县（区），314 个城镇村（居）民委员会。调查对象为在现地址居住半年以上、18 周岁至 70 周岁的中国公民，共收集数据 11328 份，进一步采用逻辑检验剔除数据后，最终纳入本研究分析的 2019 年样本量为 9261。2020 年开始的大调查的时间范围是 2020 年 9 月至 2021 年 4 月，在全国 31 个省/自治区的城乡区域开展。调查范围涉及全国的 314 个城镇社区、290 个农村社区。

调查对象为在现地址居住 6 个月及以上、18 周岁至 70 周岁的中国公民，共收集数据 13310 份，采用逻辑检验剔除数据后，最终纳入本研究分析的 2020 年样本量为 10195 份。2019 年和 2020 年的数据最终有效样本为 19456 份，具体情况如表 1 所示。

表 1　调查对象基本情况（N = 19456）

变量	类别	计数（N）	百分比（%）
性别	男	8485	43.61
	女	10971	56.39
户籍状况	本地城市	7267	37.35
	本地农村	10691	54.95
	外地城市	497	2.55
	外地农村	991	5.09
	其他	10	0.05
婚姻状况	未婚	3290	16.91
	初婚有配偶	14605	75.07
	再婚有配偶	360	1.85
	离婚	391	2.01
	丧偶	422	2.17
	同居	279	1.43
	其他	109	0.56
职业类型	办事人员和有关人员	1216	6.25
	服务性工作人员	3506	18.02
	国家机关、党群组织、企业事业单位负责人	648	3.33
	警察及军人	45	0.23
	农、林、牧、渔、水利业生产人员	2772	14.25
	商业工作人员	2478	12.74
	生产、运输工人和有关人员	1883	9.68
	专业技术人员	2202	11.32
	其他类别人员	4706	24.19

（二）测量工具

1. 自我类别化

询问被调查者"现在社会上常常将人们划分为下面一些不同的类型，

您认为自己属于其中的哪一个群体"。这些群体涉及富人或穷人、干部或群众、城里人或乡下人、雇主或雇员、管理者或被管理者、高学历者或低学历者、体力劳动者或脑力劳动者、当地人或外地人共计 8 大类。当被调查不确定自己归属哪个群体时，可选择"说不清"。在本次调查中，将选择"说不清"的被调查者计为缺失值不列入统计分析。

2. 社会参与

使用 8 个题目测量被调查者过去一年的社会参与。问卷题目采用 7 点的李克特评分方法，1 表示从来没有、7 表示总是，数字越大，表示社会参与程度越强。8 道题目的平均分为总体社会参与的得分，得分越高，代表被调查者的总体社会参与程度越高。8 道题目的内部一致性程度较为良好（Cronbach's $\alpha = 0.78$）。

以对参与成员的资源数量要求和社会卷入程度为标准，将社会参与划分为两个维度。第一个维度是遵守社会规范，遵守社会规范对资源数量要求较少、社会卷入程度较低。第二个维度是参与公共事务，参与公共事务对资源数量要求较多、社会卷入程度较高。遵守社会规范由 4 个题项组成（Cornbach's $\alpha = 0.64$），如"过去一年，您是否参与绿色出行、节约用水、垃圾分类、减少使用塑料袋等活动""过去一年，您是否遵守交通规则、乘车排队""过去一年，您是否帮助受困受灾的人而捐款捐物""过去一年，您是否帮助陌生人"。参与公共事务由 4 个题项组成（Cronbach's $\alpha = 0.81$），如"过去一年，您是否向政府机构、媒体等反映意见""过去一年，您是否向有关部门举报腐败行为""过去一年，您是否在网上参与社会问题的讨论""过去一年，您是否参加志愿者服务活动"。4 个题项的均分分别作为参与公共事务和遵守社会规范得分，分值越高，表明社会参与程度越高。

（三）数据处理

使用统计分析软件 SPSS 26.0 对数据进行描述性统计分析、独立样本 t 检验和回归分析。

三　结果

（一）自我类别化和社会参与的描述性分析

在涉及收入水平、职业层级、工作类型、学历层次和城乡划分时，被调查者更倾向于将自己类别化为弱势群体。具体来说，被调查者认为自己是穷人和富人的比例分别为 88.1% 和 11.9%；干部与群体的比例分别为 8.4% 和 91.6%；雇员和雇主的比例分别为 84.8% 和 15.2%；被管理者和管理者的比例分别为 83.4% 和 16.6%；体力劳动者和脑力劳动者的比例分别为 59.9% 和 40.1%；低学历者和高学历者的比例分别为 76.8% 和 23.2%；乡下人和城里人的比例分别为 64.3% 和 35.7%。而在涉及与地域有关的群体划分时，被调查者更倾向于将自己类别化为优势群体，认为自己是外地人和当地人的比例分别为 20.3% 和 79.7%。

民众的遵守社会规范处于中等偏上水平（$M = 4.03$；$SD = 1.12$），遵守社会规范的程度最高。总体社会参与（$M = 3.15$；$SD = 0.98$）和参与公共事务（$M = 2.27$；$SD = 1.19$）处于中等偏下水平，参与公共事务的程度最低。

（二）自我类别化对社会参与的影响

不同自我类别化下被调查者的总体社会参与、参与公共事务和遵守社会规范程度均值（见图 1）。为了探究自我类别化如何对社会参与产生影响，对自我类别化为不同类型群体的社会参与进行独立样本 t 检验。结果显示，与自我类别化为富人的个体相比，自我类别化为穷人的个体总体社会参与程度（$t = -16.83$，$p < 0.001$）、参与公共事务程度（$t = -17.59$，$p < 0.001$）和遵守社会规范程度（$t = -10.75$，$p < 0.001$）均更低。与自我类别化为干部的个体相比，自我类别化为群众的个体总体社会参与程度（$t = -13.63$，$p < 0.01$）、参与公共事务程度（$t = -13.31$，$p < 0.001$）和遵守社会规范程度（$t = -9.71$，$p < 0.05$）都更低。与自我类别化为城里人的个体相比，自我类别化为乡下人的个体总体社会参与程度（$t = -16.24$，$p < 0.01$）和参与公共事务程度（$t = -12.65$，$p < 0.001$）都更低，但遵守社会规范无显著差异。与自我类别化为雇主的个体相比，自我类别化为雇员的个体总体社会参与程度（$t = -7.54$，$p < 0.001$）、参与公共事务程度（$t = -7.49$，$p < 0.001$）、遵守社会规范程度（$t = -5.20$，$p < 0.001$）均更低。与自我类别化为管理者的个体相比，自我类别化为被管理者的个体总体社会参与程度（$t = -12.79$，$p < 0.001$）、参与公共事务程度（$t = -10.33$，$p < 0.001$）和遵守社会规范程度（$t = -11.36$，$p < 0.001$）均更低。与自我类别化为高学历者的个体相比，自我类别化为低学历者的个体总体社会参与程度（$t = -24.90$，$p < 0.001$）和参与公共事务程度（$t = -23.68$，$p < 0.001$）都更低，但遵守社会规范无显著差异。与自我类别化为脑力劳动者的个体相比，自我类别化为体力劳动者的个体总体社会参与程度（$t = -27.38$，$p < 0.001$）和参与公共事务程度（$t = -26.90$，$p < 0.001$）都

更低，而遵守社会规范无显著差异。与自我类别化为当地人的个体相比，自我类别化为外地人的个体总体社会参与程度（$t = 14.47$，$p < 0.01$）和参与公共事务程度（$t = 18.20$，$p < 0.001$）都更高，而遵守社会规范无显著差异。

可见，自我类别化显著影响了被调查者的总体社会参与、参与公共事务和遵守社会规范的程度。具体而言，在收入水平、职业层级上认为自己属于优势群体的个体，其总体社会参与、参与公共事务和遵守社会规范程度都显著高于在这些方面将自己归类于弱势群体的个体。认为自己在城乡划分、学历层次和工作类型上属于优势群体的个体，其总体社会参与和参与公共事务程度还显著高于在这些方面将自己归类于弱势群体的个体。值得注意的是，在地域划分上，认为自己属于弱势群体的个体，即认为自己是外地人的个体，其总体社会参与和参与公共事务程度要显著高于认为自己属于优势群体的个体。

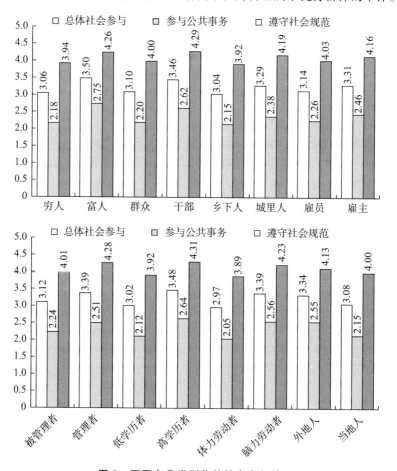

图1　不同自我类别化的社会参与情况

（三）自我类别化对社会参与的预测作用

1. 自我类别化与总体社会参与回归分析

前述分析发现，自我类别化能够显著影响总体社会参与和分维度的社会参与程度。为了研究哪一种自我类别化对社会参与的影响最大，研究采用多重线性回归，在分析中纳入人口学变量，整体分析人口学变量和自我类别化如何对社会参与产生影响。

首先以总体社会参与为因变量，以个人月收入、受教育程度、年龄、户口、职业类型和八大类的自我类别化群体为自变量进行回归分析。其中，个人月收入、受教育程度和年龄作为连续变量，户口、职业类型和自我类别化为分类变量。户口以"本地城市户口"作为参照组，职业类型以"其他"作为参照组。自我类别化中将穷人、群众、乡下人、雇员、被管理者、低学历者、体力劳动者和外地人编码为 0，富人、干部、城里人、雇主、管理者、高学历者、脑力劳动者和当地人编码为 1。在分析中，自变量采用层次进入的方式，考察每层中增加的变量对回归方程解释力度的影响，从而判定增加的变量是否和因变量独立关联。具体而言，以个人月收入、受教育程度、年龄、户口、职业类型六类人口学变量为第一层，以穷人或富人、群众或干部、乡下人或城里人、雇员或雇主、被管理者或管理者、低学历者或高学历者、体力劳动者或脑力劳动者、外地人或当地人作为第二层自变量。分析结果如表 2 所示。

由表 2 结果可知，自我类别化显著增加了被调查者总体社会参与回归的解释力度（$\triangle R^2 = 0.02$，$F = 36.68$，$p < 0.001$），人口学特征和自我类别化两者均独立地与总体社会参与关联密切。从最终的回归方程可知，个人月收入和受教育程度与被调查者的总体社会参与呈显著正相关，年龄与总体社会参与呈显著负相关。即调查对象的个人月收入、受教育程度越高其总体社会参与程度越高；伴随着年龄的增长，被调查者的总体社会参与程度显著降低。此外，与本地城市户口相比，本地农村户口和外地农村户口个体总体社会参与程度更低。与其他职业群体相比，警察及军人群体的总体社会参与程度更高。从自我类别化来看，类别化为穷人或富人、低学历者或高学历者、体力劳动者或脑力劳动者、外地人或当地人显著影响了被调查者的总体社会参与程度。自我类别化为富人、高学历者、脑力劳动者的个体较之于自我类别化为穷人、低学历者和体力劳动者的个体社会参与程度更高，而自我类别化为当地人较之于外地人的个体社会参与程度更低。从相关系数来看，穷人或富人对总体社会参与的影响最大，之后是低

学历者或高学历者和外地人或当地人，再之后是体力劳动者或脑力劳动者。

表 2　自我类别化对总体社会参与的影响

变量	第一层标准化系数 β	第二层标准化系数 β
个人月收入	0.09 ***	0.06 ***
受教育程度	0.11 ***	0.07 ***
年龄	-0.09 ***	-0.08 ***
本地农村户口	-0.09 ***	-0.08 ***
外地城市户口	0.01	0.00
外地农村户口	-0.02	-0.04 **
办事人员和有关人员	-0.00	-0.00
服务性工作人员	-0.02	-0.00
国家机关、党群组织、企业事业单位负责人	0.03 **	0.02
警察及军人	0.02 *	0.03 *
农、林、牧、渔、水利业生产人员	-0.01	0.00
商业工作人员	-0.01	-0.01
生产、运输工人和有关人员	-0.03 *	-0.01
专业技术人员	-0.00	0.00
穷人或富人[a]		0.08 ***
群众或干部[a]		0.01
乡下人或城里人[a]		-0.01
雇员或雇主[a]		0.00
被管理者或管理者[a]		0.02
低学历者或高学历者[a]		0.06 ***
体力劳动者或脑力劳动者[a]		0.04 **
外地人或当地人[a]		-0.06 ***
R^2	0.07	0.09
ΔR^2	0.07	0.02
F	43.76	36.68

注：[a] 表示编码方式为 0（穷人、群众、乡下人、雇员、被管理者、低学历者、体力劳动者或外地人）、1（富人、干部、城里人、雇主、管理者、高学历者、脑力劳动者或当地人）；* $p < 0.05$，** $p < 0.01$，*** $p < 0.001$。

2. 自我类别化与参与公共事务回归分析

为了进一步考察自我类别化对于不同维度社会参与的影响。以参与公共事务为因变量,以个人月收入、受教育程度、年龄、户口、职业类型和八大类的自我类别化群体为自变量进行回归分析,分析结果如表 3 所示。由表 3 结果可知,自我类别化显著增加了被调查者参与公共事务回归的解释力度($\triangle R^2 = 0.02$,$F = 37.09$,$p < 0.001$),人口学特征和自我类别化两者均独立地与参与公共事务关联密切。从人口学变量来看,个人月收入、受教育程度越高,个体参与公共事务的程度越高;随着年龄的增长,个体参与公共事务的程度显著下降;较之本地城市户口,本地农村户口、外地农村户口个体参与公共事务的程度更低;较之其他职业,警察及军人参与公共事务的程度更高。从自我类别化来看,自我类别化为穷人或富人、低学历者或高学历者、体力劳动者或脑力劳动者以及外地人或当地人能够显著影响被调查者参与公共事务的程度。自我类别化为富人、高学历者、脑力劳动者的个体较之于自我类别化为穷人、低学历者和体力劳动者的个体参与公共事务的程度更高,而自我类别化为当地人较之于外地人的个体参与公共事务的程度更低。从相关系数来看,穷人或富人对参与公共事务的影响最大,其次是低学历者或高学历者和外地人或当地人,再次是体力劳动者或脑力劳动者。

表 3 自我类别化对参与公共事务的影响

变量	第一层标准化系数 β	第二层标准化系数 β
个人月收入	0.08 ***	0.05 ***
受教育程度	0.08 ***	0.03 *
年龄	- 0.12 ***	- 0.11 ***
本地农村户口	- 0.09 ***	- 0.08 ***
外地城市户口	0.03 *	0.01
外地农村户口	- 0.02 *	- 0.04 **
办事人员和有关人员	- 0.01	- 0.01
服务性工作人员	- 0.03	- 0.01
国家机关、党群组织、企业事业单位负责人	0.03 *	0.01
警察及军人	0.03 *	0.03 *
农、林、牧、渔、水利业生产人员	- 0.01	0.00
商业工作人员	- 0.01	- 0.00

续表

变量	第一层标准化系数 β	第二层标准化系数 β
生产、运输工人和有关人员	-0.04^{**}	-0.02
专业技术人员	-0.01	-0.00
穷人或富人^a		0.10^{***}
群众或干部^a		0.01
乡下人或城里人^a		-0.01
雇员或雇主^a		-0.00
被管理者或管理者^a		0.01
低学历者或高学历者^a		0.06^{***}
体力劳动者或脑力劳动者^a		0.05^{***}
外地人或当地人^a		-0.06^{***}
R^2	0.07	0.09
ΔR^2	0.07	0.02
F	40.34	37.09

注：^{a} 表示编码方式为 0（穷人、群众、乡下人、雇员、被管理者、低学历者、体力劳动者或外地人）、1（富人、干部、城里人、雇主、管理者、高学历者、脑力劳动者或当地人）；$*p < 0.05$，$**p < 0.01$，$***p < 0.001$。

3. 自我类别化与遵守社会规范回归分析

以遵守社会规范为因变量，以个人月收入、受教育程度、年龄、户口、职业类型和八大类的自我类别化群体为自变量进行回归分析，考察自我类别化对于遵守社会规范的影响。回归分析结果如表 4 所示。由表 4 结果可知，自我类别化显著增加了被调查者遵守社会规范回归的解释力度（$\triangle R^2 = 0.01$，$F = 18.04$，$p < 0.001$），人口学特征和自我类别化两者均独立地与遵守社会规范关联密切。从人口学变量来看，个人月收入、受教育程度越高，个体遵守社会规范的程度越高；伴随着年龄的增长，个体遵守社会规范的程度显著下降；较之本地城市户口，本地农村户口个体遵守社会规范的程度要更低；较之其他职业类型，国家机关、党群组织、企业事业单位负责人遵守社会规范的程度更高。从自我类别化来看，自我类别化为穷人或富人、低学历者或高学历者、外地人或当地人能够显著影响被调查者遵守社会规范的程度。自我类别化为富人、高学历者的个体较之于自我类别化为穷人、低学历者的个体遵守社会规范程度更高，而自我类别化

为当地人较之于外地人的个体遵守社会规范的程度更低。从相关系数来看，自我类别化为穷人或富人、低学历者或高学历者对于遵守社会规范的影响最强，其次是外地人或当地人。

表 4　自我类别化对遵守社会规范的影响

变量	第一层标准化系数 β	第二层标准化系数 β
个人月收入	0.07 ***	0.06 ***
受教育程度	0.10 ***	0.08 ***
年龄	− 0.03 **	− 0.03 *
本地农村户口	− 0.07 ***	− 0.06 ***
外地城市户口	− 0.00	− 0.01
外地农村户口	− 0.01	− 0.02
办事人员和有关人员	0.01	0.01
服务性工作人员	− 0.00	0.01
国家机关、党群组织、企业事业单位负责人	0.03 **	0.03 *
警察及军人	0.01	0.01
农、林、牧、渔、水利业生产人员	− 0.00	0.01
商业工作人员	− 0.01	− 0.01
生产、运输工人和有关人员	− 0.01	0.00
专业技术人员	0.01	0.01
穷人或富人[a]		0.04 **
群众或干部[a]		0.01
乡下人或城里人[a]		− 0.00
雇员或雇主[a]		0.00
被管理者或管理者[a]		0.02
低学历者或高学历者[a]		0.04 **
体力劳动者或脑力劳动者[a]		0.01
外地人或当地人[a]		− 0.03 *
R^2	0.04	0.05
ΔR^2	0.04	0.01
F	24.37	18.04

注：[a] 表示编码方式为 0（穷人、群众、乡下人、雇员、被管理者、低学历者、体力劳动者或外地人）、1（富人、干部、城里人、雇主、管理者、高学历者、脑力劳动者或当地人）；* $p < 0.05$，** $p < 0.01$，*** $p < 0.001$。

四　讨论

当前我国民众的总体社会参与和参与公共事务处于中等偏下水平，遵守社会规范处于中等偏上水平。与之前的研究一致，在以收入水平、职业层级、城乡划分、学历层次和工作类型为标准的类别划分上，被调查者更倾向于将自己类别化为弱势群体（陈满琪，2019）。本研究还发现，在涉及地域认同划分的标准上，人们更倾向于将自己类别化为优势群体，也就是当地人，可能原因在于本次研究采用入户调查方式，拥有本地户口的个体所占比重较大，拥有本地户口对于外来人口的本地身份认同有着显著影响（崔岩，2012）。

（一）优势群体普遍具有更高的社会参与

自我类别化的不同分类标准对于社会参与有显著的影响。具体来说，在收入水平、职业层级、城乡划分、学历层次上和工作类型上认为自己是优势群体的个体，其总体社会参与和参与公共事务的程度要显著高于认为自己是弱势群体的个体。同时，认为自己在收入水平和职业层级上属于优势群体的个体，其遵守社会规范程度显著高于认为自己在这些方面属于弱势群体的个体。可见，在收入水平、职业层级、城乡划分、学历层次和工作类型划分上的心理优势，对于社会参与有显著促进作用。在地域划分上，认为自己属于外地人的个体，其总体社会参与和参与公共事务的程度显著高于认为自己是当地人的个体。而在遵守社会规范上，认为自己是外地人的个体，其遵守社会规范均值仍然略高于认为自己是本地人的个体，虽然这一差异不具有显著性。

总体而言，自我类别化为优势群体的个体普遍具有更高程度的社会参与，这可能与优秀群体社会参与的动机、条件、价值观等因素有关（王新松，2015）。从社会参与动机来看，优秀群体通过参与各种公共事务实现了个体表述个人或群体诉求的意愿，满足了个体作为社会群体一员的认同需求，也满足了个人代表群体实现内群更高层次精神需求的愿望，通过社会参与过程实现个人价值和社会价值的统一，获得了意义感和满足感。从社会参与条件来看，社会参与具有一定的准入门槛，自我类别化为富人、高学历者或脑力劳动者的个体可能具有更高的收入、更强的认知能力和更强的沟通力，其能够更好地践行和实现亲社会行为。从社会参与价值观来看，富人、高学历者、脑力劳动者等优势群体可能在价值观上更多将自我与社会统一起来，价值观上更具后物质主义倾向（李原，2014）。

（二）不同自我类别化群体社会参与的心理满足感有差异

自我类别化对参与公共事务的影响与总体社会参与的表现基本一致，然而自我类别化对遵守社会规范这一低层次的社会参与影响较为复杂。从对遵守社会规范的具体方式来看，认为自己在收入水平、职业层级、城乡划分、学历层次和工作类型上属于优势群体的个体，在地域划分上属于弱势群体的个体，其捐款捐物和帮助陌生人的程度更高。认为自己在城乡划分、职业层级、学历层次和工作类型上属于优势群体的个体，在地域划分上属于弱势群体的个体，其绿色出行、垃圾分类的程度更高。在城乡划分、学历层次、工作类型和地域划分上认为自己属于优势群体的个体，其遵守交通规则、乘车排队的程度更高。此外，在收入水平、职业层级上认为自己属于弱势群体的个体，遵守交通规则、乘车排队的程度也更高。可见，社会参与的高低层级特性，使得个体能够做到高等级的社会参与（要求成员共享的资源数量多，社会卷入程度高），就能够做到低等级的社会参与（要求成员共享的资源数量少，社会卷入程度低），但高等级社会参与的实现并不以低等级社会参与的实现为前提（Bukov，2002）。认为自己在收入水平、职业层级上属于弱势群体的个体，由于掌握的资源有限，只能够通过频繁实施较低等级的社会参与，即遵守交规、乘车排队，以达到社会参与的目的，从而得到补偿。而认为自己在收入水平、职业层级上属于优势群体的个体，社会参与的目的还能通过较高等级的社会参与来实现，因此这一部分群体并不会在所有低等级社会参与行为上也保持较高的参与水平。可见，不同层次的社会参与之间似有互相补偿的功能，低层次的社会参与可能业已满足了收入水平、职业层级上属于弱势群体个体的社会参与感，而在收入水平、职业层级上属于优势群体的个体只能通过高层次的社会参与才能满足其社会参与感。

有研究表明，强社会关系和低层次社会参与有助于提升幸福感，而弱社会关系和高层次社会参与亦可提升幸福感（杨永娇，2016），这意味着优势与弱势群体可能通过不同的社会参与满足其联结社会的需求，他们从不同层次的社会参与获得的满足感也有差异。

（三）收入是社会参与最有力的影响因素

自我类别化对于社会参与的影响还存在强弱程度上的差异。与收入水平有关的自我类别化标准对总体社会参与、参与公共事务和遵守社会规范的影响都最强。其次是与学历层次和地域划分有关的分类标准，而与工作类型有关的分类标准影响最弱。不管从亲社会行为、还是从社会参与均能看到收入在其中的影子。欧洲国家的数据显示，高收入水平个体的社会参与明显高于低收入个体（Lancee，2012），流动人口的研究表明流动人口的收入对其社会参与度有显著影响（吴际、尹海洁、曲鹏，2017），收入水平不高会严重限制城市流动人口的社会参与（颜咏华、郭志仪，2015）。然而，也应注意到，亦有研究发现过高的收入并未导致更高的社会参与水平。王新松和张秀兰（2016）的研究指出，中产阶层参与志愿服务的概率是其他社会阶层的 1.248 倍，然而该结果只在收入较低的中产阶层和在"体制内"工作的中产阶层中显著，"体制外"和更加富裕的中产阶层却并未表现出更为积极的公民参与行为。可见，以收入为分类标准的自我类别化如何对社会参与产生影响仍需进一步的探索。

五　启示

积极的社会参与不管对个体还是社会具有诸多益处。从个体角度来说，社会参与促进了个体的精神健康，给个体带来更高的幸福感（彭定萍、丁峰、祁慧博，2020；杨永娇，2016）、更多的信任（胡安宁，2014），使个体有更多的公益行为（包坤，2018）。从社会角度来说，社会参与对于增强民众的自主意识、培育各种公益性民间组织、推动民众进入更大的宏观决策领域，以及促进政府机构改革和职能的转变具有重要意义（王兵，2013）。因此，社会治理应主动吸纳个体参与公共事务。基于本研究结果，就如何推进个体的社会参与有如下几点启示。一是目前我国民众的总体社会参与、遵守社会规范和参与公共事务都处于中等偏下水平，应该采取措施激励民众积极参与公共事务，拓宽民众社会参与的路径和渠道。二是除客观的收入水平、学历层次和工作类型外，在收入、学历和工作类型上的心理优势也会显著促进民众的社会参与程度，着力于提升收入水平、受教育程度，缩小收入和学历层次差距等方面的努力，有助于提高民众的社会参与水平。三是应该推进新型社会管理模式，降低外来人口参与公共事务的门槛、消除制度性歧视，鼓励外来人口积极参与公共事务，营造人人都可参与的氛围。在参与公共事务过程中，做好服务、解释工作，满足弱势群体参与社会事务的心理需求。四是不同自我类别化群体在不同层次的社会参与上的心理满足度不同，只要满足了个体心理需求的社会参与就是适合的社会参与，不必强迫人人必须卷入高层次的社会参与。

参考文献

包坤，2018，《社会参与对个体公益行为的影响——基于 CGSS（2012）数据的实证分析》，《法制与社会》第 14 期，第 139 - 140 页。

陈满琪，2019，《自我类别化及其对群际关系的影响》，《青年研究》第 5 期，第 45 - 53 页。

崔岩，2012，《流动人口心理层面的社会融入和身份认同问题研究》，《社会学研究》第 5 期，第 141 - 160 页。

胡安宁，2014，《社会参与、信任类型与精神健康：基于 CGSS2005 的考察》，《社会科学》第 4 期，第 64 - 72 页。

李原，2014，《青年在职者的物质主义价值观及其影响》，《青年研究》第 6 期，第 39 - 45 页。

彭定萍、丁峰、祁慧博，2020，《如何从个体化走向社会融合——社会参与对青年幸福感之研究》，《中国青年研究》第 1 期，第 49 - 55 页。

谭旭运，2017，《社会参与现状分析及其影响因素研究》，载王俊秀主编《中国社会心态研究报告（2017）》，北京：社会科学文献出版社，第 46 - 67 页。

王兵，2013，《社会认同感与社会参与及其测量》，载杨宜音、王俊秀主编《当代中国社会心态研究》，北京：社会科学文献出版社，第 165 - 193 页。

王俊秀，2018，《不同主观社会阶层的社会心态》，《江苏社会科学》第 1 期，第 24 - 33 页。

王丽萍，2015，《群体心理在当代政治分析中的意义》，《北京行政学院学报》第 6 期，第 31 - 35 页。

王新松，2015，《公民参与、政治参与及社会参与：概念辨析与理论解读》，《浙江学刊》第 1 期，第 204 - 209 页。

王新松、张秀兰，2016，《中国中产阶层的公民参与——基于城市社区调查的实证研究》，《经济社会体制比较》第 1 期，第 193 - 204 页。

吴际、尹海洁、曲鹏，2017，《流动人口社会参与度的性别差异及其影响因子检验》，《统计与决策》第 3 期，第 116 - 120 页。

颜咏华、郭志仪，2015，《多维视角下甘肃省城市流动人口社会融合研究》，《人口与发展》第 4 期，第 60 - 66 页。

杨宜音，2008，《关系化还是类别化：中国人"我们"概念形成的社会心理机制探讨》，《中国社会科学》第 4 期，第 148 - 159 页。

杨永娇，2016，《城市居民社会参与层次对主观幸福感的影响研究——基于"2014 年中国劳动力动态调查"数据的考察》，《广西社会科学》第 12 期，第 158 - 163 页。

曾锦华，1997，《社会发展中的青年社团参与》，《当代青年研究》第 1 期，第 20 - 21 页。

张庆鹏，2020，《群际互动中的亲社会行为：全球化浪潮下的"群性光辉"》，载杨宜音主编《中国社会心理学评论》第 17 辑，北京：社科文献出版社，第 1 - 15 页。

张莹瑞、佐斌，2006，《社会认同理论及其发展》，《心理科学进展》第 3 期，第 475 -

480 页。

赵志裕、温静、谭俭邦，2005，《社会认同的基本心理历程——香港回归中国的研究范例》，《社会学研究》第 5 期，第 202 - 227 页。

Brady, H., Verba, S., Schlozman, K. (1995). Beyond SES: a resource model of political participation. *American Political ScienceReview*, 89 (2), 271 - 294.

Bukov, A., Maas, I., & Lampert, T. (2002). Social participation in very old age: cross-sectional and longitudinal findings from BASE. *Journals of Gerontology: Psychological Sciences*, 57B (6), 510 - 517.

Harth, N. S., Kessler, T., & Leach, C. W. (2008). Sympathy advantaged group's emotional reactions to intergroup inequality: the dynamics of pride, guilt, and sympathy. *Personality and Social Psychology Bulletin*, 34 (1), 115 - 129.

Klandermans, B. (1997). *The social psychology of protest*. Oxford, England: Basil Blackwell.

Korndörfer, M., Egloff, B., &Schmukle, S. C. (2015). A large scale test of the effect of social class on prosocial behavior. *PLOS ONE*, 10 (7), e0133193.

Kraus, M. W., Piff, P. K., Mendoza-Denton, R., Rheinschmidt, M. L., &Keltner, D. (2012). Social class, solipsism, and contextualism: how the rich are different from the poor. *Psychological Review*, 119 (3), 546 - 572.

Lancee, B., & Van de Werfhorst H. G. (2012). Income inequality and participation: a comparison of 24 european countries. *Social Science Research*, 41 (5), 1166 - 1178.

Mummendey, A., Kessler, T., Klink, A., & Mielke, R. (1999). Strategies to cope with negative social identity: predictions by social identity theory and relative deprivation theory. *Journal of Personality and Social Psychology*, 76, 229 - 245.

Schmukle, S. C., Korndörfer, M., & Egloff, B. (2019). No evidence that economic inequality moderates the effect of income on generosity. *SOEPpapers on Multidisciplinary Panel Data Research*, 1034.

Whillans, A. V., Caruso, E. M., & Dunn, E. W. (2017). Both selfishness and selflessnessstart with the self: How wealth shpaes responses to charitable appeals. *Journal of Experimental Social Psychology*, 70, 242 - 250.

Zheng, Y. N., & Wu, G. G. (2005). Information technology, public space, and collective action in China. *ComparativePolitical Studies*, 38 (5), 507 - 536.

Chinese Social Psychology Review
Vol. 21

Table of Contents & Abstracts

Psychological Basis of Moral Education and Two New Approaches of Moral Learning

Abstract: Morality is the core of social development, and especially in the era of social transformation, moral education is not only relevant to individuals' healthy development, but also matters in education ideals and value orientations a-bout"how a virtue should be set and how a personal should be cultivated". This paper is an attempt to make a brief review of the rationalistic bias of moral psychology, and then to summarize the current directions in human nature of morality, moral personality and virtues, culture and cultivation, and moral corrections. Lastly, the new trend of moral learning was highlighted, in terms of social learning based on ecological environment and deep learning based on unconscious paradigms.

Keywords: moral psychology; rationalism moral education; moral learning

How Perception of Morality Affects Monetary Value

Abstract: The present study aimed to explore how perception of morality af-fects monetary value judgments, using the paradigm of previous studies, which have confirmed effects of Culture Capital, Law Capital, Power Capital and Finan-cial Capital. In a pilot study, all the data of Chinese media on the internet in a month were collected to count the reports where five moral foundations of the Moral Foundation Theory coexist with money. Then five sub-experiments were conducted to study the monetary effect of each five foundation with moral attribution and gain-loss framing as two independent variables and price value of personal belongings as dependent variable. Together, the result indicated that morality of the Care/harm, Purity/chastity and Fairness/cheating foundations have positive effect on the monetary value judgment, only in the gain framing, which reflects that Moral Capital only exits in moral foundations which are relatively far from the economy.

Key words: moral capital; value judgment; moral foundation theory

Victim Justice Sensitivity and Interpersonal Forgiveness: The Moderation Effect of Prosocial Value Orientation

Wu Shengtao, Zhang Yan, Yu Hongze, Fan Junling, Li Xinting / 37

Abstract: It has been well established that individuals' justice sensitivity(JS) impacts interpersonal motivations, in which regarding oneself as victim would impede one's tolerance toward transgression behaviors. However, it remains unclear how JS-victim influence individuals who hold different types of social value orientation in face of transgression. The present study examined the relationship between JS-victim and transgression-related interpersonal motivations, and the moderation effect of prosocial versus proself orientation. As expected, JS-victim revealed a positive prediction for retribution(e, g, revenge, avoidance) against transgression behaviors but negative prediction for benevolence. And surprisingly, the relationship between JS-victim and interpersonal motivations was significant more possibly among those holding prosocial(vs. proself) orientation. Taken together, the current study demonstrates the impact of victim sensitivity for interpersonal forgiveness and the moral-licensing effect of prosocial orientation, which should be seriously considered in understanding the toxic mechanism of victim sensitivity.

Key words: victim perspective, justice sensitivity, interpersonal forgiveness, social value orientation

Association between Victim Sensitivity and the Resting-State Functional Connectivity of the Dorsal Insula

Wang Xiaoming, He Yuwen, Jin Yuening, Gao Lianlu, Liu Yujing, Zhou Yuan / 50

Abstract: Justice is an important aspect of social life. Justice sensitivity captures the individual difference in reactivity to unfair treatments. As a stable personality trait, an excessive high level of victim sensitivity has a potential negative impact on psychological health and personality development. Therefore, it is necessary to explore the neural mechanisms underlying victim sensitivity to better understand its biological foundation. In the current study, we acquired the resting-state functional magnetic resonance imaging(rs-fMRI) data of a group of healthy youths (N = 184). Specifying bilateral dorsal insula as the seed region separately, we investigated the relationship between the resting-state functional connectivity of bilateral dorsal insula and victim sensitivity scores measured by justice sensitivity scale. We found that victim sensitivity was negatively correlated with the functional connectivity between the right dorsal insula and the right precentral gyrus/postcentral gyrus. This implied that a functional disintegration between the insular, which is critical in pain information integration, and the somatosensory cortex, which is involved in pain perception, may play a significant role in higher victim sensitivity. Our study for the first time investigated the neural basis of victim sensitivity from the perspective of functional integration, which enriches our current knowledge about the neural basis of victim sensitivity and provides new avenues to future researches.

Key words: victim sensitivity; functional resonance magnetic resting-state functional connectivity; dorsal insula

The Influence of Tolerance on Children's Behavior of Externalization: The Chain Mediating Effect of Friendship Quality and Hostile Attribution

Zhang Chunmei, Zhang Anqi, Zhu XiaoLing, Du Lihong / 64

Abstract: In order to explore the moral function of tolerance quality in restraining children's behavior of externalizing problems, the mediating role of friendship quality and hostile attribution on the association between forgiveness and children'behavior of externalizing problems, a total of 1020 primary students were collected from two primary schools in Wuhan city by using the questionnaire on children and adolescent's problem behaviors, the forgiveness scale for primary school students, the friendship quality questionnaire, and the Assessment of Intent Attributions. The bootstrap of process plug-in was used to test hypothesis. The results show that forgiveness, friendship quality, hostile attribution and externalization problem behavior are significantly correlated. Forgiveness can not only directly affect externalization problem behavior, but also indirectly affect externalization problem behavior through three paths: the mediating role of friendship quality and that of hostile attribution, the chain mediating effect of friendship quality and hostile attribution Effect.

Key words: tolerance; externalized problem behavior; friendship quality; hostile attribution

Order of the Mind: The Concept of Trait Awe and Its Dampening Effect on Corrupt Intention

Zhao Huanhuan, Zhang Heyun, Xu Yan / 83

Abstract: As an order of people's mind, trait awe is a psychological quality with positive effects. The present study attempts to explore the effect of trait awe on corrupt intention. In sub-study 1, a series of questionnaires were used to investigate the correlation between trait awe and corrupt intention, and the results revealed that trait awe was negatively associated with corrupt intention. In sub study 2, the sentence-unscrambling task was adopted to activate participants' concept of trait awe. Results showed that corrupt intention was lower in the awe condition than in theneutral condition. Consistent with the Chinese proverb, "Keep awe in mind to stay out of improper behavior", these results demonstrated that individul's trait awe exerted a significant dampening effect on their corrupt intention, which could effectively reduce their corrupt behavior. Implications and future directions were also discussed.

Key words: awe; trait awe; corrupt intention

Evolution of Filial Piety from the Perspective of Individualization and Neo-familism

Yang Xi / 99

Abstract: Filial piety is one of the most important components of traditional m-orality, which has a great impact on Chinese psychology and behavior. With the adva-ncement of modernization, the rise of individualization has brought an impact on tra-ditional filial piety. The methods of the study is Qualitative research, collecting data by Semi-structured interview. The research find that in the combined influence of ind-ividualization and neo-familism, the concept of filial pity changes as follows: the rec-ognition of filial piety is still high, however, it is no longer the primary ethics. The p-art of filial pity which has authoritative trend and limits personal freedom is gradually declining. Parents' rights and children's obligation become equivalence, therefore, h-aving an uniform regulations on how to fulfill children's filial duties is difficult. In fa-ct, it is achieved in a specific communication context. The young are wandering betw-een the tradition and modernization, the emotional filial piety is rising, and then deve-loping in a sincere way, to realize a new filial piety that unifies role responsibilities a-nd inner feelings.

Key words: filial piety; individualization; neo-familism

The Effect of Parental Control on High School Students' Prosocial Behavior: The Mediating Role of Emotion Regulation

Zhang Yanyan, Dong Xiaojie, Wang Hongyu / 115

Abstract: Parental control is one of the most important family factors that has great impacts on the development of prosocial behaviors. It refers to the consistent behavioral patterns that parents use to control and monitor their children. Parental control could be further divided into two types, psychological control and behavior control, based on the "locus of control" (Barber, Olsen, & Shagle, 1994). Previous research generally agreed that psychological control is a type of parental control causing negative consequences, whereas behavioral control might be beneficial under certain situations. The current study explored the "dual effect" of parental control on the prosocial behaviors of high school students, and the mediating role of emotion regulation in the above relationship. 342 students from two high schools in Liaoning Province were surveyed using the *Parental Control Questionnaire, the Emotion Regulation Questionnaire*, and the *Prosocial Behavior Scale* for Adolescent. Results confirmed the "dual effect" of parental control in predicting the prosocial behaviors of adolescence. As expected, psychological control inhibited prosocial behaviors whereas behavioral control facilitated them. In addition, cognitive reappraisal played a partial mediating role in the relationship between parental behavioral control and the prosocial behaviors of adolescence.

Key words: parental control; emotion regulation; prosocial behavior; mediation

Motivation, Behavioral Feedback and Coping Strategies among Vegetarians in China: An Exploratory Qualitative Study

Liu Xiaoxiao, Cai Songyin, Song Luyang, Zeng Yali / 133

Abstract: Although vegetarianism is rising worldwide, little attention has been paid to the psychology of vegetarianism in China. This research aims to investigate motivations for Chinese to become vegetarian or vegan, the internal and external feedback after the dietary change and their coping strategies to these feedbacks. Using a grounded theory approach, we conducted semi-structured interviews with 23 vegetarian/vegan participants with different religious and professional background. Each interview lasted from 20 minutes to one hour. The results indicated that in addition to the widely found pro-self and altruistic motives, such as health and ethical concerns for animal and environmental protection, vegetarians in China reported unique motives, such as personal growth and repay gratitude towards their families, indicating views of life and Karma. Interviewees reported positive psychological feedback including emotional benefits(e. g. , emotionally more stable, feeling peaceful), increase of awareness, self-regulation and life quality, as well as decrease of desire for materialist needs. Positive physical feedback included becoming fit and healthier, whereas negative feedback such as gum bleeding were also experienced. These negative feedbacks influenced the persistence and strictness of one's vegetarian pattern, depending how they made attribution and their original motivations to become vegetarian. Although external feedback indicated interpersonal support from family and friends for some interviewees, most interviewees reported social pressure and perceived stereotype of vegetarian food and vegetarian people. As such, coping strategies included seeking for ingroup support from vegetarian community, hiding vegetarian identity at home or at work, counter-stereotype impression management, and influence others to understand more about the nutrition and meaning of vegetarianism as well as the downside of meat-based diets. This study provides theoretical implications for research on the moral aspects of vegetarian diets and culture, and practical implications for the development of vegetarian/vegan industry in China.

Key words: vegetarian motivation; vegetarian identity; food choice; grounded theory; moral foundation theory

Third Party Punishment as a Signal of Moral Character

Wang Bo, Bi Chongzeng / 153

Abstract: Third party punishment involves third parties punishing norm violators on behalf of victims. Costly signaling theory argues that bystanders translate third party punishment into good personal character of punishers, thus endorse good reputation for them, which makes third party punishers advantageous and attractive in the 'cooperation market'. We extend this point view by proposing that third party punishment is a moral behavior. This implies that third party punishers would obtain a good moral reputation, whereas third party non-punishers would suffer moral reputation loss for conniving norm violators. We found that: a) third party punishers were judged as morally superior to third party non-punishers and third parties from the control group, third parties from the control group were judged as morally superior to third party non-punishers; b) third party punishment had no effect on bystanders' competence judgement; c) morally superior third parties were judged to have higher levels of prosocial punishment. Taken together, the results indicate that the intrinsic desire for earning positive moral reputation and pressure of suffering negative moral reputation are both important mechanisms for the evolutionary configuration of third-party punishment.

Key words: third-Party punishment, moral reputation; fundamental dimensions of social judgment; moral judgment; costly signaling theory

The Effects of Procedural Fairness and Outcome Favorability on Children's Procedural Justice Judgment, Outcome Satisfaction and Willingness to Accept Authority

Xu Huanü, Hong Huifang / 166

Abstract: Based on multi-faceted conceptualization of procedural justice, the present study examined (a) the effects of procedural fairness and outcome favorability on procedural justice judgment, and (b) the mediating roles of procedural justice judgment between procedural fairness and outcome satisfaction as well as between procedural fairness and willingness to accept authority among children in higher grades of primary school. Through hypothetical scenarios on authoritative decision, 344 fifth graders (mean age 10. 76 yrs) were randomly assigned to a 3 (procedure: fair, unfair, uncertain) × 3 (outcome: favorable, unfavorable, uncertain/ waiting) between-subject design, and completed the measures of procedural justice judgment, outcome satisfaction and willingness to accept authority. Results showed that children in higher grades of primary school were sensitive to the procedural fairness of authoritative decision. Procedural fairness had a main effect on procedural justice judgement, which in fair procedure condition was significantly higher than that of unfair and uncertain procedure condition. Outcome favorability also had a main effect on procedural justice judgment, which in favorable condition was significantly higher than that of unfavorable condition but not higher than that of uncertain/ waiting condition. A significant interaction between procedural fairness and outcome favorability was also found on procedural justice judgment. In certain (fair or unfair) procedure conditions, procedural justice judgment in uncertain/ waiting outcome condition was close to that of favorable outcome condition, but in uncertain procedure condition, procedural justice judgment in uncertain/ waiting outcome condition was close to that of unfavorable outcome condition. Procedural fairness also had main effects on outcome satisfaction and willingness to accept authority, and procedural justice judgment played mediating roles between procedural fairness and outcome satisfaction as well as between procedural fairness and willingness to accept authority.

Key words: moral development; procedural fairness; outcome favorability; procedural justice judgment; willingness to accept authority

Agreeableness Elegy: National Income Inequality Deteriorates the Associations between Agreeableness and Health Indicators

Chen Hao, Hong Bin, Lai Kaisheng / 192

Abstract: Personality has always been considered as an important factor influencing health, however, there are different conclusions about the relationship between agreeableness and health. The lacking of consideration of the interaction between personality traits and the macro environment may be one of the main reasons why the relationship between agreeableness and health is not very clear. Lai and Chen(2019) found that income inequality had significant negative moderating effects on the relationships between agreeableness and health indicators based on the analysis of state-level data in the United States, which indicates that agreeableness and income inequality environment have a negative affinity. This study aims to test the hypothesis at the national level, and the results showed that national income inequality has significant negative moderating effects on the associations between the national agreeableness and several national physical and mental health indicators, which reconfirm the existence of "Agreeableness Elegy" phenomenon. As the personality characteristics of expressing friendliness, others orientation, and cooperation tendency, agreeableness has serious health costs in a specific social-ecological environment(such as high income inequality). This finding will inspire the discussion on the relationship between moral practice and situation.

Key words: agreeableness; income inequality; affinity hypothesis

Unfortunate Morality: Unlucky Feeling Leads to More Utilitarian Judgment

Liu Chuanjun, Liao Jiangqun / 222

Abstract: Present study aimed to uncover the effect of fortune on moral judgment. Previous studies demonstrated that good fortune induced positive emotions and that bad fortune induced risk-seeking preference and cognitive computation tendency. As the dual process theory of morality implies, emotional process is correlated to moral norms sensitivity and cognitive process is correlated to moral consequences sensitivity. Thus, present study hypothesized that good fortune would enhance moral norms sensitivity and bad fortune would enhance moral consequences sensitivity. The moral consequences sensitivity, moral norms sensitivity and overall action/inaction preferences of participants were measured by the validated composite scenario materials and self-developed CAN algorithm after primed by good/bad/controlled fortune. The results showed that bad fortune (v. s. control/good fortune conditions) induced higher moral consequence sensitivity and that no significant between-subject differences were found on moral norms sensitivity and overall action/inaction preferences. The findings demonstrated that unlucky feeling leads to more utilitarian judgment, and this extended the interpretation domain of dual-process theory in morality and provided an empirical evidence for moral luck in ethical studies. Future studies can explore the effects of other forms of fortune on moral decision-making and their psychological mechanism. The theoretical explanations of moral luck can also be further discussed by manipulating the intuitive/rational process state and the construal levels of moral scenarios.

Key words: moral luck; moral judgment; Utilitarian; Deontological; CAN algorithm.

Self-categorization and Social Participation

Chen Manqi, Chen Rui / 245

Abstract: The current study analyzes the relationship of self-categorization to social participation in China. Using the dataset of Social Mentality Survey(2019-2020), the results showed that Chinese people revealed a lower-middle level of overall social participation and participation in public affairs, and upper-middle level of compliance with social norms; that self-categorization was significantly related to social participation, for example, those having self-categorization of rich(vs. poor), higher (vs. lower) education, and outlander (vs. local) groups reported a higher level of overall social participation, participation in public affairs, and compliance with social norms. In addition, the self-categorization criteria referring to income levels, followed by education level and geographical division, had the strongest effect on social participation. At the end, the implications for the policy about public participation in society are discussed.

Key words: self-categorization; social participation; public affairs; social norms

《中国社会心理学评论》投稿须知

　　《中国社会心理学评论》是由中国社会科学院社会学研究所主办的学术集刊。本集刊继承华人社会心理学者百年以来的传统，以"研究和认识生活在中国文化背景下的人们的社会心理，发现和揭示民族文化和社会心理的相互建构过程及特性，最终服务社会，贡献人类"为目的，发表有关华人、华人社会、华人文化的社会心理学原创性研究成果，以展示华人社会心理学研究的多重视角及最新进展。

　　本集刊自 2005 年开始出版第一辑，每年一辑。从 2014 年开始每年出版两辑，分别于 4 月中旬和 10 月中旬出版。

　　为进一步办好《中国社会心理学评论》，本集刊编辑部热诚欢迎国内外学者投稿。

　　一、本集刊欢迎社会心理学各领域与华人、华人社会、华人文化有关的中文学术论文、调查报告等；不刊登时评和国内外已公开发表的文章。

　　二、投稿文章应包括：中英文题目、中英文作者信息、中英文摘要和关键词（3~5 个）、正文和参考文献。

　　中文摘要控制在 500 字以内，英文摘要不超过 300 个单词。

　　正文中标题层次格式：一级标题用"一"，居中；二级标题用"（一）"；三级标题用"1"。尽量不要超过三级标题。

　　凡采他人成说，务必加注说明。在引文后加括号注明作者、出版年，详细文献出处作为参考文献列于文后。文献按作者姓氏的第一个字母依 A - Z 顺序分中、外文两部分排列，中文文献在前，外文文献在后。

　　中文文献以作者、出版年、书（或文章）名、出版地、出版单位（或期刊名）排序。

　　例：

　　费孝通，1948，《乡土中国》，北京：生活·读书·新知三联书店。

　　杨中芳、林升栋，2012，《中庸实践思维体系构念图的建构效度研究》，《社会学研究》第 4 期，第 167~186 页。

外文文献采用 APA 格式。

例：

Bond, M. H.（ed.）（2010）. *The Oxford Handbook of Chinese Psycho-logy*. New York, NY: Oxford University Press.

Hong, Y. Y., Morris, M. W., Chiu, C. Y., & Benet-Martinez, V.（2000）. Multicultural minds: A dynamic constructivist approach to culture and cognition. *American Psychologist*, 55, 709 – 720.

统计符号、图表等其他格式均参照 APA 格式。

三、来稿以不超过 15000 字为宜，以电子邮件方式投稿。为了方便联系，请注明联系电话。

四、本集刊取舍稿件重在学术水平，为此将实行匿名评审稿件制度。本集刊发表的稿件均为作者的研究成果，不代表编辑部的意见。凡涉及国内外版权问题，均遵照《中华人民共和国版权法》和有关国际法规执行。本集刊刊登的所有文章，未经授权，一律不得转载、摘发、翻译，一经发现，将追究法律责任。

五、随着信息网络化的迅猛发展，本集刊拟数字化出版。为此，本集刊郑重声明：如有不愿意数字化出版者，请在来稿时注明，否则视为默许。

六、请勿一稿多投，如出现重复投稿，本集刊将采取严厉措施。本集刊概不退稿，请作者保留底稿。投稿后 6 个月内如没有收到录用或退稿通知，请自行处理。本集刊不收版面费。来稿一经刊用即奉当期刊物两册。

中国社会心理学评论编辑部

主编：杨宜音
主办：中国社会科学院社会学研究所

联系电话：86 – 010 – 85195562
投稿邮箱：ChineseSPR@ 126. com
邮寄地址：北京市东城区建国门内大街 5 号中国社会科学院社会学研究所中国社会心理学评论编辑部，邮编 100732

图书在版编目（CIP）数据

中国社会心理学评论. 第 21 辑／杨宜音主编. -- 北
京：社会科学文献出版社，2021.12
ISBN 978 - 7 - 5201 - 9386 - 3

Ⅰ.①中… Ⅱ.①杨… Ⅲ.①社会心理学 -中国 -文
集 Ⅳ.①C912.6 -0

中国版本图书馆 CIP 数据核字（2021）第 232079 号

中国社会心理学评论 第 21 辑

主　　编／杨宜音
本辑特约主编／吴胜涛

出　版　人／王利民
责任编辑／张小菲　孙海龙
责任印制／王京美

出　　　版／社会科学文献出版社·群学出版分社（010）59366453
　　　　　　地址：北京市北三环中路甲 29 号院华龙大厦　邮编：100029
　　　　　　网址：www.ssap.com.cn
发　　　行／市场营销中心（010）59367081　59367083
印　　　装／三河市龙林印务有限公司

规　　　格／开　本：787mm × 1092mm　1/16
　　　　　　印　张：17.75　字　数：315 千字
版　　　次／2021 年 12 月第 1 版　2021 年 12 月第 1 次印刷
书　　　号／ISBN 978 - 7 - 5201 - 9386 - 3
定　　　价／99.00 元

本书如有印装质量问题，请与读者服务中心（010 -59367028）联系